本书是：

特色高水平财经大学重点学科

广西高新技术产业投融资研究中心　建设成果

广西数理金融卓越创新团队

中国分红保险市场研究

——基于保险消费者权益的考察

叶安照　著

中国金融出版社

责任编辑：吕　楠
责任校对：孙　蕊
责任印制：丁淮宾

图书在版编目（CIP）数据

中国分红保险市场研究——基于保险消费者权益的考察（Zhongguo
Fenhong Baoxian Shichang Yanjiu：Jiyu Baoxian Xiaofeizhe Quanyi de
Kaocha）/叶安照著 . —北京：中国金融出版社，2015. 12
　　ISBN 978 - 7 - 5049 - 8412 - 8

　　Ⅰ. ①中…　Ⅱ. ①叶…　Ⅲ. ①保险市场—研究—中国
Ⅳ. ①F842. 6

中国版本图书馆 CIP 数据核字（2016）第 040567 号

出版
发行　　**中国金融出版社**

社址　北京市丰台区益泽路 2 号
市场开发部　（010）63266347，63805472，63439533（传真）
网 上 书 店　http：//www. chinafph. com
　　　　　　　（010）63286832，63365686（传真）
读者服务部　（010）66070833，62568380
邮编　100071
经销　新华书店
印刷　北京市松源印刷有限公司
尺寸　169 毫米 × 239 毫米
印张　21
字数　315 千
版次　2015 年 12 月第 1 版
印次　2015 年 12 月第 1 次印刷
定价　49. 00 元
ISBN 978 - 7 - 5049 - 8412 - 8/F. 7972
如出现印装错误本社负责调换　联系电话(010)63263947

前　言

中国正在稳步推进利率市场化、消费者权益保护法治化、社会养老保险并轨等一系列政治、经济和社会管理体制改革，对寿险业提出一系列新机遇和新挑战。自1999年销售出第一张分红保险单以来，分红保险以其特有的"保险+理财"功能获得市场认可，逐渐发展成为中国寿险业的引擎险种，可谓"供给创造市场"的一个鲜活案例。相对于同期引进中国的万能保险、投资连结型保险等创新型寿险险种，分红保险的发展可谓独领风骚。因此，在迎接这种机遇和挑战中应率先行动。

但是，近年来因为销售误导和分红不足等原因造成的"退保潮"时有发生，保险消费者权益受到严重侵害，寿险行业的声誉也受到严重损害，以致近几年来保费收入增长速度下降，甚至出现负增长的严重后果。2011年，中国保险监督管理委员会（以下简称中国保监会）紧随国际监管制度创新，成立了保险消费者权益保护局。2013年，实施了20年的《中华人民共和国消费者权益保护法》首次修订，第一次明确地把金融保险消费者权益纳入该法保护范围。此外，伴随中国利率市场化进程，中国保监会分别于2013年8月、2015年2月、2015年9月先后放开传统寿险、万能险、分红保险预定利率，这是否将对分红保险市场发展产生压力？在这样的背景下，如何认识我国分红保险发展现状及其存在的问题？如何进一步引导和规范分红保险的发展？

本书的研究以产业组织理论的SCP范式为基础，引入"监管机制"、"产品结构"、"消费者行为"、"消费者权益"等因素，建立R-SCP分析框架，综合运用计量实证分析、问卷调查与统计分析、历史分析与演绎论证方法，对中国分红保险市场的"监管、结构、行为和绩效"特征及其对消费者权益的影响进行深入分析，强调"监管机制"的基础性、关键性作用，特别是对产品结构、产品供给行为、市场营销行为以及保险需求者购买行为的影响，进而影响市场绩效，影响消费者权益。通过研究探索中国分红保险市场出现"偏轨"的原因及危害，丰富保险发展、保险监管、保险消费者权益保护的理论研究成果，促进理论发展。

本书的创新之处主要体现在以下三个方面：

第一是把"监管机制"要素引入SCP范式，构建"监管机制—结构—行为—绩效"的R－SCP分析框架，以翔实的数据，多角度、多层次地系统论证了中国分红保险市场的监管机制、市场结构、产品结构和各方行为对市场绩效，特别是对保险产品的保障绩效、对保险消费者权益绩效的影响。

第二是应用要素理论来分析中国分红保险市场的产生和发展。发现该市场是保险业抢占居民金融理财资源、适应居民风险资源演化、适应中国特殊的保险营销人力资源，以及获得充分的监管机制和产业政策资源扶持的结果。这样的分析思路和结论鲜见于分红保险研究文献。

第三是系统论证了中国分红保险市场的多重委托—代理关系图谱，并简化得到"消费者—监管人—保险人"的委托代理模型。在此基础上以拉丰学派的监管合谋理论为指导，以充分的历史文献资料论证了中国分红保险市场的监管合谋行为，认为市场发展中存在的产品结构问题、误导问题、低分红率问题等，都可以追溯到监管制度的不完全、监管者偏向生产者利益的"监管合谋"行为，为保险人创造了丰厚的"市场信息租金"，这是导致中国分红保险市场乱象的重要原因之一。

目　录

绪　论

一、研究背景、目标和意义

（一）研究背景

中国正在稳步推进利率市场化、消费者权益保护法治化、社会保障制度并轨等一系列政治、经济和社会管理体制改革，对寿险业提出一系列新要求、新机遇和新挑战。自 1999 年中宏人寿保险公司在中国保险市场上率先售出第一张分红保险单以来，经过十多年来的发展，分红保险在中国寿险市场乃至在整个保险市场的地位与日俱增，已经成为中国寿险业保费收入最大的险种，被誉为产业发展引擎。因此，在迎接这种机遇和挑战中应率先行动。

2009 年，中国全面实施新会计准则，中国保监会据此制定并实施了《保费收入确认和计量》新标准，对各类人身保险合同分拆和重大保险风险测试实施新规定，使万能保险和投资连结型保险产品的投资账户下的资金不再确认为保费；但认为分红保险产品的保费难以拆分，保费确认标准保持相对宽松。受此影响，各寿险公司投入更多资源于分红保险市场的激烈竞争。近几年来，各公司公布的保费收入前五名产品中，除少数几家公司有万能保险、传统年金保险之类产品外，绝大多数是分红保险，特别是分红两全保险占据绝对地位。

在同一被保险人选择相同保障程度的假设条件下，相比于传统定期寿险、终身寿险、分红终身寿险等险种，分红两全保险的费率最高。同时，在寿险营销实务中，各公司均设计各种"激励"方案来鼓励营销员，诱导保险消费者选择三年、五年短期交费，甚至是以"减少交保费麻烦"、"早交完保费早享受投资收益"等话术诱导消费者采取趸交方式或者短期交高额保费方式投保，致使部分保险消费者盲目投保，甚至出现未来年度无力缴费的困境，降低了保单的继续率，也影响到保险公司自身的长期稳健经营。换言之，中国分红保险市场流行着推销高保费保单，以实现保费收入的快速增长来"抢占市场份额"的竞争行为。

但是，多年来的发展实践证明，目前市场上销售的多数分红保险产品已经迷失"寿险产品"的保障功能，越来越偏向理财目标，已经成为保险业在居民理财市场竞争的工具而迷失保险本色；同时，因分红率未达到宣传水平和消费者预期目标而引发不满，演变成保障功能和理财功能双弱的窘境。部分学者对此提出了"保险泡沫"质疑①。

因此，在分红保险市场快速发展的同时，时有发生的低分红和退保潮问题引发社会关注。特别是，在社会普遍认为中国存在保险有效需求不足的情况下，东部沿海省市却长期存在严重的"地下保单"市场，大量居民出境投保香港人身险产品，无视两地监管部门对投保风险的一再警告。

上述各种现象引发社会各界的思考：中国的寿险市场，特别是分红保险市场效率如何？繁荣的背后，是否存在着风险？究竟是什么原因造成当前这样的困境？是保险需求的问题，或是供给过度，还是监管不力？又或者别的什么原因？

2008 年经美国次贷危机引爆全球金融危机之后，各国都反思过往只注重金融保险业的发展而忽视消费者权益保护的问题。因此，自 2009 年以来各国开展了新一轮金融保险消费者权益保护机制的建立和完善热潮。中国保监会消费者权益保护局也于 2011 年顺势成立。2013 年度，中国第一次修订了实施长达 20 年的《中华人民共和国消费者权益保护法》，其中特别规定了金融保险消费者权益受该法保护。因此，这又进一步引发各界对中国分红保险市场发展历程中的种种乱象的反思，其中有什么样的行为对消费者权益产生侵害，侵害程度如何？

（二）研究目标

一般认为，中国保监会集中了保险监管和保险发展两个基本职能，监

---

① 李隽琼. 郝演苏：中国保险业 40% 是泡沫，保费增长只是表象. 中国经济网，http://www. ce. cn/cjzq/cjbx/yjdt/200410/21/t20041021_2045361. shtml.

管的目标是"促进保险业健康发展，最终保护被保险人利益"。换言之，保险消费者权益是保险监管的终极目标，是保险行业健康发展的目标。

基于此，本研究把分红保险市场的消费者权益、消费者福利视为市场绩效，将在产业组织理论、监管理论、监管合谋理论、消费者权益理论的指导下，从监管机制和监管行为对保险市场结构、保险人行为、保险消费者行为的影响等方面，系统论证分红保险市场乱象的深层次原因，发现影响保险消费者权益和福利的主要问题，进而提出解决对策，达到促进分红保险消费者权益保护，提高消费者福利和社会福利，促进保险市场健康发展，为保险监管和制定保险发展产业政策提供决策参考，提高商业保险服务于中国多层次社会保障体系建设的能力。

（三）研究的意义

将有助于社会各界正确理解中国分红保险发展偏离轨道的原因和危害，也将对丰富分红保险市场发展理论、保险监管理论、保险行为理论、消费者权益保护理论研究与实践，均有一定参考价值和现实意义。

二、文献综述

（一）对分红保险市场发展问题的研究

多年来，分红保险出现了热销潮与退保潮并存的特殊现象，吸引了部分研究者的注意，从不同角度对分红保险产品及市场展开研究。

1. 关于分红保险产品定价及红利问题的研究

分红保险的定价关系到产品创新，直接影响到产品的营销和消费者权益的保障，因此有非常重要的意义。从现在可以收集到的资料看，国际对此问题进行最全面分析的研究是 Grosen 和 Jorgensen（2000），把保单责任分解为无风险债券、附有最低保证的红利选择权和解约选择权三部分，并对这三个部分的定价给出了一个整体框架[1]。AR Bacinello（2001）建议，保险公司应该根据证券市场的波动性来安排相应的投资组合，并为客户提供在保证利率、红利条款和资产组合变动"三位一体"方面进行不同的选

---

[1]　焦桂梅. 隐含期权定价及其对寿险保单价值、风险影响研究［D］. 山东大学博士学位论文，2013.

择，实现"整合金融产品管理"的要求。Andrea Consigiio（2006）等研究了附带收益的保单资产组合结构问题，通过建立包含随机变量的非线性程序，保险公司可以通过配置不同的红利保单和运用不同的准备金提取方法来防范保险公司的偿付能力风险。

国内也有部分研究者参与到分红保险产品定价问题的研究。例如，柏满迎，陈丹（2007）将公允价值计量属性引入分红保险负债估价领域，通过加入死亡率和保费期缴的影响因素，建立分红保险负债估价的基本模型，并对模型的有效性进行了模拟仿真检验。赵雪媛（2008）利用金融市场无套利原理，通过计算风险中性概率下的合同负债期望现值得到分红保险合同初始时刻负债的公允价值，进而确定分红保险的公平价格定价，讨论了分红保险合同期限、资产波动率、合同保障利率以及市场利率的变动对合同初始时刻负债公允价值、破产概率、保险人需注入新资本金的期望现值的影响。方卫东，曹高文，何春雄（2008）建立了计算保单价值的MEMM 模型和定价公式。孙晓静，周桦（2010）研究分红保险合同初始时刻负债的公允价值和公平价格的定价方法，讨论了资产波动率、保单期限、市场利率、被保险人年龄等因素对合同定价的影响。李晓爱，王蕊（2008）研究中考虑合同公平价格中包含嵌入期权，并且受市场风险因素影响的情形，利用 Black – Scholes 期权模型给出了双因素含期权的定价模型，得到新的定价模型。郑海涛，秦中峰等（2014）结合传统精算定价理论与金融未定权益估值理论结合，考虑了死亡、退保、最小保证利率、年度分红和终了分红政策等多因素，建立多因素下的累积分红寿险合同公允定价模型和终了分红权的定价模型并提出了终了分红权价值高于退保权等特点①。赵莹雪（2015）也提出了基于退保因素的分红保险定价模型②。

2. 关于分红保险业务的会计和负债计量问题研究

郭志英（2005）以国寿鸿寿分红年金保险产品为例，进行分红保险负债确认与计量问题研究。魏巧琴（2006）认为，对分红保险不同的红利分

---

① 郑海涛，秦中峰，罗淇耀，任若恩，柏满迎. 多因素下累积分红寿险合同的公允定价模型 [J]. 管理科学学报，2014（12）：60－74.

② 赵莹雪. 基于退保因素的分红保险定价模型研究 [J]. 浙江金融，2015（1）：59－63.

配方式形成了不同的监管模式。肖雨谷，徐景峰（2009）利用随机模拟方法给出我国分红保险的收益分布。结果表明，分红合约在风险与收益的平衡方面有较好性质。徐楠楠，任若恩，郑海涛（2010）以具有利率保证收益的累积分红保险为研究对象，以公允价值为保险合同负债的计量属性，以金融未定权益估值理论为基础，建立了一个多期的保险负债估价模型，通过蒙特卡洛方法得到模拟计算的结果。研究表明，该模型适用于具有利率保证和内嵌期权的寿险合同的负债估价，在考虑信用风险的条件下，累积分红保险的负债价值可分解成固定收益债券、年度分红权、期末分红权以及违约期权四个部分。肖丽（2010）针对分红保险合同投保人的会计处理不规范问题，提出了分红保险合同投保人的确认和计量方法。邹建民，伍晶晶（2014）认为，现行的分红保险会计信息披露不足，特别是未能充分披露盈余的来源和分配过程，提出了相应的解决对策①。

3. 关于分红保险市场的健康发展问题研究

伴随着中国分红保险市场发展不断出现各种问题，部分研究者从不同角度探讨市场健康发展的对策。例如，施建祥（2003）认为，分红能力低于预期是导致分红保险经受考验的主要原因。该文在对杭州市居民进行广泛问卷调查的基础上，对城市居民的分红保险认可度、潜在需求及制约分红保险发展的因素等方面进行全面深入的分析，认为要实现分红保险必须有红可分、购买人群定位准确、提高保险公司声誉、真实宣传等才能促进市场发展。朱俊生（2003）认为，主要原因包括代理人误导、保险消费非理性、消费者自身防范风险的意识不强、投机心理和保险知识缺乏等，提出了保险产品理性回归保障功能的建议。何唐兵（2003）认为，分红保险的超常规模发展是中国消费者心理习惯和中国资本市场现状共同作用的结果；提出了大力发展分红保险产品的长期业务和期交业务，优化险种结构等对策建议。蒋虹（2004）认为，居民可支配收入并不是决定分红保险保费收入增长迅速的主要因素，居民投保分红保险的目标是为了获得较多的收益。

---

① 邹建民，伍晶晶. 分红保险会计信息披露：问题及建议［J］. 商业会计，2014（2）：31－32.

孙红，田晓星，李盈颖（2005）系统分析了影响分红保险经营业绩的主要因素，包括产品开发、费用控制、退保率、销售渠道、市场地位、投资、利率风险管理、红利率的高低等。刘志刚（2006）研究了经营管理体制和经营管理技术两方面的原因，导致分红保险经营管理中存在的设计、利差、成本、说明、投资、服务等风险。

耿嘉川（2009）发现分红保险的退保率居首位，认为影响合同持续期的主要因素是：保险合同信息包括产品的价格和投保人信息、寿险产品和服务质量、市场和突发事件等不确定因素。曹勇（2009）把分红保险归为投资型险种，他认为，以投资性产品发展为主成为行业普遍现象，造成保险资源的浪费或恶性开发，造成保险供给与需求不匹配，对保险未来的发展造成了严重损害，因而严重损害了保险发展的可持续性。张爽（2010，2012）从保险公司、保险代理人、投保人、银行代理四个角度分析分红保险热销的原因及存在的问题，认为由于保险代理人在高额佣金驱动下的不规范营销行为，以及投保人知识水平的有限性，保险公司的大力宣传和某种程度上的误导，使居民容易产生从众思想，做出非理性选择。单鹏（2013）认为，分红保险盈利模型表现出以利差为主要利源、个人营销为主要盈利渠道的突出特点，存在期限错配、责任错配、收益预期错配等问题，提出转变经营理念、构造多层次产品体系、提升产品竞争力和经营管理水平等的相关对策建议。

4. 对现有成果的简评

从目前可收集到的资料看，国内对分红保险市场的研究还欠深入和系统，这与分红保险在中国保险市场上的重要地位明显不匹配。对分红保险产品种类结构、产品的市场份额占比、市场配置效率以及监管制度有效性，特别是分红保险消费者福利及社会福利等都需要加强深入研究，才能促进市场资源配置效率提升，提高保险消费者剩余，提高社会福利。

（二）对保险消费者行为特征的研究

消费者投保各类保险的目的在于提高个人福利水平，防范各种可能影响本人及家属生活水准的人身、财产或责任等风险。但是，受到自身的保险意识、保险知识、风险偏好、财务预算支付能力等多种因素的影响，保险消费偏好和行为特征存在很大差异。对此，保险经济学界主要遵循四类研究范式开展研究。

1. 基于规范经济学范式开展消费需求定性研究

在传统的需求理论基础上加入保险学理论、行为经济学理论等，以定性研究范式论证影响保险消费需求的因素，包括风险因素、保险费率、保险消费者的货币收入、互补品与替代品的供给和价格、文化传统、经济制度等，保险消费弹性主要受到保险费率和居民收入影响。

行为经济学的发展促进了保险心理和保险行为的研究。赵蕾，郭振华（2010）认为，有限理性的价格认识使保险消费决策中存在被动购买倾向，且易于盲目购买低价产品，使市场的总保险需求的价格敏感度降低，并使价格在财产保险消费中的作用大于人身保险消费中的作用[1]。任智（2011）从保险消费的主体与客体两个角度分析盲目拒绝保险、从众购买或视同投资等非理性消费行为产生的原因[2]。刘永刚，吴凤飞（2013）则从保险行业存在的产品问题、销售行为问题分析保险消费行为非理性的成因[3]。因此，从这一视角分析的结论认为，只有帮助消费者建立正确的保险消费观，才能指导消费需求行为，促进行业的科学发展[4]。

2. 在数量经济学范式基础上基于保险消费最优化理论的研究

诺贝尔经济学奖得主阿罗（Arrow，1963）被认为是率先基于人的风险偏好和效用视角、应用数量经济学工具对投保行为进行深入研究的人之一，其研究发现，保险产品中存在附加保费而超出了公平精算价格，使消费行为受到影响，消费者的最优选择应是部分保险[5]。阿罗的研究思路和结论被广泛引用和发展，Mossin（1968）提出著名的"莫森悖论"，当居民的个人绝对风险规避系数递减时，保险成为劣质品[6]，即保险消费行为

① 赵蕾，郭振华. 有限理性的价格认识在保险消费中的作用 [J]. 保险研究，2010（10）：86 – 90.

② 任智. 我国居民当前保险消费非理性行为解析 [J]. 消费经济，2011（8）：81 – 85.

③ 刘永刚，吴凤飞. 保险行业主动引领保险消费理性发展探索 [J]. 学术交流，2013（12）：100 – 103.

④ 刘茂山. 从保险消费观视角分析我国保险业的发展 [J]. 保险研究，2010（8）：53 – 59.

⑤ Arrow, K. J.. Uncertainty and the Welfare Economics of Medical Care [J]. American Economic Review，1963（53）：941 – 969.

⑥ Mossin, Jan. Aspects of Rational Insurance Purchasing [J]. Journal of Political Economy，1968（79）：553 – 568.

随着财富水平上升而下降。

此外，其他具有创新意义的经典文献主要有 Yaari（1965）率先建立了有限时间的动态优化模型研究寿险消费需求的行为选择问题。此后，Scott F. Richard（1975）建立连续时间动态模型考察消费、寿险与金融投资组合的最优决策问题。Ritchie A. Campbell（1980）研究劳动收入的不确定性与人寿保险需求之间的关系；Stephen A. Busher and Michael L. Smith（1983）则率先研究投资组合中的寿险需求问题，认为最优保险需求依赖于人力资本的期望价值与保险合同的风险收益特征①。Moffet，Dennis（1977）率先开始研究金融资产配置组合视角下的投保行为特点，发现了购买部分保险是最优的、保险和消费之间存在替代性、保险与储蓄之间也存在替代性②三个重要结论。

此后，更多的研究深化发展了上述理论成果。例如，Peng Chen 等（2005）认为，寿险消费受到人力资本的密切关联影响。Jinchun Ye（2006）研究最优保险、消费与金融投资组合之间的关系，认为即期财富水平越高则寿险需求越少，但未来收入预期越高，对寿险需求却越大。蒲成毅（2007）的研究提出，政府实施适当的税收优惠政策可以有效改善保险消费行为意识③。李秀芳，王丽珍（2011）建立了居民家庭消费、保险、投资的随机最优模型，并以蒙特卡洛模型模拟，发现家庭的遗产动机影响寿险消费，财险消费行为与家庭财富正相关，而寿险消费行为则负相关④。冯蕾，梁治安（2014）则发现，家庭最优人寿保险是家庭当前财富的减函数，当风险厌恶不变时，人寿保险购买独立于财富值⑤。

3. 应用计量经济学工具的实证范式研究

这是近二十多年来中国保险理论研究者最常采用的方法。首先是研究

---

① Buser, S. A. and M. I. smith. Life Insurance in a portfolio context [J]. Insurance：Mathematics and Economics, 1983, Vol. 2, 147 –157.

② Moffet, Dennis. Optiomal Deductible and Consumption Theory [J]. The Journal of Risk and Insurance, 1977（4）：669 –682.

③ 蒲成毅. 保险商品消费行为意识与保险产业增长 [J]. 保险研究, 2007（12）：27 –31.

④ 李秀芳，王丽珍. 家庭消费、保险、投资策略研究 [J]. 消费经济, 2011（4）：85 –88.

⑤ 冯蕾，梁治安. O – U 过程下家庭消费、人寿保险与投资组合选择 [J]. 经济问题, 2014（9）：31 –37.

保险总需求与宏观经济发展之间的关系，一般是把保险费收入作为被解释变量，以 GNP 或 GDP、CPI 等为主要解释变量，部分引进了对外开放、降息等宏观政策制度变迁的虚拟变量，受到观察样本的时期和自变量数量、所采用的计量模型等因素的影响，不同的研究成果得到的结论并不完全一致。稍早期的研究成果多数采用了比较简单的线性回归模型论证，例如，林宝清（1992）发现保费收入与 GNP 高度正相关[①]，肖文（2001）则发现保费收入与 GDP 基本正相关[②]。

伴随计量经济学的发展，后期成果更多采用面板模型进行横向比较研究。例如，梁来存（2006）对 65 个国家和地区的实证研究，徐为山和吴坚隽（2006）对 78 个国家和地区寿险和非寿险边际消费倾向进行的面板模型分析；尹光霞和胡炳志（2011）以 28 个省、自治区、直辖市 2001—2007 年数据的面板模型研究，都发现居民的保险消费倾向与收入水平之间存在"倒 U 形"关系，即低收入和高收入人群有较低保险消费倾向，而中等收入人群的消费倾向却较高[③]。何绍慰（2007）以我国 29 个省、自治区、直辖市 1998—2004 年数据进行的区域保险边际消费倾向的面板模型分析，发现不同地区保险消费行为确实存在显著差异，但边际消费倾向与区域经济发展水平并不一致[④]。粟芳，谭中（2012）对 37 个国家 24 个年度的面板数据进行分析，发现一国经济对外开放程度对人身保险需求的影响程度较财产保险强[⑤]。赵进文，熊磊（2011）建立了货币供应量变动对保险需求传导效应的 STR 模型，发现货币供应量变动对保险需求的影响具有

①　林宝清. 保险有效需求定量分析 [J]. 金融研究, 1992 (7).

②　肖文, 谢文武. 中国保险费收入增长的模型分析 [J]. 上海金融, 2001 (4).

③　梁来存. 收入水平对居民保险消费的影响研究——基于 65 个国家（或地区）的实证分析 [J]. 消费经济, 2006 (2): 70–73.

徐为山, 吴坚隽. 经济增长对保险需求的引致效应——基于面板数据的分析 [J]. 财经研究, 2006 (2): 127–137.

尹光霞, 胡炳志. 收入水平对中国居民保险消费的影响研究 [J]. 湖北大学学报, 2011 (2): 85–88.

④　何绍慰. 我国区域性保险边际消费倾向比较——基于 Panel Data 模型的研究 [J]. 海南大学学报, 2007 (1): 61–64.

⑤　粟芳, 谭中. 开放型经济对保险市场发展的影响——基于全球保险市场的面板分析 [J]. 经济论坛, 2012 (12): 60–64.

显著的非对称性和非线性特征，即扩张性货币政策对当期保险需求的影响显著，而紧缩性货币政策对当期保险需求的影响有限①。王晓全，孙祁祥（2011）对健康险的实证研究发现，背景风险会增加投保人对可保风险的保险需求，但这种影响只具有短期效应②。邵汝军（2014）的研究认为，社会消费与储蓄存款、国民收入、保险消费之间存在长期稳定关系，保险消费的外部效应正逐步显现③。此外，其他研究发现，社会人口总量及结构、社会保障制度的发展、保险业及保险市场竞争模式的变迁等宏观因素，均对居民消费行为产生不同程度的影响④。

保险经济学的经典理论和营销实践经验表明，居民的人身保险消费决策除受到保险产品的保险利益、基本功能、附加功能影响外，还受到风险意识因素影响⑤。保险消费者的个性特质，即风险规避和责任心对于理解保险需求十分重要。例如，在保护被赡养者方面具有强烈责任感的人最有可能感知重病或伤害带来的风险，并具有强烈的购买寿险或失能险的意愿。受此影响，其他部分成果从微观层面，即从居民的理财和消费观念、财务预算水平及保费支出能力开展保险消费影响的实证研究。例如，王珺，高峰（2008）发现，投保人的个人财富与其所选择的汽车保险金额之间存在显著的正相关关系⑥。武红先（2012）则发现，居民的汽车保险消费行为与保险价格负相关、与人均实际收入及交通事故数量等正相关⑦。

---

① 赵进文，熊磊. 我国货币供应量变动对保险需求传导效应的实证分析 [J]. 保险研究，2011（7）：3-14.

② 王晓全，孙祁祥. 背景风险对保险需求的影响——基于中国健康保险市场的实证研究 [J]. 保险研究，2011（3）：108-124.

③ 邵汝军. 当前中国保险消费外部性研究——以预防性储蓄理论为视角 [J]. 商业时代，2014（25）：78-79.

④ 蒋丽君. 基于不同消费者群体的保险消费实证分析——以杭州市场为典型分析案例 [J]. 财经论丛，2007（4）：61-68.

⑤ Yanhong Qin, Yingxiu Zhang. Empirical Study of the Effects of Consumer Attitude to Life – Insurance Purchase Intentions in China, 2011 International Conference in Electrics, Communication and Automatic Control Proceedings, 2012, pp. 833-841.

⑥ 王珺，高峰. 保险需求悖论的解释——来自中国汽车保险市场的实证研究 [J]. 南开管理评论，2008（5）：50-55.

⑦ 武红先. 我国汽车保险市场需求的影响因素分析——基于车险市场面板数据的实证检验 [J]. 苏州大学学报，2012（2）：128-133.

席友（2010）认为，人身保险需求弹性大于财产保险，受投资回报影响大的寿险产品的弹性最大，认为保险产品尚属奢侈品层次①。郑汉镇，金伟娜（2012）比较了两个分红保险产品的年化回报率，发现不同产品的长期保单价值回报差异明显，且有异于消费者对产品的直观体验，这对促进消费者理性投保分红保险产品有积极意义②。

4. 通过问卷调查开展保险消费行为特征实证研究

相对而言，上述三类研究范式对消费者行为的研究是间接的，建立在效用最大化、最优化理论基础之上，忽略了消费者的个性特征。得益于行为经济学，特别是行为金融学理论和实践发展，不少研究者采取了面对保险消费者的调查统计分析，最直接地、直观地观测到受访对象的消费行为特征研究，国内外均取得了不少有益成果。

综合起来，不论是对发达国家还是对发展中国家居民的社会调查研究，都发现居民对于不同的寿险产品各有拒绝投保的原因，主要包括有社会保障的挤出效应，生活消费导致的财务挤出效应，信息不对称以及保险人各项服务质量低下带来的交易成本，保险合同特有的射幸性导致居民保险消费心理偏差等。

但是，不同的研究成果结论有所差异。例如，蒋丽君（2007）在杭州的调查研究发现，保险消费者行为受到消费者自身的特征、保险公司特征以及社会经济特征的多维因素影响，其中，消费者自身因素包括收入水平、生活方式、风险意识、年龄性别、教育、职业状况等诸多要求的影响，并根据消费特征和需求差异把居民聚类划分为 6 类群体。龚晶（2007）对江苏和甘肃两省农民家庭人身保险消费行为的影响因素调查研究，发现地区差异、人均纯收入、人情开支和户主受教育年限对农民家庭人身保险消费有正的影响，而家庭平均年龄则对消费有负影响③。孙武军，

---

① 席友. 金融危机对我国保险业影响实证分析——基于保险需求收入弹性季度数据的视角[J]. 保险职业学报，2010（2）：9－13.

② 郑汉镇，金伟娜. 基于区间年化回报率的分红型终身寿保单动态分析——友邦常青树终身寿险（分红型）对比泰康世纪长乐终身寿险 B 款（分红型）[J]. 金融经济，2012（7）：128－129.

③ 龚晶. 农民家庭人身保险消费行为的影响因素分析——基于对江苏和甘肃两省的调查[J]. 中国农村经济，2007（2）：64－71.

于润，张瑄（2009）对江苏省 13 个地市的问卷调查分析证明，居民的保险消费行为主要受到收入水平的硬约束、"意识——行为转化约束"影响[①]。李林，王健（2010）对河北省的农业保险消费意愿调查分析中，发现灾害的影响、对农业保险的了解程度、政府补贴等因素对农民的保险消费行为影响显著[②]。刘坤坤，万金，黄毅（2012）对粤东四市人身保险消费行为调查，认为收入水平是影响保险消费的最基础因素，风险和保险意识是最直接因素，保险供给和服务是最主要因素[③]。姚壬元（2014）发现，中国农民的人身保险消费局限于局部地区和部分家庭，但未来的消费意愿较强烈[④]。万晴瑶，卓志，成德义（2014）在 6 个城市开展城镇居民养老年金需求问卷调查，发现影响需求的因素主要包括保险意识弱、对保险人信任缺失、对长寿风险的忽视和短视等[⑤]。

　　国际上，瑞士再保险公司经济研究及咨询部的调查研究发现，居民购买寿险的可能性与年龄、婚姻、家庭状况、收入及社会等级具有正相关性，新婚、新生命降临、新房购置、找到新工作等的重大事件后会刺激居民做出特定的保险消费决策[⑥]。

　　美国国际寿险行销研究协会、瑞士再保险公司等西方发达国家知名机构的调查研究发现（如图 0 – 1 所示），居民拒绝投保寿险的直接的首要原因是价格和负担能力，其次是缺乏充分需求；最后是信任感、过去消费经历的满意感不足等原因。而亚太地区国家特别是其中的欠发达国家和地区的调查则发现（如图 0 – 2 所示），居民不投保的第一原因则是担心负担能力和产品的性价比问题，其次是低回报率、保险公司声誉、保险公司财务

　　① 孙武军，于润，张瑄. 我国保险消费意愿及其影响因素分析——基于江苏省的调研 [J]. 江西财经大学学报，2009（3）：22 – 28.

　　② 李林，王健. 农业保险消费意愿的实证分析——基于河北省的实地调研 [J]. 金融理论与实践，2010（3）：92 – 94.

　　③ 刘坤坤，万金，黄毅. 居民人身保险消费行为及其影响因素分析 [J]. 保险研究，2012（8）：53 – 59.

　　④ 姚壬元. 我国农民家庭人身保险消费现状调查分析 [J]. 哈尔滨金融学院学报，2014（3）：23 – 27.

　　⑤ 万晴瑶，卓志，成德义. 中国城镇居民养老金年金化需求行为的影响因素分析 [J]. 保险研究，2014（10）：108 – 123.

　　⑥ 瑞士再保险公司. 寿险：关注消费者 [J]. Sigma，2013（6）：9.

实力等问题①。

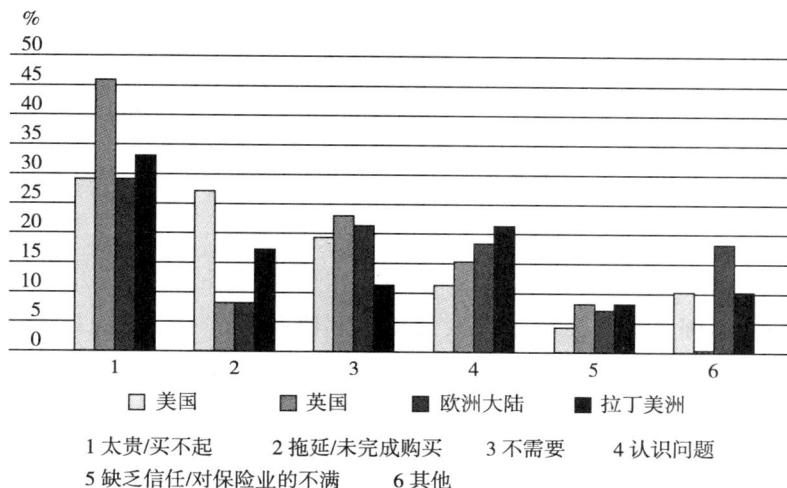

资料来源：瑞士再保险公司：《寿险：关注消费者》，Sigma，2013（6）：9。

图 0 - 1　居民不购买商业寿险的主要原因

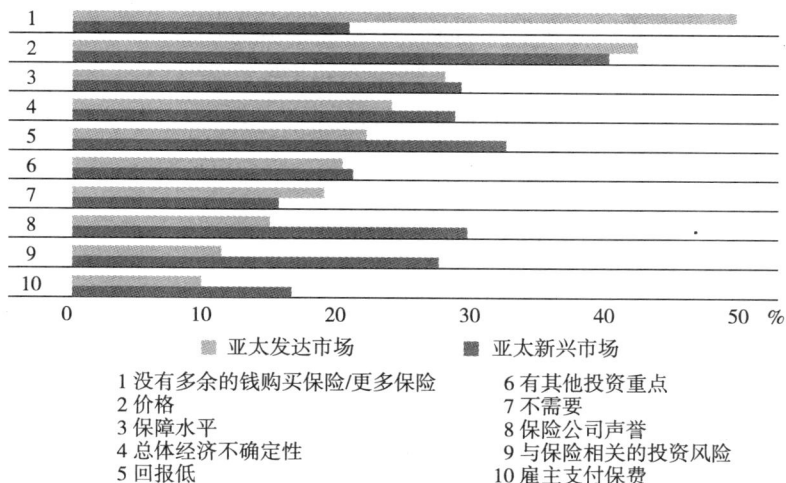

1 没有多余的钱购买保险/更多保险　　　6 有其他投资重点
2 价格　　　　　　　　　　　　　　　7 不需要
3 保障水平　　　　　　　　　　　　　8 保险公司声誉
4 总体经济不确定性　　　　　　　　　9 与保险相关的投资风险
5 回报低　　　　　　　　　　　　　　10 雇主支付保费

资料来源：瑞士再保险公司：《寿险：关注消费者》，Sigma，2013（6）：10。

图 0 - 2　亚太地区居民不购买寿险的主要因素

① 瑞士再保险公司. 寿险：关注消费者［J］. Sigma，2013（6）：10.

5. 研究现状的评价和启示

综上可见，居民的保险消费行为本身受到多重复杂因素的综合影响，规范的定性或数理分析有助于从理论上推导居民的理想消费选择行为，但由于受到诸多假设条件的制约而使结论与现实之间存在较大的偏差。

利用各类宏观及行业统计数据开展的计量实证分析可以实现对消费者行为特征的间接研究，可以实现对国家或地区人群保险消费特征及影响因素的总体认知，但缺少了对消费者个体差异的反映。

在直接面对居民调查数据基础上开展的统计分析相对直接，尽管存在无法克服的弊端，研究结论直接受限于调研对象，不仅受到样本量的制约，还受到受访对象不稳定情绪之类意外因素的影响，但仍然是对消费选择行为最接近现实的反映。因此，不论是对保险经济学理论的发展，还是对保险行业发展实践，对提高消费者福利都有重大影响，因此，近年来逐步受到国内外知名机构的重视。但是，总的来看，国内外，特别是国内对分红保险的计量分析或调查统计分析研究仍非常少见。

（三）对保险消费者权益及其保护问题的研究

对保险消费者权益保护及其意义的研究伴随着国际消费者权益保护运动而持续进行，国内外均有不少文献从不同角度开展了保险消费者权益保护的意义、现状、存在问题及其原因等的分析，具体可以从以下几个方面归类，均为本研究提供了有益借鉴。

1. 关于保险消费者内涵和外延的研究

这是进一步研究和建立保险消费者权益保护机制的逻辑起点，因此有其重要意义。中国保监会的保险消费者权益保护局课题组把"保险消费者"定义为：已经或者正在准备与合法的保险经营者建立保险合同关系，购买保险产品、接受保险服务的自然人、法人和其他组织，包括投保人、被保险人和受益人。但能够与保险经营者议定单独的保险合同内容及价格（不包括通过批改或保全等方式变更保险合同条款）的法人和其他组织除外①；在此基础上，进一步认为我国保险消费者权益主要指知情权、公平

---

① 中国保监会保险消费者权益保护局课题组. 保险消费者权益问题的思考 ［J］. 保险研究，2012（9）：86－91.

交易权、选择权、求偿权、安全权、隐私权六项权益，比消费者权益保护法的规定少三项，建议修订法规，专门明示保险消费者的各项权益并规范保护措施及法律责任。覃好嫦（2014）根据不同类型的保险产品对投保人是否归属于"消费者"进行了探讨，认为投保纯保障型保险产品、分红保险和万能险以及投资连结型寿险产品等，都可以归为消费者范围①。

2. 关于保险消费者权益受侵害现象及原因的研究

这方面的研究成果较多，角度也各异，可以粗略归纳为以下几类研究：

第一，关于信息披露与知情权益受侵害的分析。知情权一直被视为实现消费者权益的第一权益，相对直观，易于观察，因此得到不少研究者的注意。例如，陈华，王玉红（2012）认为，保险消费者保护的核心原则在于"充分的信息披露、保险纠纷处理机制、公开透明的监管政策及公平对待消费者"，提出"建立保险消费者保护监督评估机制"、"搭建保险消费者保护社会舆论监督平台"等对策。同时，还需要防范由于保护而引致的消费者道德风险和逆向选择行为②。王丹（2012）认为，中国保险市场信息披露监管存在信息披露内容的标准化不规范、信息使用率不高、监管不足问题③。除此原因外，陈萍（2014）梳理了现行制度对保险公司信息披露的要求，认为存在着披露不及时、形式单一、内容失真、信息披露不充分、程序不规范等问题，需要从公司的披露体系建设、公司治理建设、外部监管④等多方面入手改革。

第二，保险营销过程对消费者权益侵害视角的研究。保险销售过程中的误导现象是直接侵害消费者权益的原因，于一多（2012）梳理了银行保险销售误导的表现形式和产生原因，提出了稳定关系以保障安全权、加大信息披露以保障知情权、畅通投诉渠道以维护诉求表达权、加强代理费用

①　覃好嫦. 保险消费者权利保护体系探析［J］. 区域金融研究，2014（5）：42 – 45.

②　陈华，王玉红. 保险消费者保护：市场失灵、政府介入与道德风险防范［J］. 保险研究，2012（10）：14 – 19.

③　王丹. 从保护保险消费者知情权谈信息披露监管手段的运用［J］. 北京金融评论，2012（4）：131 – 137.

④　陈萍. 从信息披露角度谈保险消费者保护［J］. 湖北经济学院学报（人文社科版），2014（2）：47 – 49.

监管以防止恶性竞争、转变销售模式①等建议。赵明，王士心（2013）分析了销售误导、银保业务恶性竞争、财险业务理赔困难等"破窗行为"②对保险消费者权益的伤害，提出了加强保险行为监管、保护保险消费者权益的相关对策。乌新宇（2013）认为，保险人普遍存在急功近利的渠道建设指导思想，从源头上构成对消费者权益威胁，使消费者权益维护工作面临挑战③。赵婷范（2012）研究电话营销保险模式对消费者权益保护的风险要素，例如"明确说明义务履行不到位，难以保障消费者的知情权"、"自动续保和扣除保费的流程损害消费者的选择权和财产权"、"电话录音作为合同成立的单独证据不利于消费者维权"④ 等问题。

　　与上述研究不同，赵文龙（2011）从保险产品监管不足角度分析，认为现有产品监管制度重事后轻事前、重形式轻实质、重临时轻长效。因此，容易导致产品瑕疵风险、公司道德风险（精算与经营管理层的合谋）、偿付能力风险等危害消费者权益的风险，建议成立独立的保险产品审查委员会，加大对产品违规责任的检查与处罚力度⑤等政策建议。郑伟（2012）也分析了保险产品设计和产品定价缺陷，需求方的理解和认知能力局限，监管人的监管不力等方面对消费者权益侵害成因，提出了"梳理和纠正经监管机构审批或备案的保险产品中可能存在的侵害保险消费者权益"⑥ 以及进行保险营销员制度改革的顶层制度设计等建议。

　　第三，从法律基础设施的不完备性角度分析。李娟（2010a）从保险法学角度研究保险合同的"要式性"，认为以保险单之类的书面形式来明确保险合同的要式性，具有便于处理合同纠纷的传统功能，还具有"保护

---

① 于一多. 从银保销售误导看保险消费者的法律保险 [J]. 上海保险，2012（4）：8 – 12.

② 赵明，王士心. 保险市场行为监管与消费者权益保护——基于破窗理论的保险市场调研分析 [J]. 保险职业学院学报，2013（1）：11 – 14.

③ 乌新宇. 保险营销渠道策略对消费者权益保护的障碍与对策 [J]. 上海保险，2013（7）：14 – 18.

④ 赵婷范. 电话营销保险模式下消费者权益保护的思考 [J]. 甘肃金融，2012（11）：48 – 50.

⑤ 赵文龙. 对保险产品监管的反思——基于消费者利益保护的视角 [J]. 中国保险，2011（6）：8 – 9.

⑥ 郑伟. 保险消费者权益保护：机制框架、国际经验与政策建议 [J]. 保险研究，2012（3）：3 – 11.

消费者利益"的新功能①。李娟（2010b）研究了保险费交付中的保险消费者利益保护问题，提出了"强制保险人通知投保人交续期保险费义务"②对保护消费者权益的帮助。罗璨（2013）讨论了2009年的《保险法》修订中关于保险人的说明义务从实质性说明蜕变为程序化说明后的保险消费者保护矛盾问题，"应借鉴德国关于先合同阶段义务群的立法经验，构筑以保险人和保险中介的建议义务、信息提供义务为主的先合同阶段义务群机制"③。类似地，张美玲，张运书（2013）研究了保险格式条款对消费者权益影响研究④。

类似地，覃好嫦（2014）认为，当前中国的《保险法》对保护保险消费者权利规定不完善，例如"缺乏对个人信息权的相关规定"，"缺乏事前防范的规定"，同时，监管部门可能在实际执行中有不到位现象⑤。

第四，从国际比较借鉴角度分析。王战涛（2010）比较了中德两国的《保险法》对消费者保护差异，认为德国最新改革的申请模式或邀请模式订立合同原则、全面改进保险人和中介人的指导义务和信息义务、统一规定了保险人和中介人的书面义务履行方式、确立了投保人的撤回权，以及放弃全有或全无原则⑥等都值得学习借鉴。毛大春，林征（2013）比较了中国大陆与台湾两地在保险消费者的内涵、保险人义务、争议处理三方面的监管差异⑦。

第五，从保险消费者教育视角分析。从消费者权益保护的理论以及国际消费者权益保护的实践看，消费者教育是最终提高消费者自我维权、倒

---

①　李娟. 保险合同要式性的界定——以保险消费者利益保护为视角［J］. 法制与社会，2010（10）：261 –262.

②　李娟. 保险费交付与保险消费者权益的立法保护问题［J］. 浙江金融，2010（9）：52 –53 +64.

③　罗璨. 保险说明义务程序化蜕变后的保险消费者保护［J］. 保险研究，2013（4）：95 –100 +88.

④　张美玲，张运书. 消费者权益保护视野下保险格式条款合法化机制研究［J］. 重庆科技学院学报，2013（2）：121 –123.

⑤　覃好嫦. 保险消费者权利保护体系探析［J］. 区域金融研究，2014（5）：42 –45.

⑥　王战涛. 中德保险法中的消费者保险比较研究——以保险合同法总则为重点［J］. 保险职业学院学报，2010（5）：65 –72.

⑦　毛大春，林征. 两岸保险消费者保护法律制度比较研究［J］. 福建金融，2013（4）：18 –24.

逼监管者和企业尊重消费者权益的一个必然要求。因此，不少研究文献从保险消费者教育中存在的问题入手开展研究，并提出相关建议。例如，邹瑾（2012）总结了经合组织国家的金融教育主要经验，包括"合理设定金融教育实施目标，强化国家政策支持"、"准确界定金融教育目标群体和教育资源"、"构建包括监管机构和利益相关方等在内的多方参与机制"等经验，并提出了中国保险消费者教育的对策，包括"强化保险消费者教育同其他金融知识教育的统筹协调"、"积极支持更多利益相关方参与保险消费者教育工作机制，形成工作合力"、"探索和完善保险消费者教育手段和途径，拓展宣传渠道"① 等建议。吴志文等（2013）提出，应进一步加强对保险公司的监管及对保险消费者的教育宣传与正确引导，规范保险企业的经营管理行为，增强消费者的保险知识和维权意识，有效地杜绝和减少销售误导现象的发生，确保保险消费者理性消费和保险业持续健康发展。

第六，对保险消费者权益保护的系统对策研究。从消费者权益保护理论可以看到，保险消费者权益的保护需要系统思考，监管者、市场企业、保险消费者自身以及社会其他部门，例如法院、新闻舆论宣传等都需要协同。因此，和蓉（2013）提出了"打造消费者自我保护、保险企业自觉、行业自律、部门监管、司法保护、社会舆论监督六位一体的消费者保护体系"建议。赵芳喜（2012）分析了保险消费者权益受损的原因，包括法律制度不健全、组织机构不明确、消费者与金融机构间的事实上不平等、消费者自身缺乏必要的风险意识和维权意识等，提出了加强监管设施建设的六大建议和三大重点工作② 。焦扬（2012）提出"建立以保护保险金请求权为核心，以保护知情权、公平交易权为补充，以保护受教育权、救济权为保障的完整的权利体系"③ 的权益保护监管机制。杨文生，胡广才（2013）提出，建立多元化解决保险消费纠纷的机制，包括完善保险公司内部投诉和纠纷解决机制，建立监管机构对大额纠纷的直接参与处理机

---

① 邹瑾. 从国外金融教育看我国保险消费者教育 ［J］. 西南金融，2012（12）：63 - 65.

② 赵芳喜. 保险市场行为监管与消费者权益保护研究 ［J］. 中国保险，2012（11）：16 - 19.

③ 焦扬. 保险消费者保护——保险监管的定位与职能 ［J］. 保险研究，2012（7）：98 - 101.

制，培养专业法律工作者，完善保险行业协会功能等建议①。

3. 对研究现状的评价

总体上看，现有部分文献的观点值得本研究学习借鉴，例如，关于保险消费者内涵、保险信息披露、保险产品缺陷、营销渠道压力等。但成果存在相对分散、欠缺系统化思考的不足。

特别是，对于保险消费者权益的外延，即到底消费者应该享有哪些权益，是中国保监会课题组提出的六项，或是其他部分成果提出来的五项，还是按照《中华人民共和国消费者权益保护法》规定的九项权益？这一问题如果不能合理解决，就必然停留在现有的分散论证，无法建立系统化的保险消费者权益保护机制。

此外，相当部分成果在研究过程中不停变换考察对象，常出现分别以分红保险销售误导、车辆保险理赔困难、银行邮政之类兼业代理机构的代理人势力等来举例论证，缺少对某一个细分市场的深度研究，这就导致理论研究成果的实践决策指导价值不足。

基于此，本书将以分红保险市场为例，从监管机制存在问题入手，探究监管机制和监管行为对保险市场结构、保险人的经营和竞争行为以及消费者行为的影响，进而对保险消费者权益的影响，进行深度研究，就有充分的理论价值和现实意义。

三、研究方法

将从中国分红保险市场形成和发展的历史与逻辑的动因研究入手，综合运用产业组织理论、规制经济学理论、消费者权益理论、保险理论等，遵循产业组织理论的 SCP 范式，并增加了"监管机制" R 要素，构建 R – SCP 分析框架，开展中国分红保险市场的"监管机制—结构—行为—绩效"研究，其中，贯穿保险消费者权益状况的考察，并以消费者权益保护和消费者福利提升为研究目标。主要用到以下几个方法：

1. 历史分析方法。重点表现在关于中国分红保险市场的产生和起步、

① 杨文生，胡广才. 保险消费者纠纷多元化解决机制研究 [J]. 法制博览（中旬刊），2013 (5)：23 – 26.

保险监管制度的建设和发展、保险产品结构等部分内容。

2. SCP 范式。从论文的第三章直到第七章，对中国分红保险的监管机制、市场结构、行为和绩效的现状，以及前三个要素对绩效的影响展开系统的研究。

3. 计量实证方法。在关于保险人行为、消费者行为、市场效率等问题的研究中，分别应用几类计量模型进行实证。

4. 问卷调查与统计分析方法。论文研究过程中开展了三次不同主题的社会调查，谋求从保险供求双方行为中探寻事实的真相，具体在论文第五章、第六章中分别对保险公司行为、消费者行为开展问卷调查和座谈调研交流，在此基础上进行调查数据的统计分析。

5. 定性分析方法。重点表现在论文第三章关于中国保险市场的多重委托—代理关系谱的论证，关于保险监管合谋的论述，第七章关于保险市场绩效的论证，第八章关于对策建议的提出等内容中，均以思辨和定性分析方式展开论述。

四、研究思路和技术路线

研究过程遵循"发现问题—提出假设—建立模型—检验模型—修正模型—解决问题"的研究思路，基于 R－SCP 分析框架开展具体研究，研究的技术路线如图 0－3 所示。

五、论文结构安排

包括绪论和结论在内，全书共九章。

绪论

从研究背景、目标和意义、文献综述、研究方法、研究的技术路线、论文结构、论文创新、存在不足及未来发展方向等方面展开。

第一章，分析框架的构建

简要介绍产业组织理论及其 SCP 范式的发展应用、政府规制理论及其演化发展，简要介绍 SCP 范式的创新、合谋理论、监管合谋理论的发展及其在保险市场研究中的应用，为本研究构建 R－SCP 分析框架提供坚实的理论基础和现实依据。然后阐述了本研究提出 R－SCP 分析框架及其对

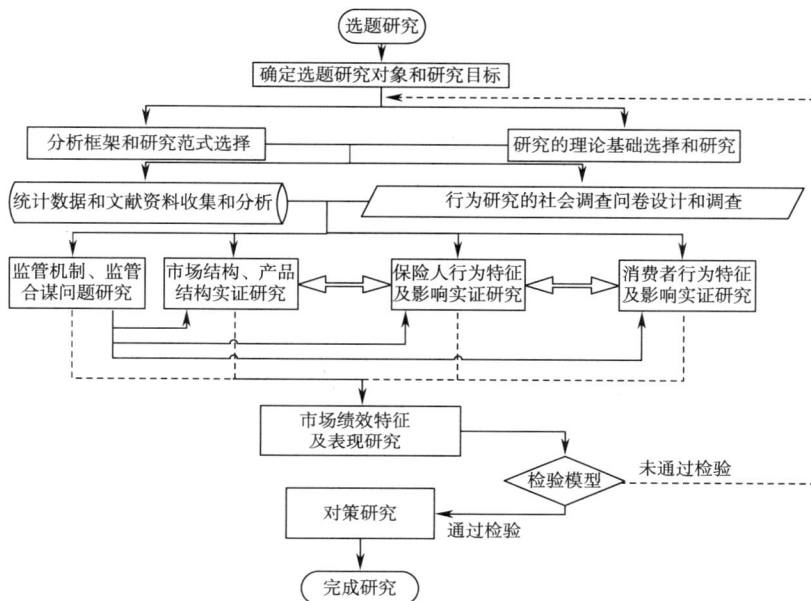

图 0 - 3　研究的技术路线

SCP 分析范式的创新，对完成本研究的价值和意义。

第二章，分红保险市场的产生和发展

简要回顾国际分红保险的产生和发展后，分别基于供求理论和要素禀赋理论分析分红保险产品进入中国的必然性，并以翔实的数据介绍了近年来保费收入增长、保险产品演化特点，为后文的研究奠定基础。

其中，受"新结构经济学"启发，应用要素禀赋理论来分析中国分红保险市场的产生和发展，特别是，提出了发展分红保险适应于中国居民金融理财资源竞争，适应于中国特有的监管制度、产业政策和营销人力资源要素现状的观点，有别于现有文献。

第三章，中国分红保险市场的监管演进及监管合谋

这是构建 R - SCP 分析框架开展研究的逻辑起点。在本章中，以制度变迁和政府规制理论为指导，收集整理了中国保险监管机制的大量历史文献，考察了中国保险监管机制变迁史、机制变迁的路径依赖及其对分红保险监管行为的影响。

本章中详细描述了中国特色的政治经济体制下保险市场上复杂的委托—代理关系谱,应用拉丰学派提出的监管合谋理论,分析中国分红保险市场监管中存在的三个监管合谋行为的表现特征及其对保险人行为、保险产品供给结构,以及对消费者行为产生的各种不良后果,为后文的研究奠定基础,也为 R – SCP 分析框架夯实理论依据和现实基础。

第四章,中国分红保险市场结构

遵循产业组织理论关于市场结构的描述方法,利用市场集中度、集中指数等统计指标分析中国分红保险市场结构发展演化历程及现状、特征,主要保险公司的市场份额变化等历史数据。重点研究了中国分红保险市场的险种结构特征及其演化,根据灰色系统理论统计分析中国保险市场上的分红保险保费收入对人身保险保费收入的绝对和相对增长率影响;分析分红保险中的分红两全保险与其他分红保险间的相互影响,更进一步充分论述分红两全保险发展的特点。

这样的分析及其结论,目前也未见于其他文献。

第五章,中国分红保险市场的保险人行为

遵循产业组织理论 SCP 范式,从本章起开始研究"行为"对绩效的影响。本章的研究是全文的一个重点内容,分为四节,分别研究了保险人的产品供给行为、经营行为、营销行为的表现特征及其成因,保费收入影响因子的实证研究,以及以广西市场为例开展的保险供给行为调查实证研究。系统地论证了保险人行为对分红保险消费者权益的影响,对市场可持续发展的不良影响。

第六章,中国分红保险市场的消费者行为

收集分红保险的相关统计数据和居民储蓄、可支配收入等收入数据,建立了八个面板模型来开展保险消费行为影响因素的计量模型实证分析,论证中国不同区域的居民在分红保险消费行为存在的差异。以广西市场为例开展了居民的分红保险消费行为的社会问卷调查研究,借此发现居民在保险消费中发生各种非理性行为的原因,探析居民自身的消费行为对消费者福利和消费者权益"绩效"的影响。

第七章,中国分红保险市场的绩效分析

本章按照产业组织理论的市场绩效考察的范式要求对保险企业的经济

效率进行考察。受奥地利学派的"消费者主权"思想启示，把分红保险产品的保障功能和消费者权益视为保险消费者效用的具体表现，并作为市场绩效的组成部分，对保险消费者获得保险各项赔偿情况考察，分析不同分红保险险种的保障能力；根据《消费者权益保护法》的相关条款，逐一分析这一市场中的保险消费者权益的损益情况，为最终提出基于消费者权益保护的中国分红保险发展的系统化改革对策建议提供基础。

本章从保险人获得的经济效率、保险产品的保障功能效率、保险消费者权益效率三个角度分析中国分红保险市场的绩效，将可看到，保险人获得了预期经营利润，但消费者的绩效却受到不同程度的侵害，这样的分析方法及研究结论，也未见于现有文献，成为本书的创新点之一。

第八章，中国分红保险市场发展对策

提出了"扬弃式"开展分红保险产品及市场改革的思想，逐一回应前面几章关于监管机制、市场结构、产品结构、保险人行为、消费者行为研究中发现的问题，提出"以监管机制再造为基础，以消费者权益保护为目标，以产业发展政策为助推，以消费者教育为保障"的、中国分红保险发展的监管机制改革、产业发展政策改革、消费者教育机制改革等的框架性系统改革对策。

六、创新点

本研究在以下三个方面有所创新：

第一是把"监管机制"要素引入 SCP 范式，构建"监管机制—结构—行为—绩效"的 R - SCP 分析框架，把消费者行为纳入市场行为范畴，把保险产品的保障绩效、消费者权益保护纳入市场绩效考核范畴，以充分的数据，多角度、多层次地系统论证了中国分红保险市场的监管机制、市场结构、产品结构和各方行为对市场绩效，特别是对保险产品的保障绩效、对保险消费者权益绩效的影响。

第二是应用要素理论来分析中国分红保险市场的产生和发展。发现该市场是保险业抢占居民金融理财资源、适应居民风险资源演化、适应中国特殊的保险营销人力资源，以及获得充分的监管机制和产业政策资源扶持的结果。这样的分析思路和结论目前未见于分红保险研究文献。

　　第三是系统论证了中国分红保险市场的多重委托—代理关系谱，在此基础上简化得到"消费者—监管人—保险人"的委托—代理模型，以拉丰学派的监管合谋理论为指导，以充分的历史文献资料论证了中国分红保险市场的监管合谋行为，认为市场发展中存在的产品结构问题、误导问题、低分红率问题等，都可以追溯到监管制度的不完全、监管者偏向生产者利益的"监管合谋"行为，为保险人创造了丰厚的"市场信息租金"，这是导致中国分红保险市场乱象的重要原因之一。

第一章 分析框架的构建

产业组织理论从最初以产业和市场的组织及运行结构为研究对象，发展到今天注重分析企业结构与行为之间、市场结构与组织之间、市场与企业之间的相互作用，以及企业间的相互关系等内容，吸引了大批经济学家投注大量精力研究，催生了包括交易费用、规制经济、契约理论、法经济学等多交叉学科，已经成为当代经济学最活跃、成果最丰富的研究领域之一。本书的研究也将建立在该理论中著名的 SCP 范式的开拓应用基础上。

因此，本章将简要回顾产业组织理论，特别是对 SCP 范式的理论内核及其发展作简要回顾。同时，简要阐述本研究中特别关注的政府规制理论，特别是其中的监管合谋理论的发展，为建立创新性的分析框架奠定扎实理论基础。然后，阐述 SCP 范式应用于分红保险市场研究的科学性和可行性，建立 R - SCP 分析框架，为全书研究奠定基础。

第一节 产业组织理论发展的简要回顾

一般认为，产业组织理论的研究最早可以追溯至著名的《国富论》，亚当·斯密提出一个基本判断，即市场自发调节、自由竞争机制与厂商行为相适应。但是真正引起后来经济学家积极思考和研究的，则是著名的"马歇尔困境"。

马歇尔认为，企业内及企业间的"组织关系"应属独立于土地、劳动力、资本三大要素之外的第四种生产要素，并在此基础上提出了产业组织的概念。进一步地，马歇尔以分工和协作理论为基础，进一步研究了产业组织中的内部经济和外部经济、厂商规模和经济规模问题。更提出了著名的"马歇尔困境"或"马歇尔冲突",即规模经济效应与垄断造成的资源配置扭曲构成矛盾冲突。

罗宾逊夫妇和张伯伦等早期经济学家提出的垄断竞争理论被视为解决这一问题的开创性研究,而后大批经济学家投身其中并发展了关于微观市场竞争结构、竞争行为与竞争绩效之间关系的产业组织理论,并逐渐发展成一个独立的研究领域和研究范式。其中,最著名的、后来经济研究中应用最广泛的当属哈佛学派提出的"结构—行为—绩效"(即 SCP)结构主义范式和芝加哥学派提出的效率主义范式。

一、哈佛结构主义学派

(一)结构主义学派的基本理论观点和影响

哈佛大学梅森教授领导成立了产业组织理论研究团队,采取实证研究的方法,大量观察有关产业和企业中的产业竞争和垄断、企业行为和市场绩效现象,提出了市场竞争与规模经济之间存在矛盾的观点,并提出了市场结构和市场绩效的判断标准。特别是,经过谢勒(Frederic M. Scherer)和贝恩(Joe S. Bain)两人卓绝有效的研究,最终形成了著名的 SCP 范式,促使产业组织理论正式成为经济学的一个相对独立的重要分支。

综合起来,哈佛学派的产业组织理论体系主要包括 SCP 范式和"集中度—利润率"假说两个支柱。

第一,SCP 范式是哈佛学派产业组织理论的根本。SCP 范式认为三者之间存在相互影响关系,即市场结构决定市场行为,而市场行为决定市场绩效。其中,市场结构即市场中的厂商数量、市场份额、厂商规模比较、厂商间的竞争关系等,通过市场集中度或市场集中系数、产品差异程度、进入退出条件等指标工具判断,最终表现为完全竞争、垄断竞争、寡头垄断、寡占市场等几种市场形态。

市场行为是指市场中的厂商在市场竞争与合作中选择的价格和非价格行为,特别是其中的串谋或合谋行为、卡特尔协议、竞争策略行为等。相比于"市场结构"的判断和研究,"市场行为"的判断和研究复杂许多,近年来更多地集中于串谋、并购和垄断行为的研究和控制。

市场绩效是指产业、行业和市场运行的效率，一般用利润率、效率、创新等方面考察。特别是，近年来对效率的研究日渐兴盛，提出了规模经济效率、技术效率、X 效率、X 非效率等概念和研究方法。

第二，在 SCP 范式基础上，哈佛学派提出了"集中度—利润率"假说。认为一个产业要想获得好的市场绩效，关键在于改善市场结构。认为产业存在垄断力量将使集中度较高的市场中的企业获得利润也较高，但社会资源配置效率却较低。相比较而言，完全竞争市场的产业集中度最低，社会资源的配置更合理，社会福利更高；寡占市场的集中度最高，但社会资源配置和社会福利均存在更大的改进空间。因此，为了提高资源配置效率，提高社会福利，政府实施产业政策的目标就应该专注于调整和改善不合理的市场结构，防范寡头垄断结构形成，制定并实施有效的管制和规制政策以打击寡头垄断行为，以形成和维护有效竞争的市场结构，促进资源配置效率提升，促进市场绩效提升。

这样的思想得到了社会和政府的认可，为各国开展反垄断、反托拉斯等打击市场势力活动提供了理论和决策依据，并成为当前应用产业组织理论于各类市场研究的主要研究范式。

（二）市场结构形态的判断依据

经过多年来的总结和应用，哈佛学派主要提出了产业集中度、赫希曼—赫芬达尔指数、汉纳—凯伊指数、洛伦兹曲线等指标，并进而依据各指标大小进行经验性的判断产业或者说市场的垄断程度。

1. 贝恩产业集中度

贝恩产业集中度 CR_n 属于绝对衡量性质指标，是指市场内前 N 家最大的厂商所占有市场份额的总和。通常用市场份额前四名或前八名企业的销售收入、利润总额、资产等产出性质的指标的绝对数值额，依据如下公式进行测算：

$$CR_n = \frac{\sum_{i=1}^{n} Y_i}{\sum_{i=1}^{N} Y_i}$$

式中，Y_i 是市场中单个竞争主体的产出；N 是市场中的竞争主体的总数。n 通常取 4 或者 8。属于经验性取值，根据具体产业和市场情况而定。当市场竞争主体足够大量时，可以取 $n = 8$。

CR_n 指标的优点是简单、直观，因此，贝恩在此基础上提出了贝恩指数竞争结构标准，Shepherd 提出指数标准来判断市场结构类型，成为产业组织理论研究中最常使用的工具，也成为政府反垄断中常使用的工具。

表 1 – 1 贝恩指数竞争结构分类标准

市场结构类型	市场集中度	
	CR_4（%）	CR_8（%）
寡占 I 型	$75 \leqslant CR_4$	
寡占 II 型	$65 \leqslant CR_4 < 75$	或 $85 \leqslant CR_8$
寡占 III 型	$50 \leqslant CR_4 < 65$	$75 \leqslant CR_8 < 85$
寡占 IV 型	$35 \leqslant CR_4 < 50$	$45 \leqslant CR_8 < 75$
寡占 V 型	$30 \leqslant CR_4 < 35$	或 $40 \leqslant CR_8 < 45$
竞争型	$CR_4 < 30$	或 $CR_8 < 40$

表 1 – 2 Shepherd 市场结构分类表

结构类型		市场集中度	
完全垄断		一家厂商占 100%	
优势厂商		一家厂商占 40% ~ 99%	
高度寡占		CR_4 占 40% 以上	
有效竞争	松弛寡占	CR_4 占 15% ~ 40%	$CR_4 < 40\%$
	独占性竞争	每个厂商占 2% ~ 8%	
	完全竞争	每个厂商占有率极小	

资料来源：Shepherd, W. G.."The Economics of Industrial organization" [M]. 4thed, N. Y.：Prentice – Hall International Editions, 1990, p. 14.

2. 市场集中系数

市场集中度 CR_n 指标存在明显的缺点，即无法显示出市场中竞争厂商数量，因而无法判断前四家或前八家厂商在整个市场中的相对地位。为此，提出市场集中系数概念来进一步判断垄断程度。基本方法是在市场集

中度 CR_n 指标的基础上，再计算集中度与市场平均份额之间的比值，借此判断出市场份额领先的若干企业所占有的份额是平均份额的倍数，说明市场垄断程度的高低。相比于 CR_n 及贝恩指数，这一系数还有利于判断市场竞争主体数量以及其大小之间的差异。

$$CI_n = \frac{CR_n}{C_n}$$

式中，CI_n 是市场集中系数；CR_n 是市场集中度；C_n 是市场上每个竞争主体拥有的平均份额。

3. 赫希曼—赫芬达尔指数 HHI

赫希曼（A. O. Hirschman）和赫芬达尔（O. C. Herfindahl）先后提出了赫希曼—赫芬达尔指数 HHI，用于反映行业中的企业总数和规模分布情况，衡量企业的市场份额对市场集中度产生的影响，进一步研究判断市场竞争主体之间的市场份额的不均等程度。

$$HHI = \sum_{i=1}^{N} \left(\frac{y_i}{Y}\right)^2 = \sum_{i=1}^{N} S_i^2$$

式中，S_i——市场竞争主体的市场份额；

$\quad\quad y_i$——市场中第 i 个主体的产出（例如保费收入）；

$\quad\quad Y$——市场总产出（例如保费收入）。

如果设 N 为市场上竞争主体的数量，x 是市场平均份额（平均销售额、平均利润等），σ 是标准差，v 是变动系数，则可以对上述公式变形为如下：

$$HHI = \sum S_i^2 = \sum \left(\frac{x}{X}\right)^2 = \frac{\sum x^2}{X^2} = \frac{\sum x^2}{(N\bar{x})^2}$$

$$= \frac{\frac{\sum x^2}{N} - \overline{x^2} + \bar{x}}{N_x^{-2}} = \frac{\sigma^2 + \overline{x^2}}{N_x^{-2}} = \frac{u^2 + 1}{N}$$

从上变式可见，HHI 指数取决于各竞争主体市场份额的不均等程度和竞争主体的数量。在完全垄断市场上，$N = 1$，$u = 0$，$HHI = 1$；在完全竞争市场上，竞争厂商之间的市场份额差异几乎不存在，因此 $u = 0$，但 $N \rightarrow$

∞，所以 $HHI=0$；在完全竞争与完全垄断市场之间的垄断竞争和寡头市场上，$0<HHI<1$。

相比于其他市场结构的测度指数，HHI 指数具有绝对值和相对值法的双重优点，指数不受市场竞争主体数量的限制，不但可以反映市场份额的集中程度问题，更能反映市场中的大企业之外的市场结构特征，更准确反映大企业对市场的影响程度，因此成为较理想的判断市场集中计量指标，成为欧美政府反垄断中常用的工具。

由于 HHI 指数的计算结果必然是个小于 1 的小数，为了研究方便，一般会乘以 10000，以便利用。经过美国司法部的经验总结还有如表 1-3 所示的 HHI 系数表判断市场结构垄断程度。

表 1-3　　　　　　　赫希曼—赫芬达尔指数竞争结构标准

市场结构	寡占型				竞争型	
	高寡占Ⅰ型	高寡占Ⅱ型	低寡占Ⅰ型	低寡占Ⅱ型	竞争Ⅰ型	竞争Ⅱ型
HHI 值	$HHI \geqslant 3000$	$3000 > HHI \geqslant 1800$	$1800 > HHI \geqslant 1400$	$1400 > HHI \geqslant 1000$	$1000 > HHI \geqslant 500$	$500 > HHI$

4. 汉纳—凯伊指数

汉纳和凯伊提出一种更具有一般性的集中指数，与 HHI 指数类似，但对大小厂商赋予不同的权重，公式表示如下：

$$HK = \Big(\sum_{i=1}^{n} S_i^a \Big)^{\frac{1}{1-a}}$$

式中，$a>0$，且 $a \neq 1$；

　　S_i——市场竞争主体的市场份额。

与 HHI 指数比较而言，HK 指数为不同规模的厂商分配了不同的加权系数 a，可以更贴近于现实中的竞争力量比较关系。当 $a=2$ 时，HK 指数等同 HHI 指数。

（三）哈佛结构主义理论的缺陷

哈佛结构主义者建立起基本的分析框架和分析范围，促进了厂商理论和微观经济学演进。直到今天，学界和政府仍经常采用 SCP 范式来分析一个市场或产业的结构现状，HHI 系数也成为欧美国家判断产业和市场结构的一个重要依据。但是，SCP 范式存在三个重大缺陷也成为其他学派攻击的对象，表现在以下方面：

第一，在进行经验分析中的结构变量选择问题，包括变量设定、时间范围和入选条件等，例如，以利润率和回报率这两个短期观察值来反映长期绩效存在矛盾，而利润率与高集中度之间的相互影响是内生或是外生也存在矛盾，直接影响到"集中度—利润率"假说的成立。

第二，关于结构、行为与绩效之间的相互影响被简单化、单向性分析，这正是其他学派用以攻击的最大弱点。

第三，过多依赖经验主义的短期分析和解释，缺少对产业和市场的长期动态效率和配置效率的分析和评价。

二、芝加哥学派的效率主义产业组织理论

哈佛学派的经验式实证研究，以及关于反垄断的产业政策建议被奉行自由主义经济学的芝加哥学派反对。20 世纪 60 年代初期，以斯蒂格勒为代表的芝加哥学派坚持奈特（F. Knight）以来传统的自由主义思想和社会达尔文主义，在主流经济学的理论分析工具和论证范式的基础上，针对结构主义理论的不足，提出了反对政府干预的自由竞争产业组织理论。

芝加哥学派坚持把产业组织和公共政策问题视为价格问题，强调市场绩效、市场行为对市场结构的反作用，认为市场结构内生，是在既定的市场条件和生产技术条件下，厂商为了追求效率即"市场绩效"而采取各种竞争行为形成的结果。因此，芝加哥的产业组织理论学派又称为"效率主义学派"。20 世纪 70 年代以后得到社会和政府的认可，成为影响政府反垄断政策的主流经济学理论。学派提出的政策主张，即是否有益于效率提高成为反垄断唯一目标，合理推定原则更成为反垄断的主要原则。综合起来，芝加哥学派的产业组织理论体系主要包括以下三个方面：

（一）经济自由主义观点

这是芝加哥学派有别于其他经济学派的一个基本核心。信奉市场的自由竞争机制、自我调节能力、自由发挥作用，要求政府只能集中精力于制

度框架的构建，应减少对产业组织内部竞争的干预。

（二）强调长期效率

芝加哥学派强调市场的长期竞争，认为产业的集中率高低与市场范围和产业周期相关。特别是，认为垄断企业的高绩效来源于长期竞争的高效率及低成本，厂商间的串谋、卡特尔协议等终将是短期均衡，将会因新竞争者的进入而降低利润率至社会平均水平。所以，高集中率的市场和产业结构导致高利润率可能只是生产效率提高的结果，并不意味着资源配置效率的降低。同时，虽然大厂商占据了较高的市场份额，但仍然受到竞争的压力，故而价格水平仍然是符合效率标准的。因此，认为政府反垄断的重点应在于对垄断或寡占企业的市场行为进行必要的干预，防范卡特尔协议式的串谋行为发生。

（三）提出了政府管制俘获理论

斯蒂格勒把市场进入壁垒定义为新进入厂商必须负担而原有厂商不必负担的成本，从而产生了与结构主义学派完全不同的壁垒内涵和外延，产品差别化之类的竞争措施被视为实现经济效率的手段而不再被视为壁垒。但是，由于政府管制者的利己动机和行为，可能被市场利益集团控制和俘获，从而导致人为的市场进入壁垒。换言之，政府管制不但不能促进产业效率，不能有效地降低市场价格以提高消费者福利和社会福利，反而成为利益集团的收益来源之一，成为促进既得利益集团效用最大化的工具。因此，必须全面放松政府管制，依靠市场的优胜劣汰机制促进竞争，提高消费者福利和社会福利。

综合而言，芝加哥学派产业组织理论的最大贡献在于引入了长期竞争，突出了对结构、行为、绩效三者之间的长期相互关系，特别是结构与效率之间的关系，强调了自由竞争。在发展过程中发展了规制经济理论，衍生了法经济学理论，都成为现代西方主流经济学的一个重要分支，推动了美国反托拉斯政策的重大转变，强调反托拉斯应保护竞争，而不是传统理解的保护竞争者。特别是，当市场上存在过度竞争而有损规模经济和经济效率时，应鼓励兼并来推动市场集中。因此，反托拉斯的目标在于促进资源配置效率，提高生产效率，提高消费者福利和社会福利。

但是，相比于结构学派来源于现实的经验主义实证研究，芝加哥学派的产业组织理论缺乏经验实证检验，则又成为其一大缺陷。

三、新奥地利行为理论学派

20 世纪 70 年代末期 80 年代初期，以米塞斯（L. Mises）、哈耶克（F. A. Hayek）为代表的新奥地利学派，在坚持奥地利经济学派的传统思想和方法①基础上，坚持应用行为科学理论于经济问题研究，提出了基于"市场行为"、"市场是一种过程"为内核的产业组织理论思想，被称为新奥地利产业组织理论。理论建立在以下基本假设条件下：第一是信息不完全性，或称知识分立论；第二是人的有限理性；第三是环境的不确定性；第四是消费者主权，即市场配置资源必须按消费者意愿进行；第五是私有制，财产私有才能激励私有财产所有者小心看管财产。在这样的假设条件下，奥地利学派提出了几个主要理论观点：

（一）市场至上

受到信息不完全的影响，市场成为知识和信息的发现过程。而市场竞争要求厂商根据消费者的需求进行生产，才能有效配置资源。因此，积极推崇市场机制，反对一切形式的计划经济。

（二）自由竞争行为或竞争过程论

新奥地利学派的理论核心在于强调市场竞争行为，强调市场竞争的过程性，认为市场竞争的本质是一个过程，市场竞争的根源在于企业创新，只要保证充分的市场进入和退出自由，就可以形成充分的竞争。因此，衡量市场中是否存在垄断势力和垄断结构，重点应在于判断是否存在竞争行为，这是判断垄断的最重要的决定性因素，而市场结构以及市场绩效都属其次。因此，政策取向上强调自由放任的产业政策才是最有效政策，反对结构主义学派提出的分割垄断企业、禁止企业兼并等政策主张。

---

① 《新帕尔格雷夫经济学大辞典》（第 1 卷）对新奥地利学派的解释："这一派的目标是突出奥地利学派关于市场是一种过程的解释与主流现代经济学的均衡理论的不同之处。其结果常常被理解为只有部分是准确的，拒不采用现代数学和经济计量技术。"

（三）非行政垄断有效论

基于消费者主权原则，认为垄断并未改变市场交易的性质，厂商仍然需要接受消费者的选择才能做出正确的产销行为。同时，认为结构主义学派提出的市场竞争度本质上与竞争强弱无关，企业家的创新精神是竞争压力来源，规模经济性、产品差别化和进出产业市场成本不能排除竞争行为；非行政因素的竞争导致的垄断结构本质上是优胜劣汰的结果，是合理的，垄断企业本身也是高效的；但是，受到不确定性的影响，曾经的垄断企业也将会在竞争中失败。因此，新奥地利学派的最终结论就是：唯有行政垄断才是真正地进入壁垒。

（四）企业家创新和创业精神论

熊彼特等人关于企业家创新的研究为新奥地利学派产业组织理论增添了创新思维，强调企业家的创新和创业精神在市场竞争过程中、在市场竞争行为中的重要意义。创业和创新，特别是创新有助于降低并突破原有进入壁垒，促进市场竞争，促进资源的合理流动和优化配置，生产和创造出更适应消费者需求的产品和服务。因此，利润的本质，特别是高垄断利润的本质可能是企业家创业和创新精神的风险报酬。但是受到信息不完全、不对称的影响，市场的不均衡成为常态，市场竞争的过程本质上正是不均衡的动态调整过程。

（五）自由放任竞争的产业政策

在前述相关理论观点的支持下，新奥地利学派的产业组织理论反对政府干预，反对反垄断的规制政策，反对结构主义的政策主张，认为行政干预和规制政策导致信息不完全，进而扭曲市场调整过程，产业壁垒因行政垄断而产生，强调通过法治构建公平和自由的竞争环境。

新奥地利学派未提供类似 SCP 范式的可操作性指标系统，重在强调产业政策的思想理念，关于创新、创业、自由竞争、行政垄断壁垒等观点得到了学界和政界的重视，也得到部分的应用。其不足在于，把市场的自由竞争与政府规制相对立，过分偏重于具有较深厚主观意识的行为分析、效用分析手段，又被部分经济学派特别是当代建立起数理模型基础的主流经济学派反对。

四、新产业组织理论

20 世纪 70 年代以来，越来越多的经济学家加入到博弈论、不完全契约理论、交易成本理论等产业组织理论的研究，计算机、数量、计量工具的快速发展并合理应用于产业组织理论研究过程，促进了产业组织理论的大发展，成为经济学最繁荣的领域之一。综合起来，在有限理性、交易成本、信息不对称等理论假设条件下，新产业组织理论重点开展寡占、垄断和垄断竞争等不完全竞争市场结构下的厂商的组织、行为和绩效全方位视角问题的研究。

最主要的理论特点包括两个方面，第一是把市场结构和市场环境视为市场行为和市场绩效相互作用的内生变量。更重视市场环境与厂商行为的循环和反馈链式的互动，借助博弈论对厂商的策略行为对市场结构和市场绩效开展双向的、多重关联机制的研究。认为即使在寡占市场结构中，厂商依然可以通过战略改变市场环境，主导厂商可以通过操纵市场环境来影响甚至改变竞争对手进入或退出市场的预期和行为，从而创造出有利的市场环境，获得超额利润。第二个突出特点是，借助博弈论工具开展非合作、不完全信息下的市场竞争行为研究。由于信息不对称、不完全，将为信息占优的主导厂商获得信息租金，利用战略性行为影响竞争对手的经营选择，影响对手的产销和盈利预期，从而使市场向有利于占优厂商的预期发展而获得超额利润。这让新产业组织理论成功超越了传统产业组织学派依赖的效率理论基础对市场竞争问题的理论研究框架，也得到有别于传统产业组织理论的研究结论，即认为寡占竞争是目前市场结构的主要均衡模式。

综合起来，新产业组织理论主要有以下几个核心组织部分。

（一）可竞争市场理论

又称可以竞争性理论、进退无障碍理论，主要代表人物是威廉·鲍莫尔（William Baumol）。该理论设定了三个假设条件：允许自由进入和退出；潜在进入者能够采取"打了就跑"（hit and run）的策略；潜在进入者不存在技术上的劣势，也不必承担额外的进入成本等。

在此基础上，威廉·鲍莫尔等人重新定义了规模经济和范围经济，认为新进入或潜在进入市场竞争的厂商将使现有垄断厂商只能在可维持价格水平上竞争，即潜在进入者借助"打了就跑"策略消除了市场高价带来的超额利润。由此可以得到结论：可竞争市场具有两个基本特征，即不存在超额利润、不存在任何开工的生产低效率和管理上的 X 低效率（或称 X 非效率，X—Inefficiency）。

理论的最后政策隐含意义是：政府放宽进入规制，自由放任政策比通常的反托拉斯政策和政府规制政策都更有效；在可竞争市场条件下，即使在寡占甚至垄断的市场结构中，潜在竞争的压力将对市场上现有厂商产生约束力，促进市场经济效率提升和消费者福利提升，实现福利最大化目标。因此，政府的规制目标应在于促进可以竞争性，消除妨碍可竞争性、损害经济效率的各种进入障碍特别是进入垄断。

（二）交易成本理论

以科斯、诺斯等为代表的新制度经济学派一改其他学派仅从技术角度考察企业，仅从垄断、寡占等不完全竞争视角考察市场的研究逻辑，应用交易成本理论和产权理论这两个新制度经济学基石，把研究重点深入企业和组织内部，从企业内部的产权结构、组织结构等内部结构变化，企业规模边界和变化，来分析企业行为变异，进而探析对市场绩效的影响，取得了积极的成果，被称为开创了产业组织理论研究的"后 SCP"时代。

交易成本理论认为，交易成本包括搜寻成本、谈判成本、实施成本等，企业与市场是可以相互替代的两种协调生产手段，企业在市场竞争中是选择市场交易方式，还是以企业自身资源方式完成产销，取决于交易成本的对比关系。交易成本的差别是企业产生的原因，进一步地，生产的集中和大企业（垄断或寡占企业）的兴起并非仅因为垄断行为，企业兼并的本质是为节约交易成本，是以内部协调成本替代市场外部竞争关系的各种成本，减少市场竞争厂商，减轻交易摩擦，降低交易成本，从而实现经济效率。据此，新制度学派借助交易成本理论来分析企业与市场的边界，为产业组织理论研究提供了全新视野。

随着交易成本理论的发展，科斯注意到了产权界定不清晰导致的市场外部性和社会成本问题，提出了明确产权，才能消除市场的外部性，消除市场失灵，进而降低交易费用，才能提高资源配置效率的理论思想。

以威廉姆森为代表的制度经济学家发展了科斯的交易成本理论，把交易成本划分为广义和狭义之分，其中，广义交易成本是指谈判、履行合同和获得信息的资源耗费；狭义交易成本则指履行契约付出的时间和成本。根据发生的时间先后，又可以分解为搜寻信息、谈判、起草契约、签约等事先交易成本；以及签订契约后双方当事人受到未来种种不确定性困扰而付出履行契约费用，包括可能的违约成本、对原价格不满意的修改契约成本、解决契约履行争端付出的成本，以及为促使交易关系长期化和持续性付出的费用等四大费用（成本）。认为市场运行和资源配置效率的高低取决于交易的自由度大小和交易成本高低两个关键因素。因此，当交易成本过高时，市场交易就受到阻碍，契约不能得到正常履行，企业可能持续不断地在市场上寻找交易合作对象付出更高昂交易费用。在此基础上，威廉姆森等人的政策主张是：产权界定明确是降低交易成本的基础，也是降低交易摩擦的润滑剂；企业组织存在的意义就在于明确产权边界，明确企业作为市场交易主体的法律责任，促进市场交易效率，促进资源配置效率。

以 C. 舒尔茨为代表的自由竞争派也对科斯的交易成本理论有新的发展，但与威廉姆森却有较大差异。他认为，外部性并非市场机构失灵的唯一原因，在自由竞争的市场中的产权界定清晰可以促进资源有效配置。因此，提出了市场自由竞争的政策主张。

（三）公共选择学派理论

以 G. 布坎南为代表的公共选择学派认为，市场交易表现为资源交换，但本质上是市场主体拥有的合法权利的交换。因此，强调所有权、法律制度基础对市场交易，特别是对制定和履行契约的重要作用。

基于此，公共选择学派在对科斯定理的继承和发扬中提出有别于威廉姆森和舒尔茨等人的理论观点：只要交易是自愿的，则初始的合法权利配置与最终的资源配置有效性无关。即只要产权界定清晰且可以自由转让，便可以得到保证资源配置的有效性。因此，该学派的政策主张便可以理解为：第一，明晰产权；第二，允许合法权利的自由交换。

（四）契约理论

长期以来，各学派的产业组织理论均在假设厂商以追求利润最大化为根本目标的基础上开展论证。但是，现实生活中的企业具有多元目标，仅就产品定价而言就存在多种定价因素和模式，例如成本加成定价、经验定价等。按契约理论观点，不同厂商的组织结构、所有权结构差异，将导致厂商的决策机制和决策目标导向上的差异。当委托人不能有效监管代理人，或者对代理人缺少充分的激励，就可能发生代理人在决策过程中的逆向选择和道德风险行为，决策目标偏离企业最大化目标。进一步地，企业内部代理人的有限理性，发生代理人自私风险行为，将影响企业间的交易契约设计为不完全契约，产生或扩大了市场交易费用，影响契约执行效率和市场交易效率。一个企业的代理人发生道德风险行为，必然使两个企业间的契约不论是在设计阶段、谈判阶段，还是履行过程中均可能发生信任危机，产生并提高交易成本，致使契约低效率，契约边界失效，即市场失灵。

契约学派研究不同交易环境下的不同契约行为人之间的经济行为及后果问题，产生了不完全契约理论、委托代理理论和交易成本理论三个分支。前述的以威廉姆森为代表的交易成本理论对产业组织理论的贡献是解释了企业与市场边界，在此基础上提出了产权理论；不完全契约理论的贡献则突出表现在解决了市场交易成本来源问题；委托代理理论则解释了现代企业的公司治理问题逻辑起点；三者相互补充，应用于产业组织理论研究，共同成为公司治理理论基础，产生并发展了企业组织理论。

不完全契约理论，又可称为 GHM（格罗斯曼—哈特—莫尔）理论，或 GHM 模型，理论以契约的不完全性为逻辑起点，在批判性吸收和发展交易成本理论和委托代理理论的基础上，以财产权或剩余控制权的最佳配置为研究目标，把权利划分为特定权利和剩余索取权利；认为由于人的有限理性、信息不完全性和交易事项的不确定性，将使明晰所有的特殊权利的成本过高，拟定完全交易契约是不可能的，不完全契约则是必然的和常态性存在。特别是，受到物质资本与人力资本、企业家与投资人、控制权与所有权等多种因素的交互影响，最终认为企业的本质是"一个难以被市场复制的、围绕关键性资源而生成的专用性投资的网络"。经过多年的发展和应用，GHM 模型已经成为与供求曲线、萨缪尔森重叠代模型等最重要的现代经济五大标准分析工具之一，广泛运用于企业理论、融资理论、资本结构理论和公司治理理论研究中，成为新产业组织理论中的重要支柱之一。

委托代理理论随着生产力的大发展和规模化大生产时代到来，由伯利和米恩斯于 20 世纪 30 年代提出。该理论建立在非对称信息博弈论基础上，认为由于委托人和代理人之间的效用函数差异，存在利益冲突，在缺少有效制度安排时，代理人的行动取向可能损害委托人利益。受益于博弈论研究成果的快速发展，委托代理理论的模型方法进步迅速，在最初的三个相对静态基本模型，即"状态空间模型化方法"、"分布函数的参数化方法"、"一般分布方法"等基础上，发展了包括建立在重复博弈基础上的"代理模型"、"声誉模型"、"棘轮效应模型"、"强制退休模型"、"任务模型"、"团队模型"、"预算模型"、"选择模型"、"合作模型"、"评估模型"、"风险模型"、"监督模型"、"委托权安排模型"等系列模型，广泛运用于企业经营和产业发展，对促进企业的公司治理、促进企业文化培育、降低代理风险以提高经营效率等发挥日益重要的指导任用。在理论上，则促进激励理论发展成为经济学上另一个重要分支。

（五）新产业组织理论的政策主张

传统的三大产业组织理论学派有其各自统一的理论假设和研究工具，注重于根据市场层面开展反垄断政策的研究。以新制度经济学派的交易成本理论研究为基础，新产业组织理论各流派的研究转向企业内部组织和行为研究为起点，因此，必然带来相关政策主张的变化，主要可以从以下几个方面说明：

第一，反垄断政策导向转变。包括从反垄断市场结构向反垄断市场行为转变，特别是强调考察企业行为对经济效应影响，对消费者福利和社会福利的影响；反垄断从保护消费者福利的单一目标，向提高市场效率同时兼顾消费者利益的双重目标转变；最后是反垄断政策的放松倾向，在考察市场竞争压力基础上决定是否采取反垄断措施。

第二，管制政策或称监管制度的转变。三大传统产业组织理论流派均建立在价格理论基础上，而新产业组织理论各分支理论建立在交易成本、信息不对称、不完全契约、委托代理等理论基础上，决定了管制政策从市场管制为核心，转向企业内部的公司治理和外部市场的监管机制设计，转向企业内、市场内的激励机制设计，加强环境保护和可持续发展，加强消费权益的保护上。

第二节　政府规制理论及其在保险监管中的应用和发展

一、政府规制理论的源起

（一）政府规制必要性问题讨论的历史回顾

斯密建立的古典经济学派坚持"看不见的手"准则，在理性人的假设条件以及完全信息的隐含假设条件下，坚信自由的市场竞争来实现个人利益和社会利益的共同增进，坚持政府的"守夜人"角色，否定政府对市场秩序的创建和监管维护的必要性，政府和市场成为相对独立的二元系统。

19 世纪 70 年代瓦尔拉斯一般均衡模型的创立，让新古典经济学派迅速发展并占据主流经济学地位，继续坚持古典经济学的崇尚自由市场竞争的经济政策，认为无干预的市场自发运行可以实现帕累托最优，反对政府对经济运行体系的干预。正如产业组织理论回顾中所论及，不论是芝加哥自由主义学派还是新奥地利学派，均强调行政干预是制造市场进入壁垒关键因素的思想，而芝加哥学派的斯蒂格勒更创造性地构建并发展了规制经济学派，提出了俘获理论来证明政府规制的缺陷。

19 世纪 40 年代兴起的德国历史学派以及后来的新历史学派基于国民生产力发展和保护主义的贸易政策的特殊立场，强调政府干预经济的重要性。认为市场经济中存在许多局限性，私人必须借助国家的政治和法律环境才能形成生产力，政府在保护和积累生产力能力过程中享受到私人利益增长带来的利益，因此强调政府对经济的广泛干预。

20 世纪 30 年代的世界经济大衰退客观现实地促进了产业组织理论的发展，更催生了"凯恩斯革命"，促进了宏观经济学发展，政府干预市场经济成为顺理成章的理论要求和实践决策需要。

因此，市场失灵的客观现实为政府实施经济规制提供了依据，其中包括自然垄断原因、外部效应特别是外部不经济效应原因、市场信息不对称原因等，都提出了政府规制的必要性。

此后，随着有限理性理论、不完全契约理论、激励理论、博弈论等经济理论分支体系和研究工具的发展和应用，越来越多的经济学派及经济学家分别在不同的理论学派体系中讨论政府干预市场竞争、加强政府规制的问题，即使如芝加哥学派和新奥地利学派等具有强烈的自由竞争思想传统的理论派系，也在不同程度认同政府进行部分、有限度干预的必要性，例如在前面的产业组织理论中所述观点。

著名的诺贝尔经济学奖得主、信息经济学创始人之一斯蒂格利茨在坚持政府干预经济活动的理由中，提出了非分散化基本定理：在一般情况下，如果没有政府干预就不能实现有效率的市场资源配置①。

（二）政府规制理论的主要内容

经过近半个世纪的发展，理论意义上的政府规制内涵已经超越对经济规制，被定义为由法律授权的规制机构为实现公共政策目标，对被规制者（包括企业和居民）所采取的公共管制行为②。因此，政府规制的内容和基础理论涉及广泛，涵盖了国际国内的政治、经济和社会活动各方面。鉴于研究主题，在此仅关注政府对经济部门的规制，即政府及其专业行政机构对市场结构、市场行为和市场运行绩效的干预，促进资源配置优化和市场运行效率提升的相关行为和准则。

经济学对政府规制领域的研究已经从最初的反垄断规制研究逐步进化到了经济性规制和社会性规制领域，目标均集中于维护市场的公平竞争。其中，反垄断规制和经济规制均源起于产业组织理论研究和实践。例如，哈佛结构主义产业组织理论提出了禁止市场集中度过高，改变市场结构以鼓励竞争的思想；而芝加哥学派和新奥地利学派更多关注于占支配地位的企业的市场行为的规制，例如卡特尔行为、滥用市场势力行为等。

经济性规制的重点是解决自然垄断和市场信息不对称的影响和治理问题，核心是对某一具体产业或某一市场上企业的定价、产量规制，制定进入和退出产业和市场的行政壁垒③。主流经济学对经济规制问题的研究建

①　［美］斯蒂格利茨. 政府为什么干涉经济［M］. 北京：中国物资出版社，1998.
②　黄新华. 政府规制研究：从经济学到政治学和法学［J］. 福建行政学院学报，2013（5）：1 - 8.
③　这一壁垒被芝加哥和新奥地利学派认为是最应该取消的规制内容。

立在价格理论基础上，因此，政府的经济规制的主要方法就是价格规制，以及被自由经济理论反对的行政壁垒规制两个核心。

随着社会发展，企业的生产和经营活动对人类社会影响的广度和深度迅速扩张，带来了环境污染、生产安全、消费品安全等一系列社会问题。因此，对政府规制的研究扩展到健康、安全和环境等关系社会发展的三大核心领域。

由此可见，保险监管是政府的经济性规制在保险产业和保险市场上的具体化，理清政府规制的一般基础理论及其最新发展，是进一步研究并促进保险监管改革和发展，促进资源配置效率，提升保险服务绩效，提升保险消费者福利和社会福利水平的基础。

二、政府规制的理论基础

（一）公共利益论

福利经济学的兴起，提出了个人福利、集团福利与社会福利之间存在冲突和矛盾的观点，产生了公共利益理论并成为政府规制（政府监管）的指导理论基础，认为政府监管是对社会公平和效率需求所做的无代价、有效的和仁慈的反应[1]。基于公共利益的政府监管理论强调规范垄断行为或是对消费者权益侵害而导致社会公共利益的损害，具体通过市场资源配置机制建设、企业和个人行为约束两个基本支柱实现监管目标。但是，监管机制客观上出现了僵化、腐败、外部性等问题，特别是规制并不总能有效约束企业的定价行为，不但不能提高社会福利，反而因为信息搜寻和交换、行政裁决等问题制造了极大的社会成本。特别是由于"创租"与"寻租"理论、规制俘获理论的出现，政府广泛的监管和干预有利于实现公共利益的观点逐渐失去经济学家们的普遍支持[2]。

基于公共利益的保险监管理论认为，保险监管的目标是要克服市场失灵，打击恶性价格竞争，实现保险资源配置的帕累托改进，提高消费者剩

---

[1] ［美］弗朗茨著，费方域等译. 效率：理论、论据和应用［M］（中译本）. 上海：上海译文出版社，1993.

[2] Levine, M. E. and J. L., Forrence, 1990, "Regulation Capture, Public Interest, and the Public Agenda: Toward a Synthesis"［J］. Journal of Law, Economics, and Organization 6.

余，提高消费者福利，进而实现社会福利最大化。例如，小哈罗德·斯基普和罗伯特·克莱恩（Harold Skipper Jr. and Robert Klein，2000）提出，保险监管应服务于发展国民利益保险市场，以促进充分竞争为原则开展改革创新，以进一步保证保险监管的充分、公正，政府干预最小化、透明化，使保险监管既能保护公众利益又能促进市场健康发展①。

在公共利益理论的指导下，各国普遍建立了市场监管为核心的严格的保险监管制度，包括禁止保险公司同时经营寿险与非寿险业务，强化保险产品费率监管，希望通过保险费率监管实现全民保险覆盖目标。

但是，监管实践和新的研究成果认为，费率监管在事实上将有利于高风险投保人而损害低风险投保人利益，成为引致"投保人的冒险行为及提出多次索赔的倾向，甚至是欺诈性和夸大性索赔"②，进一步扭曲保险费率的定价基础，最终使保险经营成本上升，甚至导致保险人经营亏损而退出市场。因此，国际保险费率监管已经从过去纯粹的费率限制，转向根据险种不同实施差异化监管，特别是部分实现竞争费率机制，费率监管的方式、范围和内容多样化。例如，美国相当一部分州政府一般不再监管寿险费率③。我国近年来也逐渐放松了费率监管，例如对车辆保险费率、寿险预定利率监管都呈现放松趋势。

保险保障基金也是近年来各国基于公共利益理论建立的保险偿付能力监管制度的产物，设立的初衷是把基金作为保险补偿系统，防止保险人破产给消费者造成的权益伤害，保障消费者合法权益。但是，研究发现，这一制度为保险人采取风险行为谋求风险收益提供了激励，保险企业的投资行为偏向风险爱好，资产组合偏向风险收益高的资产④。当然，降低保障

①　Harold D. Skipper, Jr. and Robert W. Klein, 2000.10, "Insurance Regulation in the Public Interest: The Path Towards Solvent, Competitive Markets" [J]. The Geneva Papers on Risk and Insurance, Vol. 25, No. 4, pp. 484 – 504.

②　祝向军，吕烨. 保险产品费率的监管与市场化改革 [J]. 上海保险，2012 (3)：8 – 11 + 23.

③　祝向军，吕烨. 保险产品费率的监管与市场化改革 [J]. 上海保险，2012 (3)：8 – 11 + 23.

④　Cummins, JD, Risk – based Premiums for Insurance Guaranty Funds [J]. Journal of Finance, 1988 (43)：823 – 839. Lee Mayers, Smith 1997.

基金的补偿标准则有可能减少保险公司的代理成本，有助于约束保险公司的冒险行为[①]。

（二）利益集团论

20 世纪 60 年代，公共选择理论兴起，政府及其代理人不再被视为公共利益理论假设的"道德人"，而被视为"经济人"，提出了政府为获得选票或政治支持，其监管行为目的并不在于保护居民利益，而是为了其自身的特殊利益的相关理论观点。而监管部门出现的腐败、监管效率低下现象印证了这一理论观点。

1971 年，斯蒂格勒等人进一步提出了规制捕获理论（Capture Theory of Regulation）（或译为俘获理论、俘虏理论），认为管制的目的经常是为了保护生产者利益而并不是过往认为保护消费者利益、社会利益和社会福利，监管者可能基于不同的监管利益目标导向制定出有所偏向的监管制度。因此，政府对任何产业都有双面作用，既可以是发展的推动资源，也可能是发展的威胁，核心原因在于利益集团的影响[②]。在其经典文献《经济规制论》中，斯蒂格勒明确指出：规制的真正目的是政治家对规制的"供给"与产业部门对规制的"需求"相结合，以谋求各自的利益，这才是规制的真正动机所在。

贝尔兹门（Peltzman，1976）和贝克（Becker，1983）及其他研究者先后发展了斯蒂格勒的理论。概括起来，他们认为，监管制度本质是在现有政治和行政管理体制内，通过不同私人利益集团的讨价还价而建立的，因此，最终将偏向能力优势一方，通常是产业中的垄断地位企业，尽管最终仍能促进产业的发展，但制度并非最优，资源配置非最优而存在帕累托改进空间，社会福利不能实现最大化。

新政治经济学进一步把政治利益集团之间的力量对比因素，把政治利益集团内部的委托—代理关系纳入这一领域，进一步丰富了基于利益集团的规制效率及规制失灵问题的研究，进一步缩小理论与现实之间的差距，

---

① 张仕英. 保险公司的风险、外部监管与资本结构的决定 ［D］. 复旦大学博士学位论文，2008.

② Stigler. The Theory of Economic Regulation ［J/OL］. The Bell Journal of Economics and Management Science Vol. 2，No. 1，1971：3 − 21. http：//down. cenet. org. cn/view. asp？ id =4728.

也为本研究提供了积极借鉴。

上述各相关规制理论和保险监管的实践经验表明，政府和社会监督部门有理由开展"对监管者的监管"。但是，规制俘获理论也说明，监管部门或者监督者需要不断对监管漏洞进行排查、梳理和补缺补漏，进一步加强保险市场行为监管，从而在监管与反监管的游戏中，不断完善监管规则，客观上促进行业的发展。尽管，某些时候，在短期内，行业的发展以消费者福利和社会福利的损失为代价。

保险行业中的特殊利益或既得利益集团可以通过影响监管决策方式，保障其既得利益，甚至进一步获取特殊利益，扩大生产者剩余而损害保险消费者剩余，在实践中客观存在以损害消费者福利和社会福利为代价提高产业利润的现象。例如，英国人寿保险业的监管制度中强调了精算师在产品设计、财务状况分析的作用，导致精算师群体构成了特殊利益群体，对监管过程产生了意外的控制作用后果，被认为是捕获监管理论的典型[①]。

同时，国际保险监管实践也表明，过往的市场行为监管相对静态，无法预防保险企业的偿付能力失败，因此需要建立起动态的、基于偿付能力的审慎监管制度，同时必须兼顾产业发展的效率和供求双方间福利平衡公正。

对此问题，国内有部分学者提出他们的见解。例如，袁成，刘晓楠（2009）提出，由于特殊的保险制度、产权背景和监管部门双重定位带来的约束，中国保险监管存在诺斯悖论现象，即监管政策供给不足与供给过剩并存[②]。类似地，李志刚（2011）的研究认为，中国保险监管制度变迁获得了经济剩余，但不具备诺斯适应性效率，即尽管中国保险保费收入实现了领先于 GDP 增速的快速增长，但这是牺牲了健康、可持续、和谐和均衡的畸形发展[③]，这也为本研究提供了有益借鉴。

（三）交易成本论

新制度经济学派提出"有限理性"和"投机"的人性假设，引入交易

---

①　卓志. 保险监管的政治经济理论及其启示［J］. 金融研究，2007（7）.

②　袁成，刘晓楠. 论中国保险市场监管中的诺斯悖论［J］. 上海金融，2009（11）：47 – 50.

③　李志刚. 基于适应性效率的中国保险制度变迁研究［D］. 吉林大学博士学位论文，2011.

成本理论来研究监管制度的产生、演变及合理性测度，为政府监管行为提供了新方法、新视角，突破了之前关于公共利益、私人利益以及市场失灵的逻辑起点。交易成本论认为，政府监管的意义在于借此向社会提供"公共产品"服务，降低信息搜索和谈判交易成本，推动交易进行，从而实现资源有效配置。

与捕获理论有点类似的，交易成本论也认为，由于人的机会主义行为倾向，使监管制度仍然可能成为集体寻租的结果，特殊利益集团的利益诉求将影响监管机制设计，具有生产建设性和潜在掠夺毁坏性二重特性。特别是，原本非合作的市场参与者，在利己动机驱动下也将可能合作甚至是发生共谋行为①。

就保险市场而言，保险商品的交易过程中存在一系列的交易成本，包括供求双方间发生的信息搜寻、谈判、契约维护成本；保险企业经营过程中的各种道德风险、逆向选择风险造成的损失以及风险管理成本；政府的监管成本，保险企业为应对监管而发生的显性成本和机会成本等。陶存文（2004）②提出了保险信用产权、保险公司治理结构、保险交易信息不对称、保险市场模式、保险监管效率等几个影响保险交易成本的原因。欧阳青东（2009）则把保险交易成本界定为投保人承担的超过保险精算公平价格的资源消耗，过高的交易成本降低保险交易的效率，过低则降低保险运行效率。认为成本的高低取决于制度安排结构，而当前中国保险市场存在交易成本结构不合理、交易成本制度创新少、佣金制度长期不变、税收制度改革缓慢、费率监管严格等问题，不利于保险交易成本结构的调整，降低了保险市场的交易效率③。

（四）基于竞争的规制理论

20 世纪 70 年代以来，公共选择理论再次发展，利益集团理论成果引发了对政府规制的有效性问题再次论战。大量客观事实证明，政府的规制机制和行为经常无效，产生大量的无效率和不合意的间接损失。因此，在

---

① Fudenberg, D. and D. Kreps and E. Maskin. 1990, "Repeated Games with Long – run and Short – run Players" [J]. Review of Economic Studies 57.

② 陶存文. 中国保险交易制度成本研究 [D]. 南开大学博士学位论文，2004.

③ 欧阳青东. 中国保险业交易成本制度研究 [D]. 暨南大学博士学位论文，2008.

论战中逐渐形成了放松规制以促进市场竞争，但又存在一定偏向的两种基本论点。

以可竞争理论、标尺竞争理论、特许经营权竞争理论等为代表的学派提出了寻求规制与竞争综合平衡，但偏向规制的竞争规制理论，力推以市场竞争来部分代表政府规制。

而政府规制失灵论、X效率理论等则提出了偏向自由竞争的放松规制理论。认为政府规制的后果是保护弱小和落后企业，效率低下的结果，将会转嫁给消费者而损害消费者福利和社会福利，而受规制企业又得不到充分的降低成本激励，因此，提出了放松规制的要求。

尽管不同学术流派间存在一定的差异，但其目标仍然是共同的，即尝试推动"政府规制"与"市场竞争"的互补，改革和放松原有正式制度性规制，转而依靠各种形式的非正式制度、依靠各种模式的市场竞争来实现原来依靠规制去实现的理想目标。

这一点，已经在国内外保险监管制度发展中有所体现，从严格的市场行为监管，包括产品条款审批、产品费率审批式的严格监管，谨慎原则的保险投资严格监管等为特色的事前性监管，逐步放宽，过渡到当前的偿付能力监管为主，条款备案制、费率自由化、投资范围和投资比例大幅度提高的相对宽松的事后性监管，就基本体现了"竞争性规制"转变，谋求推动市场竞争，实现市场效率和社会福利的双提升。

（五）基于激励的新规制经济学

长期以来，经济学界一直在为是否需要政府监管而纠结。政府监管机制不完善，特别是俘获理论研究成果也常为反对监管者提供了攻击理由。以拉丰和悌若尔为代表的激励理论经济学派开展了规制激励理论的研究，尝试把激励理论应用于监管机制的设计，尝试描述最优监管机制的特征，为政府监管机制设计提供经济学理论支撑和决策参考。拉丰把这定义为"新规制经济学"：使用委托—代理理论的方法对规制者和被规制企业之间的契约关系进行分析[①]。

总体框架思路上，基于激励理论基础的监管机制理论包容性承认了前

---

① 汪秋明. 新规制经济学研究述评 [J]. 经济评论，2005（4）：118－123.

述关于政府的"道德人"和"经济人"假设，在交易成本理论承认的"有限理性"和"信息不对称"基础上，设计建立一个委托代理模型，以国家或监管机构为委托人，以被监管企业为代理人。

正如委托代理理论研究结论所揭示的，被监管对象作为代理人，他们的信息优势和策略性行为构成这一对委托代理关系中的激励性约束，而委托人的目标就要在这样的激励约束条件下通过监管机制实现激励相容，实现社会福利最大化目标。因此，监管机制的设计本质就可以归为在不完全信息下的最优控制问题。在这样的思路下，以拉丰为代表的激励理论学派建立了多个框架模型，并在欧美国家被广泛采纳用于各种政府监管机制设计中，例如特许投标规制、区域间竞争规制、延期偿付率规制、利润分享规制、联合回报率规制、菜单规制、价格上限规制等①，各有优缺点。

特别是，对于利益集团理论提出的"监管俘获"问题，新规制经济学提出了"监管合谋"的概念："监管者和被监管者在违背委托人的利益情况下组成一个私下联盟"。

新规制机制设计理论研究成果认为，规制机构本身是政府的代理人，负有收集市场信息的职能，因此，确实可能发生代理人风险，通过隐藏信息来偏袒某一利益集团并因此获得额外收益（即贿赂收益）。当规制者被俘获（或称监管者与被监管者合谋）后，理想的最优规制契约就必然只能得到较低的社会福利。为防止这种合谋，可以遵循激励理论原则，第一选择是对规制机构直接激励，且这种直接激励大于任何企业给予的贿赂；第二选择是对被规制企业实施激励强度较少的方案，在降低企业收益的同时，降低企业的贿赂行为或者说监管合谋所能获得的预期租金收益，使之失去贿赂监管者的动机。

当然，激励理论的"新规制经济学"有效的前提是监管者拥有模型中假设的贝叶斯先验信息，这在现实中显然难以达到，因此，监管者获得了执行既定规制机制过程的自由裁量权。在各国的政府规制现实中，就存在大量"人治"现象，无法实现完美的监管投机预期目标。

---

① 余东华. 激励性规制的理论与实践述评——西方规制经济学的最新进展 [J]. 外国经济与管理，2003（7）：44－48.

（六）监管合谋理论及其发展

合谋理论是激励理论中的一个分支，早期的研究集中于厂商间特别是卡特尔和寡头垄断企业追求垄断价格的合谋问题，一般从行业集中度、产品差异化程度、厂商成本的对称性等行业、产业特征来分析研究厂商间的合谋行为有存在性和稳定性。随着市场经济的发展，经营者合谋损害消费者和委托人利益甚至导致企业破产清算事件频发，经营者与政府职能机构或其他中介机构间的合谋损害国家和社会公众利益的现象也越来越多，因而吸引越来越多的研究者基于委托代理、信息不对称、激励理论等视角开展相对静态的研究。

博弈论的兴起和发展为合谋理论的研究提供了新工具、新范式，实现了由过往的静态框架研究向动态框架质变。重复博弈分析框架的发展，更进一步推动了合谋研究结论进行商务实践模型化，例如，提前向合谋方通知价格变动、交换双方信息等，也应用于克服合谋双方可能存在的逆向选择和道德风险防范问题。

以法国著名经济学家拉丰和梯若尔为代表的机制设计理论学派，吸收了信息不对称理论和契约不完备理论的发展，把合谋理论的研究引入到产业组织经济学体系，建立了产业组织内的合谋行为一般分析框架，奠定了组织内合谋理论的研究范式，假设由委托人、监管人和代理人三个层级构成，即"委托人—监管人—代理人"（P－S－A）层级结构。众多研究者遵循这样的范式开展了关于合谋的内涵、形成原因以及防范机制设计等方面的研究。

1. 对合谋的内涵界定研究

对合谋的内涵界定存在不同的范式。Bente，Villadsn（1995）把合谋理解为监督者与代理人为获得各自的超预期效用，而选择了非委托人所意愿的合作行动向量或行动集。Sandeep，Baliga（1999）把合谋界定为监督人与代理人相互合作进行单边交易契约，共同操纵向委托人发布的信息的行为。而 G. Gologna（1997）把合谋定义为欺骗者为获得经济利益而采用的非法欺骗行为。Massimo Motta（2004）则是从厂商理论定义，把合谋定义为使厂商的价格高于竞争状态的正常标准价格的一种情形。

综合起来，合谋的内涵应该包括以下几个要素：第一是存在两个以上的代理人之间发生博弈关系；第二是合谋主体之间达成分配合谋利益的君子契约，各经济主体必须自持遵守，否则将会遭受其他主体的报复；第三是合谋主体之间的合作导致负的外部性影响，进而造成市场失灵、监管失灵后果，损害消费者福利和社会福利。

在拉丰和悌若尔建立的"P—S—A"范式中，合谋可能发生在代理人之间，其主体都是代理人，即 AA 型合谋，这是常见的合谋形式，已经有大量文献；也可能发生在监管人与代理人之间，SA 型合谋即监管合谋，这样的研究则相对较少。

2. 监管合谋形成原因的研究

Stigler 在 1971 年对监管合谋的形成原因提出了鲜明的观点，认为规制主要不是政府以社会公共需要的有效和仁慈的反应，而是产业中的部分厂商利用政府权力为自己谋取利益的一种努力，规制过程被个人和利益集团利用来实现自己的欲望，政府规制是为适应利益集团实现收益最大化的产物。换言之，监管人与市场主体即代理人之间可能合谋以追求互惠利益，结果是损害包括国家、政府和社会公众等委托人集团的利益。

拉丰认为，信息不对称和契约的不完全性客观存在，代理人为了实现利益最大化以及实现利益互惠而借此采取合谋行为。因此，合谋存在两种形式：一是代理人之间的合谋，表现为高效率代理人与低效率代理人之间的合谋，目的在于保有代理人信息，规避监管人索取"信息租金"；二是拥有信息优势的监管者与享受激励不足的代理人之间的合谋，各取所需，代理人获得"信息租金"收益，监管者获得租金分成。

此外，大量研究成果根据实践案例进行观察和归纳研究。例如 Deange-lo（1981）和 Reynolds（2001）提出的审计独立性缺失压力观点；而赵文华（1998）、张艳（2005）等人则根据对中国审计制度的观察，提出审计人员借助审计掌握私人信息向股东寻租与代理人分享租金的不同观点。

王若平（2004）研究了银行监管中的监管者与被监管者之间的合谋博弈行为及后果，提出了监管合谋的五个主要原因，包括多层委托代理中的信息不对称和国有商业银行经营业务多样化（政策性和商业性）、银行经营中的所有者空缺、监管过程中存在着互惠行为、对监管者的激励不足和对其违规行为的惩罚不力、监管组织的等级结构等，最大的合谋在于歪曲信息，利用非真实信息使合谋双方获得各自利益。

聂辉华，李金波（2006）更提出，中国地方政府（监管人）与企业之间的合谋是中国经济表现出突出的高增长率与高事故率共存的特有原因的观点。认为由于中央政府（委托人）防范合谋行为的成本过高，而地方政府缺乏长期规划和预期、第四方监督失效，以及监管人制定的监管惩罚措施不可信等原因，使合谋行为大量存在①。这一观点对本研究有重要借鉴意义。

聂辉华（2013）在其专著《政企合谋与经济增长：反思"中国模式"》中，进一步充分论证了政企合谋的行为后果，即可能选择"坏"的发展模式，而放弃更有利于资源配置效率的"好"的发展模式。特别是，其中的"政企合谋"更多是地方政府与企业间的包括"腐败"性质的合谋②。

3. 对合谋防范机制的研究

合谋防范机制设计是关于合谋理论研究的根本目标，因此也更吸引研究者依据不同的研究方式，根据研究观察对象提出相关的政策建议。

Tirole 分别于 1986 年和 1992 年基于激励相容和参与约束理论，证明了防范合谋的一般性原理，即委托人设计防范合谋的主契约来保证代理人获得超越合谋行为的收益，从而降低代理人合谋动机。

Baimen S. J. Evans 和 Nagarajan（1991）进一步发展这样的思想，提出了委托给两个代理人开展相关经营活动，设计激励相容约束的完全契约，把代理人获得的总报酬给予诚实的代理人，而以不付报酬方式严重惩罚不诚实代理人的方法。但是，这样的设计存在着严重的缺陷而失去现实指导意义，一是委托人难以满足代理人的合谋带来的机会收益需求；二是信息不完备，不对称导致委托人也难以估测代理的合谋收益。

拉丰（1998，2001）基于 P—S—A 模型，分别研究集权制和分权制条件下，对"监管人—代理人"合谋防范问题开展论证。结论认为，在集权机制下，委托人可以授权监管人设计其与代理人之间的激励契约来防范合谋，实现最优配置的目标。而在分权体制下，则可以进一步限制监管人与代理人之间的信息交流以打破监管者与代理人之间的合谋关系。在存在多

① 聂辉华，李金波. 政企合谋与经济发展 [J]. 经济学（季刊），2006（1）：75 – 90.
② 聂华辉. 政企合谋与经济增长：反思"中国模式" [M]. 北京：中国人民大学出版社，2013.

个代理人，且代理人之间存在着规模大小差异，存在着代理人之间的歧视时，可以通过引入隐性歧视，强化代理人的市场地位差异，引致代理人之间的利益冲突恶化，从而进一步导致代理人间的合谋破裂，有效地防范合谋行为发生。相对而言，拉丰建立的这个分析范式更具科学性和可操作性，因而得到了后来者的大力追捧和进一步发展。

类似地，陈志俊，邹恒甫（2002）基于委托—代理关系链的利益分配矛盾问题，认为委托人在代理人之间引入利益冲突机制，使代理人之间无法实现串谋收益的分配，就可以有效地消除合谋①。

Faure - Grimond，Laffont 和 Martimort（2003）基于软信息模型证明在P—S—A 模型中，在某种条件下，一个分权机制等价于最优的防合谋集权机制。当集权体制中合谋问题不容忽视时，委托人可通过授权给监管者（分权），让监管者设计其与代理人（生产者）之间的激励合约就可以实现最优配置。特别是，认为防范合谋并非在所有时候都是最佳选择，在防范合谋的代价比较高的时候，允许合谋机会的存在反而更好②。

依据拉丰建立的 P—S—A 分析范式，研究者们进一步研究影响合谋形成或破裂的相关要素，综合起来包括三个方面：第一是谈判能力，三个层级的谈判能力决定了监管人与代理人之间、代理人与代理人之间是否合谋，以及如何分配合谋收益；第二是交易成本，建立合谋作为子契约的交易成本比较大时，合谋关系容易形成并实施合谋行为；第三是信息结构，即监管人向委托人提供的监管信息是否需要充分的证明，如果可以不必充分证明也可以让委托人接受，那么监管人与代理人之间就容易形成合谋。

在此基础上，Ishiguro（2004）③、郭起宏④（2009）认为，内部组织中的显性歧视与隐性歧视都是防范代理人合谋的有效机制，可以通过加强

---

① 陈志俊，邹恒甫. 防范串谋的激励机制设计理论研究［J］. 经济学动态，2002（10）：52－58.

② Faure - Grimaud, A. J. - J. Laffont and D. Martimort. Collusion Delegation and Supervision with Soft Information［J］. Review of Economic Studies, 2003（70）：253－279.

③ Ishiguro, Shingo. Collusion and Discrimination in Organizaiton［J］. Journal of Economics Theory, 2004, 116：357－369.

④ 郭起宏，李双燕，万迪防. 基于隐性激励的公共部门组织合谋防范机制设计研究［J］. 财经理论与实践，2009（5）：94－97.

授权管理、加强公职代理人职业声誉监督以防范监管合谋。

总的来说，理论研究和实践观察都表明监管合谋的客观存在性，监管者的集团利益、监管公职人员的政治前途、隐瞒或歪曲信息带来的信息租金、对监管者的监督机制缺失等，都是导致监管者与市场代理人合谋以获得各自合谋收益的动机，这使本书研究获得了较充分的理论依据和研究基础。

4. 对保险市场中的合谋问题研究

保险市场特有的严重的信息不对称现象导致了大量的道德风险和逆向选择行为，也产生了各种合谋行为和欺诈行为，广泛分布于保险人、中介人、投保人（及被保险人）、其他保险服务供应商（例如医疗、会计与审计部门）之间。

从中国知网、维普科技期刊、万方学位论文等数据库检索的情况看，国内对保险合谋问题的研究不多，落后于大金融市场和金融监管合谋的研究，特别是落后于证券市场合谋问题的研究。在并不多见的文献中，基本局限于厂商合谋、保险欺诈合谋，尚未触及产业组织即监管合谋层面。

例如，张玲（2011）① 对保险公司内部审计的研究发现，审计过程中的合谋问题在保险行业内同样存在。在大型中资保险公司中，总公司、内审部门与分公司之间存在严重的合谋问题，为此实施平衡报酬和惩罚的最优激励水平机制，即给予审计部门更高的报酬，而降低对分公司的惩罚程度，赋予分公司部分信息租金。

保险欺诈，特别是被保险人与保险相关服务供应商之间的合谋欺诈现象，例如，车辆保险中的维修厂商与被保险人的合谋，医疗保险中的医生与被保险人合谋等，吸引了多数研究者注意，研究成果相对成熟。例如，Townsend（1979）证明审计者可能与被保险人合谋问题②，Ma 和 McGuire（1997）研究了合谋问题造成的保险人对服务供应商的支付以及对保险合同的影响。而 Ma 和 Alger（2003）则证明，并非所有保险服务供应商都会发生与被保险人的之间的合谋，因此，只有当合谋比例达到较高程度时，

---

① 张玲. 总分公司体制下保险公司合谋问题的激励研究 [J]. 上海管理科学，2001（6）：28－31.

② Townsend R. M. , Optimal Contracts and Competitive Markets with Costly State Verification, Journal of Economic Theory, 1979 (21): 265－293.

保险人才需要通过提供标准的次优合同以防范合谋的影响①。

在国内，李立（2008）② 研究被保险人与服务供应商的共谋型保险欺诈问题，提出，保险人垂直一体化服务以部分缓解此类合谋问题的观点。姜学勤，邓双（2010）③ 提出，保险人通过加重惩罚来防止保险代理人与投保人之间的合谋；类似的有黄炜、单娇等（2013）④ 基于保险核查和保险监管视角的防范两类保险合谋欺诈问题。

与发达国家市场比较而言，中国保险市场存在更高的市场集中度和垄断程度，在传统的共谋假说看来，特别是在 SCP 范式的产业组织理论看来，高度的市场集中可能源于大公司之间的合谋。但是，黄薇（2005）⑤、刘江峰，王虹（2005）⑥ 等多个研究结论认为，国际保险市场上可能存在的共谋假说和有效结构假说都不适用于中国保险市场。中国保险市场的高寡头垄断和低绩效共存是中国特有现象，根本原因在于特有的行政性垄断配置资源、消费者的保费支出能力约束强、政策性进入和退出壁垒维护了国有资本公司的先天垄断地位等原因，高市场集中度的产生源于政策安排而非市场内生。此外，保险公司巨大的规模也并未带来更高的利润回报，市场结构对绩效的促进作用也并不明显，因此需要加强经营改革（高蓉蓉，2013）⑦。

尽管上述实证研究认为，中国保险市场并不支持保险公司之间（即市场代理人之间）的共谋假说，但并不影响曹乾⑧提出的中国保险业的厂商

①　Ma，Ching‐To A. and Ingela Alger，Moral Hazard，Insurance and some Collusion [J]. Journal of Economics Behavior & Organization，2003（5）：225 – 247.

②　李立. 保险人与服务提供商的关联模式与共谋型保险欺诈研究 [J]. 南方经济，2008（9）：72 – 80.

③　姜学勤，邓双. 保险欺诈的防共谋博弈与最优核查成本分析 [J]. 中国保险学会第二届学术年会入选论文集（理论卷2），2010.

④　黄炜，单娇，代娟. 核查成本与防范共谋欺诈风险的博弈选择 [J]. 保险研究，2013（11）：61 – 69.

⑤　黄薇. 我国保险业的市场结构与绩效研究 [J]. 金融教学与研究，2005（5）：58 – 61.

⑥　刘江峰，王虹. 我国保险产业市场结构与绩效的关联性分析 [J]. 软科学，2005（5）：18 – 20.

⑦　高蓉蓉. 我国人寿保险公司市场结构与绩效关系分析——基于 SCP 范式 [J]. 企业经济，2013（7）：172 – 175.

⑧　曹乾. 高速增长的中国保险业—动力—结构—效率与绩效问题研究 [D]. 东南大学博士学位论文，2005.

合谋倾向的主要影响因素（如表1-4所示），其中部分因素得到本研究认同，例如，关于产品的同质性、行政垄断、个人保险的买方力量弱、保险公司间的人才流动在客观上促进了保险人之间的信息交流等。

表1-4 中国保险业合谋倾向：影响因素角度的考察

因素分类	因素名称	大小（高低、强弱）	合谋倾向强度
结构因素	集中度	非常高	大
	厂商对称性	较对称	较大
	产品同质性	高	大
	进入障碍	较大	较大
	相互持股	小	小
	产品同质性	高	大
需求因素	常规订单、订单的频率	难以确定	难以确定
	买方力量	弱（个人保险）	大（个人保险）
	需求弹性	较大	较小
	需求的变化	稳中有升	较大
信息因素	价格透明度	高（公司之间相互了解）	大
	信息交流	频繁	大

资料来源：曹乾. 中国保险业的合谋倾向强度：一个理论分析框架［J］. 广东商学院学报，2006（3）：43-46.

三、政府规制理论的创新发展

尽管有各种相对成熟的经济理论支撑，但是各国金融危机、经济危机的不断发生，公众安全问题、社会环境问题层出不穷，表明政府规制机制需要持续改革以提高效率，也说明可能需要其他新兴、边缘、交叉学科的支持，以促进规制理论和规制实践发展。受文字限制，主要总结如下两个理论。

（一）行为经济学理论

行为经济学理论应用社会、认知和情感等的因素及其间的交互影响，研究个人和群体的经济决策影响要素，进而研究人的行为选择在市场运行和公共选择中的作用方式和后果。作为心理学和经济学的交叉学科，突破了主流经济学对人的理性假设条件缺陷，把关于人的认知不协调（C－D gap）要素、身份、人格、个性、情境理性与局部知识等五大要素引入经济分析框架中，发现了部分与建立在"理性利己"的经济人假设条件存在明显的差异结论，认为人具有"有限利己"、"有限理性"、"有限意志力"的三个基本特征，在此基础上提出了与主流经济学差异较大的若干支柱理论，进一步构建起全新的经济学理论架构。

第一是前景理论（Prospect Theory），或称预期理论、展望理论，认为在不同的风险预期条件下，人的行为倾向具有可测性。第二是确定效应（Certainty Effect）理论，说明人在确定的收获与不确定的损失之间做选择，多数人将选择确定的收获。第三是反射效应（Reflection Effect）理论，即在面对损失预期时，多数人将选择风险偏好行为。第四是损失规避（Loss Aversion）理论，多数人对损失和获得的敏感程度不对称，面对损失的痛苦感要大大地超过获得带来的满足感和快乐感。第五是迷恋小概率理论，即人类具有强调小概率事件和损失的倾向，面对小概率的收获，多数人是风险偏好倾向；而面对小概率的损失，多数人又表现出风险厌恶倾向。第六是参照依赖（Reference Dependence）理论，人的偏好会受到单独评判、联合评判、交替和比及语意效应等因素的影响，这与传统经济的偏好理论假设条件正好相反；同时，按参照依赖理论，某件事情给人们造成的损失或满足程度，在人们内心是相对参照物而言的，换言之，所谓的效用就必须有参照。

因此，行为经济学的研究成果表明，受到知识掌握程度以及人的专注程度的影响，人的行为存在各种非理性现象，例如情境理性、决策冲突、心理账户、自我构念等，导致行为失范、市场效率降低，甚至无效率。

但是，人的行为又是习得的、易变的和可操控性的，因此，可以设计好的机制来塑造行为，帮助市场行为人正确决策，降低错误概率从而提高市场效率。这就为建立基于人的行为心理基础的政府规制，例如建立保险监管机制提供可能性。

2001年、2002年，行为经济学派的领军人物先后获得克拉克奖和诺贝尔经济学奖，既标志着行为经济学的发展成熟，也促进行为经济学更快速向经济决策实践领域渗透，行为金融学是行为经济学的重要且最活跃的研究领域。2013 年，创始人罗伯特·席勒获得诺贝尔经济学奖，再次掀起行为经济和行为金融理论研究和应用的热潮。受此影响，近年来也有不少研究成果应用行为经济学，或者其最活跃的行为金融学理论分支的研究成果应用于金融保险业的政府规制机制设计研究中。

例如，肖崎（2011）分析了"非理性行为因素"在次贷危机中的作用，提出建立"有限理性范式"的金融监管框架的相关建议。李延喜，魏国强等（2009）以国有产权交易规制为例，构建了基于前景理论的监管者、代理人和购买者的三方博弈模型，提出了监管者应针对具有不同行为特征的代理人和购买者的最优监管强度①。史金艳，刘芳芳（2008）对非理性消费和监管行为的保险监管研究②；陈菊花，周洁（2013）关于企业内部资本市场中的部门经理寻租问题的研究③；陈小东（2011）关于建立行为金融法的研究④；王越，沈玮钰（2011）运用前景理论分析居民对分红两全寿险产品需求原因⑤，都将为本研究提供借鉴。

（二）利他与合作经济学理论

1. "利他"与"合作"进入经济学研究视野

经济学史上的"四次革命"分别产生了古典经济学、马克思政治经济学、新古典经济学和凯恩斯主义经济学，但本质上都是关于人类"竞争"性经济行为的学说，特别是三部西方经济学，更是三部关于"利己"和"理性"的经济人为获得"稀缺资源"，获得"个体效用最大化"的"自由"、"竞争"行为的经济学说。虽然后人逐渐增加或补充以"信息不完全"、"有限理性"、"交易成本"等补充假设条件的方式修订和完善，"利己"和"竞争"，特别是"优胜劣汰"的竞争哲学仍然是其理论内核。

---

① 李延喜，魏国强，薛光，张波涛. 国有产权交易中寻租行为的防范策略研究——行为金融视角的三方博弈分析 [J]. 华东经济管理，2009（10）：66－71.

② 史金燕，刘芳芳. 行为金融框架下的保险监管问题研究 [J]. 上海保险，2009（9）：21－23.

③ 陈菊花，周洁. 基于行为金融视角的我国企业内部资本市场中部门经理寻租的研究 [J]. 北京工商大学学报，2013（1）：82－88.

④ 陈小东. 试论行为金融法的建立：具体金融行为与法律"蝴蝶效应"[J]. 理论界，2011（3）：52－55.

⑤ 王越，沈玮钰. 是选择数理还是服从心理——从行为金融角度探寻两全险畅销之谜 [J]. 中外企业家，2011（14）：93－94.

　　20 世纪 80 年代以来，伴随着全球经济一体化进程，企业乃至国家之间的全球竞争与合作活动加强，推动了合作竞争（Co - Opetition）、竞争性合作（Competitive Cooperation）新态势，对主流经济学基于"利己"与"竞争"假设基础的研究提出了现实的挑战，吸引了一批研究团队和个人参与到基于"利他"与"合作"的经济理论问题的研究。正如"利己"与"竞争"结伴，"利他"与"合作"也是同样的结伴而来。

　　众多研究团体和经济学人在"利他"如何得来、"合作"如何进行等方面的研究取得了部分突破性进展。但是，利他合作经济学尚未如行为经济学、制度经济学那样真正建立起完整的理论体系。国际复杂性科学研究基地的圣塔菲研究所对"利他"人性如何推动"合作"问题的研究，提出了著名的"强互惠"理论。《美国经济评论》、《政治经济学杂志》等国际一流经济学刊物也在同期大量刊登"利他"、"合作"主义研究成果，推动了利他与合作经济学的形成和发展。合作博弈论经济学家获得了 2005 年、2012 年诺贝尔经济学奖，说明了"合作"经济学部分理论研究成果的理论价值和实践意义得到了充分认可。

　　实际上，正如"利己"与"竞争"结伴，"利他"与"合作"也是相伴而来的人的行为选择，并早已经引起亚当·斯密和阿尔弗雷德·马歇尔的注意，得到了"利他为己"的结论。亚当·斯密在其名著《道德情操论》中提出："人都有同情心和正义感，人的行为具有一定的利他主义倾向，在互动的利益关系中，个人福利不仅依赖于自己和他人的效用函数，也依赖于自己对他人效用的贡献"。同时也指出："每一个人在行为时都有一个隐形的监督者在旁进行监督"[1]。阿尔弗雷德·马歇尔则指出："毫无疑问，即使现在，人们也能作出利他的贡献，比他们通常所做的大得多；经济学家的最高目标就是要发现这种潜在的社会资源如何才能更快地得到发展，如何才能最明智地加以利用"[2]。美国新制度经济学派的主要代表人物之一加尔布雷斯（Galbraith，John Kenneth）也提出"经济学研究要改变重物轻人，只看产值不见福利的倾向"、"经济代理人之间的活动是相互影

---

　　① 亚当·斯密. 道德情操论 [M]. 北京：商务印书馆，2009.
　　② Marshall. 1890, Principles of Economics [M]. London：The Macmillan Company，1938.

响而不是独立的"的合作观点。

2. 主流经济学对"利他"与"合作"的解释

"经济学帝国主义"现象在"利他"与"合作"问题的研究上表现同样明显。贝克尔（Becker Cary S）是第一个把"利他主义"因素成功引入到个人效用函数，把"主流经济学分析范式"拓展到家庭，证明"利他"行为偏好可以实现"外部效应的内部化"，实现家庭收益帕累托最优化目标，同时也很好地诠释了"宠儿定理"，被誉为与"科斯定理"同等重要的发现。

综合起来，新古典经济学派在其框架下对"利他"行为的解释，核心观点仍然是"货币收益"，认为个体实施利他行为的目的可能在于获得两种可能的收益：一是直接获得幸福和快乐，即自身效用的直接提高；二是间接从利他行为获得物质利益，即从受惠者的回报或未来的交易中获得收益①。

特别是，主流经济学提出了间接互惠和有成本的信号理论等理论来解释间接获得收益的模式。其中，间接互惠的声誉模型认为，第三方在奖励具有利他声誉的个体时，本人也可以获得一个良好的声誉从而也可以得到别人的奖励。有成本的信号理论认为，在信息不对称的条件下，人们可以通过利他行为传递一种受人喜欢的、能够反映其具有的、不能被观察到的品质的信号，从而为自己建立一定的声誉资本，为获得长期利益（或者说长期资本）打下基础②，但前提条件是个体首先需要在群体中以利他行为来建构这样的社会资本③。

可见，亚当·斯密提出的"利他为己"的观点和主流经济学的研究范式影响了一大批经济学人。其他的部分主流经济研究者建立的"规避不均等"的效用函数、"平等互惠竞争"的效用函数、"公平均衡"模型等各种效用函数和模型来解读人的利他与合作行为，均存在这样的理论内核。

---

① 黄少安，韦倩. 利他行为经济学研究的方法论 [J]. 学术月刊，2008（7）：75 – 81.

② Zahavi, A. Altruism as a handicap：The limitations of kin selection and reciprocity [J]. Journal of Avian Biology, 1995（1）：1 – 3.

③ 倪得兵，李蒙，唐小我. 考虑利他主义的古诺模型研究 [J]. 中国管理科学，2009（1）：89 – 94.

中国经济学家黄少安及其研究团队，自 20 世纪 90 年代末期开始发表多篇文献，试图引导建立"合作经济学"、"利他经济学"，但最终回归到"利他为己"的人性假设。这可能是"合作经济学"、"利他经济学"或者是"利他合作经济学"尚难如行为经济学、行为金融学或新制度经济学般独立成派系的一个重要原因。

3. 对"利他"与"合作"的多学科交叉研究成果与启示

来自生物学、心理学、实验经济学、博弈论、复杂系统演化以及演化经济学等多学科多研究方法交叉研究成果显示，人的利他与合作是有意识的理性选择与无意识的自然演化保留并进化的结果①。可以分为亲缘利他、互惠利他、纯粹利他三种典型类型，完全可能超越"利他为己"假设。

著名的圣塔菲研究所借助仿真系统研究利他性合作系统的产生和维系机制，认为在人类漫长的进化历史中，在"利他"偏好、亲社会情感等多因素的影响下，个体间将采取"合作"行为，利他行为是人类合作秩序的必然产物。"合作以及由合作产生的剩余，可能是我们人类心智、人类社会行为包括人类文化和人类制度共生演化的最终原因"②。在此基础上，他们提出了著名的"强互惠"理论来论证如何确保"合作"顺利进行，认为团队或其中的个体将可能不惜花费个人成本去惩罚那些破坏合作规范的人，即使这些破坏不是针对自己，甚至在预期这些成本得不到补偿的情况下也这样做③。仿真模拟结果和人类社会的可观测众多案例都表明，"强互惠"能抑制团体中的背叛、逃避责任和"搭便车"行为，从而有效地提高团体成员的福利水平，本身就是一种具有正外部性的利他行为。

苏黎世大学实验经济研究所恩斯特·费尔（Ernst Fehr）的研究团队，从神经生理的层面揭示了人们实施"强互惠"行为，对不合作、不规范行为采取"匿名惩罚"措施的原因，在于生理上能获得愿意享受美酒佳肴一样的快感，无须依赖外界的报酬和奖励，即获得了非经济的激励因素并促

---

① 王覃风. 演化经济学中的社会合作的起源问题 [J]. 经济研究导刊, 2010 (16): 3 – 7.

② 叶航. 利他行为的经济学解释 [J]. 经济学家, 2005 (3): 22 – 29.

③ 叶航, 汪丁丁, 罗卫东. 作为偏好的利他行为及其经济学意义 [J]. 经济研究, 2005 (8): 84 – 94.

进合作剩余的形成①。这与斯密关于"仁慈"这个利他美德的论述相似：仁慈之人的行为是为了获得持久的"愉快情绪"。显然，上述成果超出了经济学现有的基于货币、价值的效用理论的解释能力。

近年来，国内也有部分学者尝试改进国际研究假设条件，对利他与合作行为进行研究。例如，张亚维，魏清等（2012）改变独裁者实验的前提假设条件，发现初始条件的公平性影响结果相对多变，但信息公开和配套激励可以提高利他水平，初始条件相对公平将可构成正激励，而初始条件不公平会对利他行为负激励②。

4. 利他与合作理论对本研究的指导意义

综合起来，利他与合作理论的研究结论认为：第一，社会行为人的很多行为超出"利己"范畴，由于"移情"、"道德准则"、"自我归因"、"道德敏感性"等多种因素的影响，促进人的利他行为形成；第二，人在本质上就具有合作倾向，谋求建立可靠而稳定的机制来促进合作；第三，社会背景直接影响到人的情绪以及对情境的解读，进而影响决策行为；第四，正如斯密、马歇尔等人所说，人具有使命感和责任感，个人效用评价体系中包括社会及身边人的评价，包括个体对公平、正义、自尊，被尊重，尊重他人等社会规范因素的影响，因此，可以产生更高层次的"社会合作"，达到社会整体的更高利益。

人的利他与追求合作的行为特点为保险监管机制设计、为保险市场发展提供的政策意义有以下几个方面：第一是强调引导、激励和规范"人"的参与和合作，强化"惩罚"机制的有效性；第二是为建立涵盖政府规制、社会合作规制、企业自主规制、第三方规制等在内的多层次的规制机制提供理论支撑，强调不同层次规制部门之间的协同合作；第三是强调规制决策过程的改革，通过邀请被规制对象参与政策制定，诱导其持续发挥"利他"行为偏好，改变个体私利诱因克服不规范因素，提高制度的遵从度，促进制度运行效率；第四是强调对规制机构的社会监督机制，促进规

---

① 叶航. 利他行为的经济学解释 [J]. 经济学家，2005（3）：22 – 29.

② 张亚维，魏清，张莉. 公平、公开、激励与利他行为——基于独裁者实验的分析 [J]. 产业经济研究，2012（3）：89 – 94.

制制度的公平、正义和效率。

毫无疑问，保险特有的风险转移功能使之成为社会稳定器，其本身正是人类社会一个具有互惠利他特色的社会合作机制。各家保险公司的企业文化中强调了保险的"利他"意义，并以此激励行业的诚信文化建设。叶德珠，周丽燕，乐涛（2014）发现，居民的幸福感、幸福满意度与储蓄、保险等保守型产品的消费显著正相关①。事实上，保险营销员的营销工作价值也在于通过"诱导"居民的风险管理和保险意识，"促成"保险消费并为消费者建立风险防范规划。因此，保险营销过程是实现保险的基本职能的"利他为己"的必然途径。

这意味着可以以利他合作经济学的相关理论为指导，借鉴其他政府规制或社会合作管理经验，促进保险人、保险营销中介人、保险消费者共同构筑起诚信、互惠利他、合法权益得到充分保障，消费者福利和社会福利逐步提升的保险消费合作关系网。

第三节　R – SCP 分析框架的构建

一、SCP 范式在保险市场研究中的应用

近年来，国内外均有部分文献应用 SCP 范式于保险市场的研究，可以粗略划分为以下两大类研究成果。

（一）直接应用经典 SCP 范式开展研究

第一，是应用市场结构类型的判断标准对中国保险市场的垄断问题研究。产业组织理论把市场按份额集中程度的高低，区分为完全垄断、寡头垄断、垄断竞争和完全竞争市场。中国保监会在历年的中国保险市场发展总结中均向社会介绍产寿险市场集中度数据，供监管者、行业和社会评估中国保险市场垄断阶段及表现出的若干状况。而业界、学界和社会公众则

---

① 叶德珠，周丽燕，乐涛. 幸福满意度与家庭金融资产选择 [J]. 金融评论，2014（4）：37 – 47.

对中国保险市场的垄断问题提出不同看法，包括垄断类型和垄断程度的判断，特殊发展时期是否允许必要的垄断等。

例如，知名教授庹国柱（2002）认为，中国保险产业集中度相对较高，并不能成为"反垄断"的理由。邹平和刘宏（2003）认为，中国保险业并非垄断行业。事实上，到目前为止，并未见到有国家对保险公司开展反垄断调查。在2007年的美国次贷危机中，曾经享有极高声誉、美国金融业唯一一家AAA信誉公司的国际保险集团巨头AIG，因为子公司的违规金融衍生品交易失控而导致集团公司面临破产危机，美国财政部直接注资施以援手，就是个生动的案例。

近几年来，国内部分学者应用SCP对中国保险市场的垄断程度及其特点的研究产生差异观点。例如，赵征丽，权利（2007）借助绝对集中度和洛伦兹曲线的相对集中度指标，分析了中国寿险市场结构、产品与服务差异性、市场进入壁垒等，认为中国寿险市场垄断程度过高，致使中小保险公司采取价格战拓展业务，市场结构从非合作型寡头市场结构向垄断竞争市场发展阶段①。刘超，陈秉正（2011）②认为，中国寿险市场具有主体少、市场集中度高、呈现寡头垄断特点。蒲成毅，邵全权③认为，虽然中国保险业初步具备比较理想的"寡头垄断，大中小共生"的寡头垄断型市场结构，但绩效较差，受到准入壁垒、产品条款和费率严格监管、市场退出机制不健全等因素影响，市场竞争程度不足，影响了资本配置效率。寡头垄断公司的市场势力影响仍然超越中小公司的市场竞争力，中国加入WTO进一步强化了寡头公司的垄断地位④。蒋丽君（2011）⑤还提出寿险的区域发展不平衡问题，认为寿险业具有明显的空间依赖和集聚特性。

① 赵征丽，权利. 市场结构对寿险公司非价格市场行为影响的实证分析［J］. 科技创业月刊，2007（2）：73－74.

② 刘超，陈秉正. 我国人身保险市场结构变化与预测分析［J］. 保险研究，2011（9）：86－88.

③ 蒲成毅，邵全权. 中国保险业市场结构与绩效的关系分析［J］. 保险职业学院学报，2009（3）：49－54.

④ 邵全权. 寿险市场结构、经济结构、制度变迁与中国寿险市场结构形成机制［J］. 财经研究，2010（7）：114－128.

⑤ 蒋丽君. 我国寿险市场区域差异的空间经济计量分析［J］. 财经论丛，2012（1）：69－75.

其中，袁成（2010）[①] 认为，由于监管部门的定位模糊及监管政策供给偏好，使中国保险市场在完全垄断到寡头垄断再向垄断竞争的变迁过程中，市场结构与监管政策之间经常会出现错配现象，这对本研究有一定的借鉴意义。

第二，应用 SCP 经典框架检验特定保险市场的结构、行为与绩效间的关系。例如，曲佩辞等（2007）对广西财产保险市场的研究中，以市场份额集中度、产品差异化程度、进入壁垒为结构要素；以品牌宣传、机构扩张、人才竞争、服务竞争、价格竞争为行为要素；以保费收入增长速度、经营效益、保险功能、服务领域拓宽为绩效要素[②]。王雅婷（2009）对出口信用保险市场的企业行为和市场绩效的考察，把费率、风险核保行为、承保方式、营销方式等作为"市场行为"，以"利润率"、"产品多元化水平"、"社会福利"要素为"市场绩效"[③]。林升等（2010）检验机动车保险市场的适用性[④]。高瑾（2010）以保险公司与政府补贴之间的博弈行为、保险产品销售行为作为"行为"，以"社会福利"、"保险深度"作为"绩效"研究了中国农业保险 SCP 问题[⑤]。袁春兰，谢玉梅（2013）应用 SCP 范式分析中国农村小额保险市场[⑥]。郭祥（2011）从市场结构与市场绩效关联性问题入手，验证 SCP 范式在保险专业中介市场的适用性[⑦]。于殿江（2014）检验保险中介机构的市场结构与绩效关系，提出行业发展需要相对集中的观点[⑧]。周晓越（2011）以营销渠道行为、品牌行为、创新行为

---

① 袁成. 中国保险市场结构与政府监管的动态均衡研究 [J]. 经济问题，2010（1）：98 - 103.

② 曲佩辞，莫利宁，吴传明. 基于 SCP 范式的广西财产保险市场研究 [J]. 广西金融研究，2007（12）：37 - 70.

③ 王雅婷. 我国出口信用保险业市场化问题探讨——一个产业组织的视角 [J]. 金融与经济，2009（10）：59 - 62.

④ 林升，陈清，滕忠群. 市场结构与财产险公司承保绩效——来自中国机动车保险市场的经验证据 [J]. 保险研究，2010（4）.

⑤ 高瑾. 我国农业保险业的 SCP 范式研究 [J]. 现代农业科技，2010（1）：14 - 15.

⑥ 袁春兰，谢玉梅. 我国农村小额保险的市场构建与发展 [J]. 求索，2013（1）：49 - 51.

⑦ 郭祥. 我国保险专业中介市场结构与绩效 [A]. 中国保险学会学术年会入选论文集（理论卷），2011.

⑧ 于殿江，曹晓，林荣强. 我国保险中介机构的市场结构与绩效研究 [J]. 产业经济评论（山东大学），2014（3）.

等作为人身保险企业的行为要素，基于 SCP 范式对人身保险产业组织的结构、行为与绩效间关系进行实证检验。

（二）检验 SCP 假说在保险市场的有效性

国内外均有部分学者实证检验一国或地区保险市场结构与市场绩效、占垄断地位或者说领导者地位的企业绩效是否支持产业组织理论中的共谋假说和有效结构假说，依据不同的样本、不同的指标选取，得到不同的结论。

例如，Jung（1987）、Carroll（1993）的研究结论表明，美国的非寿险市场不支持 SCP，即市场不存在合谋来影响市场结构和市场绩效之间的关系；但是 Childambaran（1997）、Bajtelsmit 和 Bouzouita（1998）的研究结论则支持。特别是，Bajtelsmit 和 Bouzouita 的研究证明了机动车辆保险市场中，集中度（用赫芬达尔指数 HHI 作为变量）和利润之间存在正相关关系，从而支持 SCP 假说。

国内的张艳辉（2005）、陈璐（2006）、刘江峰（2005）、周延（2007）等的研究认同 SCP 假说成立。但是，孙峰（2005）、曹乾（2006）[①] 的研究认为"SCP 假说"和"有效结构假说"在中国保险产业市场均不成立。胡颖和叶羽钢（2007）的研究结论则认为"相对市场力量假说"在中国产险市场成立。蔡华（2009）对中国财产保险市场的实证研究则认为市场力量假说和效率结构假说均不存在，但随着市场改革进程深化发展，将逐步从市场力量说向效率结构假设转化[②]。袁成，于润（2013）的研究发现，中国保险市场的结构与绩效关系不完全符合 SCP 假说，市场集中度的下降对市场绩效的影响微弱，但较低的市场绩效对市场结构优化的影响则较明显[③]。高蓉蓉（2013）对人寿保险公司市场结构与绩效关系的分析，提出共谋假说和有效结构假说均不能解释中国寿险市场垄断格局

问题的结论①。

（三）研究现状的小结

从上述文献看，众多文献基本遵循传统的 SCP 范式，从监管、市场结构、厂商行为等关键要素开展研究。基本范式中，监管的对象是市场中的竞争主体，主要研究政府对市场垄断行为、厂商间的合谋行为的监管。而市场结构的研究重点在于借助市场集中度判断市场垄断程度。虽然整个产业组织理论都强调最终目标是要提高消费者福利和社会福利，但基本通过企业效率、资源配置效率来判断，而未直接从消费者权益视角判断，也很少涉及消费者行为的研究，这将与本研究有较大差别。后文的论述将说明，本书将充分根据保险的特点，特别是根据中国分红保险市场呈现的特殊现象，考察消费者行为，考察保险产品的风险保障功能，考察保险消费者权益情况，获得消费者福利水平的较直观判断，将与上述文献有很大区别。

二、中国特色社会主义市场经济体制提出 SCP 分析框架的创新要求

从上对产业组织理论发展史的简要回顾可见，"行为"、"结构"与"绩效"三个基本要素始终贯穿各个流派，流派间的差异在于各自的理论假设不同，在于对三个基本要素中关注的重点各有不同，特别是对"行为"和"结构"的关注有差异。不同流派对三个基本要素的研究中增加的研究方法和工具不同而演绎出不同的结论，提出不同的政策观点。因此，SCP 分析框架成为众多成果考察各类特定产业问题的一个基本研究框架和研究路径。国内外均有部分成果以各种层次的"产业"或者"市场"为对象深入开展实证研究，并在实证研究中检验、丰富和发展SCP 范式框架。

特别是，部分产业组织基础理论研究成果认为，在中国特色社会主义市场经济体制条件下，产生了特有的企业所有权结构和特殊的委托代理结构，要求对 SCP 范式进行必要的改良，根据产业的不同增加新的分析因素，才能增强对中国特定产业组织问题研究的适用性和解释力。因此，部分文献对经典 SCP 范式进行了创新性应用，在研究特定产业组织中，增加

---

① 高蓉蓉. 我国人寿保险公司市场结构与绩效关系研究 [J]. 企业经济, 2013 (7).

了包括所有权结构、监管制度、资源禀赋等要素改革 SCP 框架。

例如，金碚（1999）的研究建立考虑体制因素的新范式①。王聪（2002）把市场的不完全性、不对称信息和交易成本等纳入证券业 SCP 范式分析框架②。刘小玄（2003）③、唐要家（2005）把"所有权结构"变量内生化到 SCP 范式中，提出"所有权结构（S）、市场结构（S）—企业行为（C）—经济绩效（P）"的 SSCP 分析框架④。杨宏伟（2005）在对中国电信产业的研究中，建立"政府规制—市场结构—企业行为—经济绩效"的 R – SCP 分析框架⑤；何仁春（2007）建立"资源禀赋—市场结构—企业行为—产业绩效"R – SCP 分析框架，研究中国的钨产业组织优化目标模式和路径选择问题⑥。黄志勇（2011）应用"资源禀赋—市场结构—市场行为—市场绩效"框架分析中国的中药产业竞争力提升问题⑦。

此外，部分成果进一步发展 SCP 框架的应用模式。例如，童燕（2008）在研究道路货物运输产业组织过程中，把产业属性与产业基本经济技术特征及其变迁因素纳入 SCP 分析框架，建立"动态 SCP"框架，把整车运输与零担运输完全不同的技术经济特征引入产业集中度及企业规模核算体系，构建适应该产业研究的"市场结构"；将分工因素纳入对企业行为的分析，将交易因素纳入对市场绩效的分析，不仅讨论一定市场结构和产业基本条件下的市场绩效，还讨论交易制度创新对市场绩效的影响⑧。黄荣哲，何问陶（2009）则把 SCP 范式拓展到经济体制

---

① 金碚. 产业组织经济学［M］. 北京：经济管理出版社，1999.

② 王聪. 我国证券市场交易成本制度研究——关于中国证券市场的 SCP 分析框架［D］. 暨南大学博士学位论文，2002.

③ 刘小玄. 中国转轨经济中的产权结构和市场结构——产业绩效水平的决定因素［J］. 经济研究，2003（1）.

④ 唐要家. 竞争、所有权与中国工业经济效率［J］. 产业经济研究，2005（3）.

⑤ 杨宏伟. 中国电信业的产业组织与变迁——基于"R – SCP"理论框架的分析［D］. 复旦大学博士学位论文，2005.

⑥ 何仁春. 基于 R – SCP 的中国钨产业组织优化研究［D］. 中南大学博士学位论文，2007.

⑦ 黄志勇. 基于 R – SCP 分析的我国中药产业竞争力提升研究［D］. 中南大学博士学位论文，2011.

⑧ 童燕. 中国道路货物运输产业组织与变迁研究——基于动态 SCP 的分析［D］. 复旦大学博士学位论文，2008.

分析，认为经济体制、宏观经济行为及其绩效之间存在交互式的复杂关系①。

对保险产业的研究中，欧阳青东（2009）把制度因素引入 SCP 框架，建立"制度结构（IS）—行为（C）—绩效（P）"分析框架，来研究中国保险交易成本制度问题②。邵全权，王辉（2009）把保险保障基金因素引入中国寿险业的 SCP 分析，认为保障基金制度促进寿险公司提高市场份额，积极参与竞争而提高绩效③。

综上所述，SCP 分析框架已经从最初应用于严格意义上的"产业"和宏观市场的垄断问题的研究方法，逐渐拓展添加了与特定产业或特定市场相关的因素，发展出 S–SCP、R–SCP、I–SCP 等有一定创新意义的分析框架；不但应用于传统意义上的"宏观产业"或"宏观市场"的分析，还应用于"小产业"或"小市场"的研究。实际上，不论是政府反垄断部门还是社会工商企业，都在加强应用 SCP 范式于细分产业、细分市场的研究。因此，上述文献对 SCP 框架的创新式的应用也都各具特色，2014 年中国反垄断部门对浙江保险行业协会及部分财产保险企业做出的车辆保险反垄断惩罚④等，都为本研究提供了有价值的借鉴基础。

三、R–SCP 分析框架的构建依据及其创新

发达国家保险业的专业化经营程度逐步深化，出现了众多细分小市场的专业化经营，例如长期护理险、汽车保险、养老保险、健康保险、意外伤害保险等，必然要求参与细分市场的企业在创新开发新产品之前，在建设市场营销系统之前，认真研究市场结构和竞争对手的竞争行为、对手以及细分市场的绩效。因此，不论是从理论还是从保险经营实践看，都要求创新性地应用 SCP 分析框架，进而促进该理论的发展，提升理论的生

① 黄荣哲，何问陶，农丽娜. SCP 范式从产业组织理论到经济体制分析 [J]. 经济体制改革，2009（5）.

② 欧阳青东. 中国保险业交易成本制度研究 [D]. 暨南大学博士学位论文，2009.

③ 邵全权，王辉. 保险保障基金对中国寿险业结构、竞争和绩效的影响研究 [J]. 经济评论，2009（6）：83–92.

④ 新浪专题，浙江保险业违反反垄断法被罚 1.1 亿元，新浪财经，http://finance.sina.com.cn/money/insurance/fldbx_2014/.

命力。

实际上，正是大批后来人持续对产业组织原有理论学派和理论框架的不断批评、丰富、完善发展，使之成为当前经济学理论研究最富生命力的重要领域。

正如知名保险学教授卓志（2008）所指出：中国保险研究繁荣需要突破既有研究范式，需要多元化视角①。因此，本书在研究分红保险这一个细分市场中，尝试对 SCP 框架进行创新，引入监管机制（Regulation），构建"监管机制—市场结构—市场行为—市场绩效"的 R－SCP 分析框架，就具有一定的理论基础，更是保险理论研究和发展的诉求。

实际上，在后面章节的论述中，将逐一考察特殊的"监管机制"和监管行为如何影响中国的分红保险"市场结构"和"市场行为"，导致各种市场乱象频生，以及最终如何共同影响"市场绩效"，导致消费者权益被侵害，将可以进一步说明建立这一分析框架的现实依据。

（一）特殊的保险监管机制对中国分红保险市场发展产生特殊的影响

常见的 SCP 范式分析文献中，对政府监管的研究重点在于考察是否存在行政垄断、制造进入壁垒之类行为。然而，本研究发现，就分红保险市场的监管而言，中国保险监管人的行为不在于制造壁垒，而在于监管合谋而违背消费者权益保护的职责和义务，偏向于保险人利益，成为市场乱象一个关键因素。

在第三章对中国保险监管机制的发展历史进行必要的回顾，然后根据本章第二节回顾的拉丰学派在提出的 P—S—A 委托代理模型基础上发展的"监管合谋"理论内核，论证中国分红保险市场发展过程中客观存在的三个监管合谋行为，以及监管合谋对中国分红保险市场发展的影响。

本研究中发现的分红保险市场的"监管合谋"倾向于拉丰学派的核心观点：监管者基于政治或工作绩效目的，在信息不对称情况下，为被监管者创造信息租金而各获得租金分成收益，二者间是"君子协议"的默契，偏离了委托人利益诉求，结果是被监管者获得利益最大化，监管者收益是

---

① 卓志. 我国保险理论研究及其发展创新的方法论前提［J］. 保险研究，2008（2）：14－17.

政治和工作绩效得到满足，而非"腐败"收益。

在后续的各个章节中，逐一论证保险监管机制对中国分红保险市场结构，特别是对产品结构演进的影响，将会发现特殊的监管机制对市场结构、市场竞争主体行为以及消费行为的影响，进而对市场绩效产生了不同程度的不良影响。

因此，本研究构建 R – SCP 分析框架，并突出强调监管机制 R 的基础性作用，具有坚实的理论基础和现实依据。

（二）对消费者行为及消费者权益的考察丰富了 SCP 分析框架

本研究还将对 SCP 范式分析框架的内容进行创新，突出表现在把消费者行为和消费者权益的考察分别纳入市场行为和市场绩效的考察中。

第一，把消费者行为因素纳入分析框架，丰富了 SCP 范式的市场行为要素的研究。传统 SCP 范式关于市场行为的研究核心在于厂商竞争行为、厂商合谋行为、垄断行为，鲜有研究消费者行为。其根本原因在于，其他市场的消费者在消费前具有一定的主动性，对产品信息、产品功能往往相对了解，消费体验与消费前预期之间差距远不如保险产品的消费预期和实际体验这么明显。

保险消费效用具有延时性、射幸性等特征，甚至需要多年以后才能让消费者体验到所投保产品的消费效用。因此，居民的保险需求和消费行为往往需要"唤醒"，不论是投保前的选择行为还是长期保单投保后的持有行为，都可能面临保险意识、保费支付能力、同类竞争产品、替代品（例如储蓄、股票投资等）的复杂影响，受到保险人和保险产品信息严重不对称的影响。

当某消费者投保某产品且过了犹豫期后，特别是已经交了若干期保费之后，才发现所投保产品或所选择保险人的服务质量低于预期，就会面临着解约退保或继续交费获得原有保单利益的两难选择。中国分红保险市场上时有发生的大量退保现象充分说明这一问题。而这又与当前中国特有的保险监管机制对保险信息严格监管，制造了突出的信息不对称有着直接关系。

为此，本研究的论述中将把消费者行为因素纳入 SCP 范式中，也将与一般文献的分析有所差异。

第二，把保险产品的保障绩效和消费者权益保护绩效创新地纳入 SCP 分析框架的市场绩效分析范畴。现有利用 SCP 框架研究保险市场和其他行业市场的多数文献中，"绩效"研究的重点在于保险行业或企业在既定的市场结构和市场行为下取得的经济效率、创新效率等经济目标，以此间接判断是否实现资源的有效配置，间接判断社会福利是否实现并有效提高，这符合传统产业组织理论研究目标。

众所周知，保险产生、存在和发展的根本原因在于它为人类的各种经济和社会活动提供风险转移工具，风险保障既是其基本职能也是其存在的根基，对保险产业或保险市场的"绩效"研究的根本目标，应超越其他的一般产业，也超越银行、证券之类的金融服务产业，应注重于检查这一市场是否真正发挥了保险保障的基本职能。因此，本书所研究的中国分红保险的"市场绩效"，核心目标是研究其保障职能的履行程度，检查保险消费者是否获得了应有的风险保障。这样的研究将与现有多数文献不同。

综上所述，由于本书研究过程中，发现中国的保险监管机制对分红市场发展，特别是对保险消费者权益问题产生了基础性影响，有必要对传统的 SCP 范式进行改良创新，以统领全局研究，实现对中国分红保险市场问题的系统解读，实现本研究的核心目标。

本章小结

本章研究的目的是要为全书研究提供理论支撑。通过梳理相关经济学分支的产生和发展，得到了如下一些主要结论：

一、产业组织理论不同学派的理论思想和观点为本研究提供了有益参考

不同的产业组织理论学派关于市场结构、行为和绩效之间的影响关系有不同逻辑起点和结论，但各为本研究提供了理论依据和研究工具，把"分红保险市场"视为产业并应用产业组织理论支撑研究就有了科学性、

合理性。

首先，在经典 SCP 范式基础上，增加"监管机制"要素，构建 R － SCP 分析框架来组织研究，应用该范式关于市场结构特征的指标和指数系统来分析分红保险市场现状，将可以保证研究的逻辑性和科学性。

其次，降低市场壁垒、自由竞争、反垄断、降低信息不对称程度、创新、降低交易成本、承认契约的不完备性因而施加必要的监管，以防范代理人道德风险行为的危害等，产业组织理论发展中涌现的系列关键词将为本研究夯实理论基础。

二、市场失灵与规制失灵现象揭示了强化监管机制改革的重要性

首先，正如斯蒂格利茨的"非分散化基本定理"所揭示的：在一般情况下，如果没有政府干预就不能实现有效率的市场资源配置。这为本研究提出保险监管机制建设的若干建议提供了理论基础。

其次，公共利益论、利益集团论、规制俘获论、交易成本论、监管合谋论、竞争性规制论等系列理论创新成果均有其合理性和科学性。特别是，利益集团论、规制俘获论、监管合谋论三者之间有其内在逻辑联系，也在理论上和实践中被证明理论的正确性，这为本研究提供了非常好的工具。

再次，行为经济学研究取得了公认的成果，关于人的"有限利己"、"有限理性"、"有限意志力"三个核心假设，以及现实可以观测到的人的行为又是习得的、易变的和可操控性等现象，为建立基于人的行为心理学理论基础的保险监管机制提供可能性。

最后，利他与合作经济学逐渐获得世人关注，为本研究提供了新的理论支撑。保险的"我为人人，人人为我"特征，正是斯密所言的"利他为己"。因此，以利他经济学理论前沿成果指导本研究，也将为本研究提供超越前人的研究基础。

第二章 分红保险市场的产生和发展

　　读史可以明志。本章研究的目的在于通过回顾分红保险产生历史，分析保单红利的来源，明确一个结论：在与传统保险产品提供相同风险保障水平的条件下，保险人通过供给分红保险产品，以保守精算方式合法多收了保险消费者的保费！据此又可以得到另一个推论：保险人向社会供给分红保险产品之后，与传统保险产品相比较而言，应该对保险消费者承担多一份承诺——分红！换言之，分红保险的保险消费者，付出一定的费用之后获得了较传统保险产品不同的一份权益——红利分配权。借此可以帮助保险消费者实现包括抵御通货膨胀、资产增值、风险保障程度提高等一系列理性预期目标。虽然，这个权利能否实现具有一定的风险。但这其实也正是保险经营实践中，保险人向投保人灌输的一个保险消费理念。

　　那么，中国的分红保险发展历程中，保险人是在什么样的条件下向社会供给分红保险产品的？分红保险、万能保险、投资连结保险这三类创新型寿险险种几乎同时引进中国，为什么只有分红保险能站住脚跟并发展成为中国寿险业引擎？这一险种发展现状如何？保险人在向市场销售分红保险产品之后，是否实现了对保险消费者的保障和分红两个核心承诺？

第一节　分红保险的产生及其特点

一、分红保险的产生

　　国际保险市场上，分红保险的产生可以溯源至 1768 年世界精算师第 18 次大会，参会的 20 多个国家保险公司代表对保单分红的必要性达成了共识。之后，历经多年的研究和准备，1776 年美国精算师协会成立红利委员会，对保单分红进行理论探讨与实践指导工作。

1776 年，英国公平人寿保险公司推出了世界第一次保单分红。该公司在进行成立 15 周年决算时，发现实际责任准备金明显多于未来保险金支付所需要的准备金，于是决定把已收保费的 10% 返还给保单持有人，国际人身保险业上的最早分红保险因此诞生。此后，分红保险产品在欧洲人身保险市场广泛供给，并在实践中不断改革监管的法律制度及其实施机制，以加强监管促进规范发展。1850 年，出现增加保额的分红方式，分红保险的红利分配方式从原来的现金红利分配方式增加为两种基础方式。

经过 200 多年来的发展，分红保险已经成为国际人身保险市场上比较流行的险种。例如，在北美地区的所有相互保险公司以及许多股份制公司的产品都具有分红性质，其中，美国市场上 80% 的寿险保单具有分红功能，英国约 60%，德国约 85%，中国内地市场约占 75%，而中国香港分红保险占比高达 90% 左右。

理论上，分红保险可以让被保险人在获得风险保障的同时，还具有从保险人经营的利润中获得稳定的投资回报的特点。对于寿险公司来说，保单分红率不是必然的要求，只是软约束，因此，通过销售分红保险不但可以吸引到更多的保单业务，同时克服了长期寿险对利率和通货膨胀的敏感性，更好地化解公司经营风险。

因此，一般认为，相对于传统寿险或者万能险、投资连结型保险等创新型保险，分红保险是可以实现双方共赢，尤其利于保险公司稳健经营的险种，甚至成为"缓解股东与保单持有人利益冲突的需要"的险种[①]。

二、分红保险的特点

要准确理解分红保险的特点，全面认识分红保险并理解其发展成因，必须与非分红保险，以及万能险、投资连结型保险之类的创新型寿险作比较。总结起来，其特点可以从以下几个方面说明。

---

① 李冰清，焦永刚，赵娜. 分红保险、代理理论与保险公司股权代理成本 [J]. 金融研究，2012（12）：193－216.

（一）定价精算相对保守

在进行分红保险的定价时，保险人对预定死亡率、预定费用率和预定利率的估计更趋保守，并把未来的预期红利也包含在定价模型中，因此，必然导致分红保险费率高于非分红保险。换言之，分红保险经营的盈余，部分来自于较保守的精算定价。相比之下，万能险、投资连结型人身保险的盈余分配一般依赖于投资收益，与分红保险存在质的区别。

相对保守的精算使保险人有可能获得死差、费差和利差的三差益，可以简单地理解为实际死亡率低于预定死亡率、实际费用率低于预定费用率、实际投资收益优于预定投资收益获得的差益。

其中，死差益 =（预定死亡率 − 实际死亡率）× 风险保额，因此，保险人采取保守精算，即提高预定死亡率，同时加强核保的风险选择以降低实际死亡率；同时，扩大保险产品的销售以提高风险保额的方式获得比较稳定的死差益，这成为分红保险产品红利的第一稳定来源。

但是费差益和利差益相对难以实现，信息不对称条件下的委托代理理论以及各行业的实践都已经证明，在激励不足的条件下，经营者的代理人道德风险行为将损害委托人利益，保险经营者对费用管理不精细或人为扩大分红保险的经营费用将导致费差损；在投资市场不景气，或者投资代理人的投资技巧欠缺时，保险基金的投资就遭受损失。2007 年中国平安集团公司的海外投资遭遇重大挫折而提留巨额减值准备金就是生动案例，这就使分红保险基金的投资收益难以保证实现利差益。

因此，综合起来，按"三差法"确定分红保险红利来源的制度，难以保证分红保险产品红利有或者无，分红率高或者低。因此，国际上还有"全差分红"法，除了死差、费差和利差外，退保和投资增值等所有可能产生盈余的来源都要求计入分红保险产品的保险基金账户，纳入必须分享的保单盈余，达到最大可能保护保单持有利益的目的。

（二）体现公平性

不论是理论还是实践，都要求寿险公司重视经营的长期性、稳健性。因此，必然要求产品费率精算假设保守，从定价上保证经营利润优于预期，从而形成了部分定价原因多收保费形成的盈余。这部分盈余通过分红的方式返还投保人，与传统寿险产品比较而言，体现了一定程度的公平性。

但是，这样的公平性建立在精算公平和充分且有效的监管基础上，如果通过过度保守的精算假设，在与传统寿险同样的保险责任前提下，多收了保费而返还太少，就会导致新形式的更大不公平，而这种不公平信息具有强烈的隐蔽性并得到监管机制的保护，就将会更大程度地榨取消费者剩余，侵害消费者福利和社会福利，造成比传统寿险更大的不公平。

这种理论上的担忧在中国成为现实。2009 年 10 月 1 日起实施的《人身保险新型产品信息披露管理办法》（中国保险监督管理委员会令，2009 年第 3 号）第三十二条规定："除向投保人提供红利通知书外，保险公司不得向公众披露或者宣传分红保险的经营成果或者分红水平。"据此，部分保险公司在保单红利确定条款做了相应的调整，不再向消费者披露分红信息，实际剥夺了消费者的知情权①，有悖于公平性初衷。

（三）共享经营成果

各国法律都要求寿险公司对分红保险产品分账户管理，并要求把分红保险业务的会计年度盈余分配给投保人。例如，中国保监会规定至少将会计年度可分配盈余的 70% 分配给保单持有人。通过这样的盈余分配，理论上实现了保险人与消费者双方共享保险人经营成果的目的。

相比较而言，万能寿险和投资连结保险之类的新型人寿产品同样都具有共享经营成果的特点。但是监管人可能不会监管万能险的可分配盈余，在这方面有所差异。投资连结险的共享性则是在这三个创新型险种中表现最突出的一种，直接参照投资基金的方式公布投资净值。万能保险规定了最低保证利率，并通过媒体向公众告知。在保险单和其他相关凭证中明确了保险保障成本、保险现金价值等信息，这就构成为信息相对透明的保险合同。

但是，保险人所提供的分红保险相关凭证和分红红利通知书之类工具中，仅告知保单持有人该保险合同上一保单年度获得的红利，保单年度末

---

① 例如，保监会文件发布后，合众人寿保险公司的合众长红两全保险（分红型）（E）款条款中去掉了"每年度我们会向您寄送一次分红业绩报告"的文字。其他公司也都同样操作。

的现金价值，至于保险人收取的相关费用、保障成本等信息则完全保密；特别是，某一保单所获得红利水平在不同保单间各有差异，且保单持有人在一年当中仅知道上一保单年度的分红信息，信息透明度就比另外两种新型寿险低且严重滞后。

（四）消费者承担了一定的投资风险

尽管监管机制要求保险人向消费者分配某一具体分红产品的经营盈余，但这只是软约束。受到投资环境、经营绩效等多种复杂因素的影响，保险公司的经营状况并不能保证每年都有高额可分配盈余，甚至不能保证每年都有可分配盈余。因此，消费者每年获得的保单红利是不确定的，这就使消费者在一定程度上分担了保险人的经营风险。近年来的中国分红保险经营实践证明，经常会出现保险人在某些年度无法分红的窘况。

更重要的是，分红保险产品的红利是否分配、分配多少，基本属于"黑箱"，保险人只在某张保单的周年对应日向持有人通知上一保单年度是否有红利以及分配红利的多少，信息严重滞后。这种滞后在客观上可以起到稳定保险合同双方当事人关系，维持保单稳定的作用。比较而言，更有利于保险人经营。

相比之下，万能型寿险规定的最低保证利率基本可以限定消费者的最高风险，每个月公布结算利率的方式也可以让消费者及时掌握相关信息，以便做出追加或不追加保费的决定。

投资连结型寿险的风险则因为每日都公布基金净值而使消费者可以随时掌控产品和服务信息，在投资市场不景气时，基金净值负增长就容易使消费者放弃保单。这一点，在中国寿险市场发展史上已经发生过大面积退保投资连结险的事件，也是近年来中国寿险市场上比较少投保人愿意投保投资连结险的一个根本原因。

（五）具有一定的抗通货膨胀能力

一般情况下高通货膨胀将伴随高利率，分红保险产品特有定价保守的特点，使保险人获得高于预定利率的投资收益率，从而有可能通过红利分配，部分弥补消费者因通货膨胀遭受的损失。通过增加保险金额方式分配红利，将在长期里表现得更突出。但这取决于一国监管部门对保险基金投资范围和投资比例监管制度，如果监管约束过强，保险投资不足，存放银行或购买国债之类的低收益、低风险产品过多，则投资收益未必能满足抗风险需求。

实际上，这一特点在万能险上也有所体现，但对投资连结险则未必适用。由于投资连结险的投资部分保费基本用在资本市场或货币市场投资，在通货膨胀过高的年份，就会面临着俗话说的"膨胀无牛市"困境，致使投资基金净值下降而面临投保人的退保选择。

（六）相比于传统寿险产品有更高的保费费率

两方面的原因导致分红保险产品的费率相对较高：第一是精算相对保守，多收了预定死亡率、预定费用率的费用；第二是分红保险的分红权在精算中列为"分红权利费"，因此，分红保险产品的保费构成与传统寿险产生区别，也有别于万能险或投资连结险。

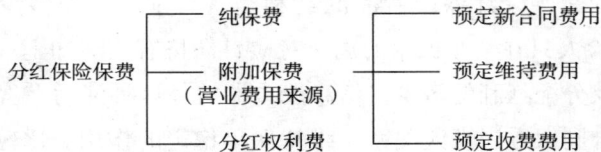

图 2 –1　分红保险保费结构图

综合上述可见，三类创新型保险险种中，分红保险独具精算假设保守、信息隐蔽、分红软约束的优点而更有利于保险人，成为中国寿险行业的集体选择，这将在后文的论证中逐步深入说明。

第二节　中国分红保险市场产生和发展的理论分析

一、基于供求理论的分析

中国寿险业从 1999 年开始由合资公司中宏人寿保险公司引进第一张分红型保单，其他保险公司快速跟进试办包括分红保险、万能险、投资连结险等投资理财型保险业务。基于供求理论视角的分析，主要原因有以下几个方面。

（一）来自保险供给方的动因

1. 规避利差损风险

20 世纪 90 年代初，第一家进入中国的外资保险公司即美国友邦保险上海分公司引进个险营销员制度后，极大地推动了中国寿险业的发展，行业保费收入高速增长，快速聚集了大量的保险基金。但是，20 世纪 90 年代中期之后中国人民银行连续降息（见表 2 - 1）给保险基金造成了巨额的利差损，带来行业发展不稳定因素。通过保险产品创新来创造新的需求增长点，同时规避利差损风险就成为保险行业的一个必然选择。分红保险具有的保守精算特点，正符合这样的规避利差风险需求，得到了保险监管当局与保险人的共同认可，因而获得了发展先机。

表 2 - 1　分红保险产生前一年期储蓄利率与寿险预定利率变化表　单位：%

年份	储蓄利率	寿险预定利率	年份	储蓄利率	寿险预定利率
1985	3.06	6	1993	10.98	8.8
1986	3.06	6	1994	10.98	8.8
1987	5.04	6	1995	10.98	8.8
1988	8.64	8.8	1996	7.47	8.8
1989	11.34	8.8	1997	5.67	6.5
1990	10.08	8.8	1998	3.78	5
1991	8.64	8.8	1999	2.25	2.5
1992	7.56	8.8	2000	1.98	2.5

资料来源：中国人民银行网站、中国保监会网站相关信息整理。

2. 保险资金投资渠道不断拓宽

为推动中国保险行业的健康可持续发展，监管部门逐步放宽了保险资金的投资运用渠道和比例，从最初的仅限银行存款和国债投资，过渡到允许委托理财、购买封闭式证券投资基金、开放式投资基金方式间接投资，到允许直接投资购买上市公司股票，参与一级市场、二级市场的投资等。资金投资运用渠道的拓宽使保险资金的投资收益和偿付能力得到提高和保障，投资运营能力逐步增强，具备了开发和供给创新型人身保险产品的必要条件。

特别重要的是，前期积累的巨大利差损需要通过扩大承保业务，更快地积累保险基金，创造条件获取更大投资收益来逐步弥补历史亏损。分红保险产品的保守精算特点，可以让保险人在为投保人提供相同的风险保障的同时，积累更多可供投资的资金，快速扩大投资基金。因此，寿险业大力引进和开发分红保险产品。特别是，部分保险人更早充分认识并极大化利用分红保险产品的这一独特优势，在相当长时期内向社会大量供给短期缴费产品，达到快速积累风险保额和投资基金的目标。

3. 加入世界贸易组织带来的行业竞争压力

1999 年、2000 年正是中国加快"入世"谈判进程、前景逐步明朗的时期，即将正式加入世界贸易组织成为保险行业的一个合理的、理性的预期。同时，国际保险资本正加速进入中国，带来了有别于民族资本保险公司的新产品和新经营模式，竞争的需要促使民族资本寿险业快速完善产品体系，发展分红保险、万能险或投资连结型寿险险种和产品成为寿险行业的一个合理选择。

4. 做大做强保险业的需要

加入世界贸易组织前后一段时间里，中国全面推进国有企业股份制改革，大量劳动力"下岗"，社会普遍担心民族工商企业的竞争能力，担心劳动就业问题。发展保险业以吸收社会剩余成熟劳动力，成为政府对保险监管人的一个默示要求。同时，保险监管人也有充分动机提高寿险业从业人员劳动报酬，吸引从业大军以做大保险业。

受到居民保险意识、保险购买力等多方面因素的影响，仅销售传统寿险产品的佣金收入并不能很好地吸引更多从业人员；同时，传统寿险产品的费率相对较低，在投保相同保险额的情况下，保费较低，因而营销员佣金也必然较低，收入水平受到制约，行业吸引力必然难以提高。

推出分红保险、万能险、投资连结险之后，一个必然的结果就是件均保费快速上升，从而使营销人员的佣金收入也得到快速提升，自然地，这些创新型险种和产品就受到营销队伍的欢迎，以至于相当部分营销员和保险分支机构完全忽视传统寿险产品的营销，专心一意地开展分红保险市场竞争。更特别地，为了获取高佣金而采取误导、夸大保险责任和保险利益方式来获得新合同，这种现象自分红保险产生之初就一直持续不断，成为消费者投诉的一个核心问题。

（二）需求推动因素

1. 中国开征遗产税传闻的推动

1996 年、1999 年、2000 年、2003 年等年度，对于中国遗产税的征收问题一度成为社会舆论焦点话题之一。发达国家遗产税制度的通行规则之一是保险金不计入应征遗产税总额，经常成为遗产继承人用于缴纳税款从而继承遗产的一个有效手段。分红保险的"增额分红"方式或者部分保险人推出的"购买交清增额保险"的红利领取方式，在理论上可以让保单持有人随着持有时间增加而获得更高的保险额，因此购买分红保险成为最佳合理避税方式之一而吸引居民投保消费。

2. 居民理财需求旺盛发展

受通货膨胀影响，受中国长期推行的出口导向和投资拉动型经济发展战略影响，受政府为发展资本市场而把居民储蓄"赶"去"炒股投资"的特殊制度环境之类因素的综合影响，中国长期处于负利率状态。因此，伴随着居民可支配收入的增加，居民的投资需求越来越高，需要多种投资理财渠道和手段。分红保险独具的理财与保障功能合二为一，一定程度上可以抵御利率风险，保障资金安全，逐步得到了居民的认可。

国务院发展研究中心市场经济研究所 2002 年开展的"中国 50 个城市保险市场需求调研"活动，也发现当时大多数城市居民的主要理财方式仍然是储蓄（见表 2-2），保险理财的占比处于中等水平。但是，中国人民银行连续多年的降息，使居民储蓄利率已经达到历史低谷，甚至还被征收利息税来调控储蓄。而当时的中国证券市场因为国有股份退出的历史难题悬而未决，市场自 2001 年 6 月开始步入漫漫熊途。因此，居民拥有的大量剩余资金需要寻找投资渠道，分红保险产品被宣传具有独特的"保障＋投资"的功能，符合中国居民对"分红"的特有情结，一经出现就受到人们的青睐。

表 2-2　　　　　10 个城市居民投资理财偏好比较　　　　单位：%

	北京	上海	天津	重庆	广州	深圳	杭州	南京	武汉	成都
储蓄	47.7	26.4	38.5	44.7	37.3	25.0	33.5	30.8	45.1	39.5
证券	14.9	20.3	10.2	4.5	12.3	20.5	9.9	15.9	7.6	10.5

续表

	北京	上海	天津	重庆	广州	深圳	杭州	南京	武汉	成都
保险	3.0	11.7	9.7	8.8	9.0	5.9	15.9	4.5	8.3	5.3
住房	26.7	24.5	19.0	23.8	22.8	22.8	25.3	18.4	23.1	26.7
汽车	4.3	3.7	2.8	2.0	5.8	3.9	1.5	3.0	10.2	3.8
教育投资	4.1	11.9	13.5	13.5	9.0	15.5	11.9	23.4	4.4	8.5
耐用消费品	1.0	1.3	2.7	1.0	2.6	4.4	1.0	1.5	0.2	3.2
其他	0.3	0.1	3.7	1.7	1.4	1.8	1.0	2.5	1.2	2.5

数据来源：国务院发展研究中心市场经济研究所《2002年中国50个城市保险市场需求调研报告》。

部分研究成果，例如蒋虹[①]（2005）选取我国2001—2003年分红保险保费收入和城镇居民可支配收入的季度数据，运用回归分析法分析二者之间的关系，表明二者间存在正线性相关，但是分红保险费收入增长幅度远超居民人均可支配收入增幅，表明保费收入的增长原因更多是另有因素，居民投保分红保险的动机更多的可能在于为获得"理财投资收益"，而非为获得保障而为，这与本研究第六章关于分红保险消费者行为调查的结论基本一致。

二、基于要素禀赋理论的分析

中国经济学家林毅夫创立的"新结构经济学"，在"经济结构由要素禀赋及其结构所决定"的理论假设基础上，揭示了产业经济和宏观经济发展规律，认为一国所选择重点发展的产业结构应符合比较优势原则，应通过政策和制度安排降低交易成本，同时施以相关的优惠扶持政策推动相关产业发展，这对本研究提供了有益的指导。

本研究把"分红保险"视为"寿险产业"或"保险产业"的子产业，以新结构经济学理论和要素禀赋理论视角来分析寿险产业的发展结构选择，将有助于更深层次地理解中国分红保险产业发展的历史，理解其中存

---

① 蒋虹. 分红保险与居民可支配收入分析 [J]. 中国城市经济，2005（12）：77 - 79.

在的问题。具体地，从以下所述的居民金融理财资源、居民风险资源、保险营销人力资源、保险产业政策资源等四个要素来阐释。

（一）发展分红保险是提升寿险业的金融理财资源竞争力的需要

中国国民经济发展带来了居民收入的增长，带来了居民理财市场的繁荣，金融资源总量扩大的同时，银行、保险、证券为代表的三大传统理财产业间的竞争程度加剧。为有效吸引居民，占有并扩大居民金融理财市场资源的合理份额，必然要求寿险业积极开展保险产品和服务创新，抢占金融理财资源，实现现代保险服务业的"集中和分散风险"与"财富积累和管理"① 双重职能。因此，在同一时期从发达国家引进分红型、万能型、投资连结型寿险等创新型、投资理财型保险产品，成为中国保险业适应大金融产业竞争、适应居民理财金融资源禀赋特点的必然要求。

（二）发展分红保险是适应居民风险资源演化发展的需要

自 20 世纪 90 年代以来，随着中国政治经济和社会制度改革深化发展，居民面临的风险发生一系列的变化，养老风险、后代教育风险、健康风险等成为影响居民消费和储蓄行为的"三座大山"。在社会保障体制建设滞后情况下，居民的风险与保险意识被逐步引导走向成熟，通过购买商业保险构建个人和家庭的风险保障机制的思想逐渐被居民所接受。但是，传统文化中特有的"保本"观念或者说思维模式，又在一定程度上使居民较难接受传统寿险产品，而采取银行储蓄或证券投资、房产投资等方式理财，储备个人和家庭的风险保障资源。

因此，为了适应居民理财心理特点，并逐步引导居民的保险意识，以分红型两全保险、分红型重大疾病保险等满足居民理财心理需求的产品便成为寿险公司竞争的主要选择。中国保监会规定 2003 年 7 月 1 日起健康险不得再以分红型产品销售后，各寿险公司纷纷在分红保险产品中推出附加重疾提前给付条款，达到"分红＋重疾"的产品组合创新，既是应对监管制度变化的需要，更是适应居民复合性保险保障需求特色的需要。

---

① 卓志，孙正成. 现代保险服务业：地位、功能与定位 [J]. 保险研究，2014（11）：21 - 32.

（三）中国寿险业人力资源禀赋特点决定了分红保险的特殊地位

促进就业是现代保险服务业对经济发展的贡献作用的具体表现之一。但是，从销售传统寿险产品而来的中国寿险营销员队伍，人员素质参差不齐，在缺少充分的培训和有效的业务质量监控手段情况下，在保险人强调保费收入和市场份额占有的粗放经营模式的影响下，在 2001 年到 2005 年由于中国资本市场改革的直接原因导致资本市场低迷不振的条件下，万能型、投资连结型寿险这两类具有更强的理财投资功能，但是对保险人有更强的投资收益率硬约束的险种，在发展中出现了诸多问题，甚至引发大面积的退保要求而遭受了重大打击，一度退隐市场。而分红保险具有分红约束相对较弱，信息透明程度低且严重滞后，利益保护明显偏向保险人一方等"优点"，因而更适应于中国整体素质偏低的寿险营销员队伍销售。监管人更从制度上予以支持，这将在第三章关于监管合谋的论述中说明。

（四）中国保险产业政策资源和保险监管机制的扶持推动

中国加入世界贸易组织前后相当长一段时期内，在银行、保险、证券三个传统金融行业中，保险业资产总额及其在国民经济和社会中的影响力相对落后，这促使保险监管部门制定更多的扶持政策推动保险业的发展，借鉴发达国家银行保险的发展经验，特别推出了银行代理销售保险产品制度，推动寿险行业充分利用银行业数量庞大的网点营销能力，利用中国居民对银行业已经固化成型的、稳定的信任心理，大力开展银行保险业务。因此，各保险人纷纷开发出储蓄性极强但保障能力偏低的分红型银行保险产品，实现了保费收入在寿险、人身保险产业以及整个商业保险产业中所占比重逐年提高，进一步在居民心里塑造和强化了分红保险的理财形象，逐步巩固了分红保险在寿险产业的地位。

更重要的是保险监管机制对分红保险市场的助推作用，突出表现在第三章将要论及的保险营销员管理、分红保险产品保费统计规则、分红保险产品经营信息披露监管等一系列的监管机制，特别是监管合谋，均在一定程度上偏向于保险人利益而极其有利于这一险种的发展，使之成长为寿险业发展的引擎。

第三节 中国分红保险市场发展现状

一、产品数量与产品结构的发展及其特征

在现行监管机制条件下，分红保险产品独具分红软约束且信息不透明的特征，这使该险种相比于万能型、投资连结型保险这两个几乎同期引入中国保险市场的创新型险种的发展相对平顺，虽然长期因为分红率低于保险人宣传的水平、低于投保人预期而被质疑，并一再被大面积退保[①]，但都在监管人和保险人的努力下步履蹒跚着过关。这一市场已经成为各寿险公司的必争市场，成为"保险创新"和寿险发展的引擎，因此，产品的数量增长迅速。但是，产品结构存在一个突出的特点，即逐渐以两全保险为核心，分红型终身寿险产品逐渐衰落，甚至大部分保险公司不再销售分红型终身寿险产品。

中国人寿保险公司是市场的领先企业，占有最高市场份额，长期坚持分红保险产品的开发和供给，有着业内最丰富的产品线，如表2-3所示的历年新上市保险产品数据表，可以充分展示说明以两全险为核心主体的分红保险产品结构发展特征。

表2-3 中国人寿保险公司历年增加的分红保险产品数据表

上市时间	产品名称	上市时间	产品名称
2000 年（2 款）	国寿分红终身保险	2001 年（7 款）	国寿鸿祥两全保险
	国寿千禧理财两全保险		国寿鸿福相伴两全保险

---

① 樊辉、陈兰. 江苏人身险遭遇退保"滑铁卢". 人民网，（2004－08－05）http://www.people. com. cn/GB/paper447/12623/1134243. html.

杨斌. 四川：收益太低 分红险遭遇退保潮. 网易，（2004－07－29）http://money. 163. com/economy2003/editor_2003/040729/040729_221211. html.

吴倩. 去年投资分红类险种广州退险额近 12 亿元. 搜狐网，（2006－03－29）http://news. sohu. com/20060329/n242532598. shtml.

上市时间	产品名称	上市时间	产品名称
2001 年（7 款）	国寿鸿盛终身保险	2007 年（10 款）	国寿被征地农民团体年金保险（B 型）
	国寿鸿寿年金保险		国寿鸿丰 B 两全保险
	国寿千禧理财两全保险		国寿鸿富两全保险
	国寿永泰团体年金保险		国寿鸿康两全保险
	国寿鸿泰两全保险		国寿金彩明天两全保险（A 款）
2002 年（3 款）	国寿鸿瑞两全保险		国寿农村干部团体养老年金保险
	国寿鸿星少儿两全保险		国寿瑞鑫两全保险
	国寿康宁重大疾病保险		国寿稳泰团体年金保险
2003 年（6 款）	国寿鸿盛终身保险		国寿永泰团体年金保险
	国寿鸿泰两全保险		国寿智力人生两全保险
	国寿鸿祥两全保险	2008 年	国寿安享一生两全保险
	国寿鸿鑫两全保险		国寿安享一生两全保险
	国寿鸿宇两全保险		国寿福禄双喜两全保险
	国寿永泰团体年金保险		国寿福禄尊享两全保险
2004 年（4 款）	国寿鸿丰两全保险		国寿福瑞人生两全保险
	国寿鸿禧年金保险		国寿福星少儿两全保险
	国寿鸿裕两全保险		国寿鸿丰 B 两全保险
	国寿裕鑫两全保险		国寿鸿丰两全保险
2005 年（7 款）	国寿个人养老年金保险	2009 年（27 款）	国寿鸿福相伴两全保险
	国寿鸿宝两全保险		国寿鸿富两全保险
	国寿鸿丰两全保险		国寿鸿康两全保险（A 款）
	国寿金鑫两全保险		国寿鸿盛终身寿险
	国寿美满人生年金保险		国寿鸿泰两全保险
	国寿相伴永远养老年金保险		国寿鸿禧年金保险
	国寿销售精英团体养老年金保险		国寿鸿祥两全保险
2006 年（5 款）	国寿鸿阳两全保险		国寿鸿鑫两全保险
	国寿美满一生年金保险		国寿鸿星少儿两全保险
	国寿穗穗红两全保险		国寿鸿盈两全保险
	国寿永泰团体年金保险（A 款）		国寿鸿宇两全保险
	国寿美满人生年金保险		国寿鸿裕两全保险

上市时间	产品名称	上市时间	产品名称
2009 年（27 款）	国寿金彩明天两全保险（A 款）	2010 年（29 款）	国寿鸿寿年金保险
	国寿金彩明天两全保险（B 款）		国寿鸿祥两全保险
	国寿美满人生年金保险		国寿鸿鑫两全保险
	国寿美满一生年金保险		国寿鸿星少儿两全保险
	国寿农村干部团体养老年金保险		国寿鸿盈两全保险
	国寿千禧理财两全保险		国寿鸿宇两全保险
	国寿瑞鑫两全保险		国寿鸿裕两全保险
	国寿智力人生两全保险		国寿鸿运少儿两全保险
2010 年（29 款）	国寿安享一生两全保险		国寿金彩明天两全保险（A 款）
	国寿福禄呈祥两全保险		国寿金彩明天两全保险（B 款）
	国寿福禄金尊两全保险		国寿美满人生年金保险
	国寿福禄满堂养老年金保险		国寿千禧理财两全保险
	国寿福禄尊享两全保险		国寿瑞鑫两全保险
	国寿福瑞人生两全保险		国寿新鸿泰两全保险
	国寿福星少儿两全保险		国寿智力人生两全保险
	国寿个人养老年金保险	2011 年（7 款）	国寿安欣无忧两全保险
	国寿鸿丰 B 两全保险		国寿福禄宝宝两全保险
	国寿鸿丰两全保险		国寿福禄鑫尊两全保险
	国寿鸿福相伴两全保险		国寿福满一生两全保险
	国寿鸿富两全保险		国寿松鹤颐年年金保险
	国寿鸿康两全保险（A 款）		国寿新鸿泰金典版两全保险
	国寿鸿盛终身寿险		国寿育才少儿两全保险

资料来源：中国保监会统计研究部门经整理而得。

根据不完全统计，在中国寿险市场上已经开发并销售过多达 3000 个左右的分红保险产品，涉及分红两全、分红终身、分红养老、分红年金，以及少量的分红型万能险产品，40% 左右通过个人代理人渠道销售，55% 左右通过银行邮政渠道销售，剩下的 5% 左右通过其他专业代理机构销售。在各家公司历年高度重视的"开门红"业务中均首推分红两全险产品（见表 2-4、表 2-5、表 2-6）。关于"开门红"对中国寿险营销的作用和影响，将在后文的论述中展开分析。

表 2-4   2012 年保费收入前 7 家寿险公司开门红竞争产品情况

保险公司	竞争产品
国寿股份	福禄鑫尊两全保险（分红型）、安欣无忧（分红型）
平安人寿	吉星送宝（分红型）
新华人寿	吉祥至尊（分红型）、尊贵人生（分红型）
太保寿险	智惠安享年金保险（分红型）、金尊人生保障计划（分红型）
人保寿险	金鼎富贵两全险（分红型）、福满人间（分红型）
泰康人寿	金满仓系列（分红型）、财富赢家（分红型、万能型）
太平人寿	如意三号两全保险（分红型）、福寿连连两全保险（分红型）

资料来源：根据新闻报道整理。

表 2-5   2013 年保费收入前 7 家寿险公司开门红竞争产品情况

保险公司	竞争产品
国寿股份	福禄双喜至尊版组合计划（分红型、万能型）
平安人寿	金裕人生两全保险（分红型）、平安护身福保障计划
新华人寿	祥和万家两全保险（分红型）
太保人寿	鸿发年年全能保险理财计划（分红型、万能型）
人保人寿	福满人间两全保险（分红型）
泰康人寿	财富通宝保险计划（分红型、万能型）
太平人寿	盛世尊享全能保险计划（分红型、万能型）

资料来源：根据新闻报道整理。

表 2-6   2014 年保费收入前 7 家寿险公司开门红竞争产品情况

保险公司	竞争产品
国寿股份	金如意保险计划（分红型、万能型）、金鑫尊保险计划（分红型、万能型）
平安人寿	平安尊越人生两全保险（分红型）
新华人寿	福享一生终身年金保险（分红型）、福禄递增年金保险（分红型）
太保寿险	金佑人生保障计划、鸿发年年全能保险理财计划（分红型、万能型）
人保寿险	鑫利年金保险（A 款）（分红型）
泰康人寿	财富尊赢保险计划（分红型、万能型）
太平人寿	稳赢二号两全保险（分红型）

资料来源：根据新闻报道整理。

二、保费收入增长特征

分红保险产品的产生，为保险业带来了可观的保费收入，快速实现了监管人提出的"做大保险业"的目标要求。从表2－7数据可见，2008年以后，分红保险保费收入的增长，成为人身险保费进而中国保险业总保费收入增长的保证。

表2－7　　　　　　　分红保险保费收入增长情况表　　　单位：亿元，%

年份	保险业总保费收入	同比增长	人身险保费收入	同比增长	分红保险保费收入	同比增长	分红保险保费在人身险保费收入中占比
2001	2109	32.2	1424	42.8	—	—	—
2002	3053	44.7	2275	59.8	1122	—	49.3
2003	3880	27.1	3011	32.4	1681	49.8	55.8
2004	4318	11.3	3228	7.2	1860	4.7	57.6
2005	4927	14.1	3697	14.5	2020	14.8	54.6
2006	5641	14.5	4132	11.8	2115	4.7	51.2
2007	7036	24.7	5038	21.9	2221	5.0	44.1
2008	9784	39.1	7447	47.8	3858	73.7	51.8
2009	11137	13.8	8261	10.9	5370	39.2	65
2010	14528	30.4	10632	28.7	7549	40.6	71
2011	14339	-1.3	9721	-8.6	7776	3.0	80
2012	15365	7.2	9843	1.3	7859	1.1	79.8
2013	16826	9.5	10614	7.8	8136	3.5	76.7

资源来源：根据历年《中国保险年鉴》相关统计数据表整理。

2003年对中国分红保险有特殊意义，自该年7月1日起，健康保险不得以分红保险形式销售。这让寿险公司和营销员队伍充分体验了一次利用产品退市来制造市场的特殊经历。寿险公司和营销员普遍以此为卖点有效扩大了分红保险的销售。当年分红保险保费收入达到1681亿元，同比增长达到49.8%的历史罕见增幅。

但是，自2004年开始，分红保险产品的销售受到多种因素的打击而发展缓慢，经历了增长幅度的历史次低谷，同比增长仅为 4.7%，中国寿险业进入结构调整期。随后，2005 年，寿险公司根据市场需要，推出了"生命尊严提前给付"之类的附加条款，附加在分红保险产品销售，收到良好效果，当年实现的保费收入较 2004 年有质的提高。但是，由于保险红利低于销售承诺，更低于投保人预期，甚至面临着大面积退保问题，这使该险种在随后两年再次陷入发展低潮。

直到 2008 年，中国保险会计制度重大变革，对保险费的计量规则发生重大变化，万能保险、投资连结保险产品的投保人缴纳保费只能少量计入风险保费，更大部分纳入理财金记账，这构成为寿险行业再次调整产品结构的重大制度性激励。部分原来少量销售分红保险，而以万能保险或投资连结型保险为主的保险公司，以及以个人代理为主要渠道的公司，均进行了产品结构的重大调整，减少甚至不再销售万能险或投连险，转为全面销售分红保险格局。同时，为快速实现保费收入的高增长目标，行业均采取扩大银行邮政渠道销售，增加银行保险产品供给，以及发行短期缴费、短保险期间的分红型产品。因此，在随后的几年间，分红保险保费持续再次快速增长，带动了人身保险业乃至中国保险业获得了三年时间的快速增长，直到 2011 年再次因银行保险营销渠道制度变革而导致低增长甚至负增长。

三、分红保险的产品功能演化

（一）产品的"理财"化倾向突出

居民金融理财需求逐年旺盛，各保险人均逐步强化了分红保险产品的理财功能，部分大型保险公司在其官方网站直接把分红保险归类为"理财保险"。当前，中国分红保险产品最直接的"理财"功能是通过两全保险的"生存保险金"、"年度红利"和"终了红利"三个方面体现。两全保险成为各家保险公司销售的分红保险主要产品类别，成为竞争焦点。

从近年来各家公司公布的年度保费贡献前五名产品的保费收入情况看（见表 2-8、表 2-9），分红两全险占据绝对核心地位，分红年金保险保费收入仅占其中少量，终身寿险则基本绝缘。从保险产品的营销渠道看，60% 以上是银行邮政销售型产品，例如国寿股份保险公司的产品中，鑫丰、鸿盈、鸿丰、新鸿泰、福禄双喜两全保险均为银行代理销售产品。

表 2 - 8　　　2012 年五大人寿保险公司保费收入前五名产品一览表

单位：百万元

保险公司名称	保费收入前五名产品	原始保费收入	各产品保费收入贡献度	五个产品保费收入贡献度合计
国寿股份	国寿鸿盈两全保险（分红型）	49397	15.31	46.29
	国寿新鸿泰两全保险（分红型）	34020	10.54	
	康宁终身保险	26640	8.25	
	国寿美满一生年金保险（分红型）	20972	6.50	
	国寿福禄双喜两全保险（分红型）	18372	5.69	
平安人寿	金裕人生两全保险（分红型）	17035	13.23	38.84
	富贵人生两全保险（分红型）	15913	12.36	
	鑫利两全保险（分红型）	6563	5.10	
	吉星送宝少儿两全保险（分红型）	5256	4.08	
	鸿利两全保险（分红型）	5251	4.08	
新华人寿	红双喜新 C 款两全保险（分红型）	24457	25.03	50.37
	尊享人生年金保险（分红型）	7214	7.38	
	红双喜盈宝利两全保险（分红型）	7021	7.18	
	红双喜金钱柜年金保险（分红型）	6193	6.34	
	吉星高照 A 款两全保险（分红型）	4331	4.43	
太保寿险	红福宝两全保险（分红）10 年期	16662	17.83	44.58
	红利发两全保险（分红）5 年期	8070	8.63	
	鸿鑫人生两全保险（分红型）	7705	8.24	
	太平盛世—长泰安康 B 款（9906）	4911	5.25	
	金享人生终身寿险（分红型）	4319	4.62	
泰康寿险	泰康金满仓两全保险（分红型）	15916	25.85	64.02
	泰康金满仓 B 款年金保险（分红型）	12895	20.94	
	泰康财富人生 C 款终身年金保险（分红型）	4204	6.83	
	泰康金满仓 D 款两全保险（分红型）	4055	6.59	
	泰康财富人生终身年金保险（分红型）	2352	3.82	

数据来源：根据各寿险公司 2012 年年报整理。

表 2 – 9   2013 年五大人寿保险公司保费收入前五名产品一览表

单位：百万元，%

保险公司名称	保费收入前五名产品	原始保费收入	各产品保费收入贡献度	五个产品保费收入贡献度合计
国寿股份	国寿鑫丰两全保险（分红型）	32770	10.04	33.33
	国寿鸿盈两全保险（分红型）	29235	8.96	
	康宁终身保险	25672	7.87	
	国寿美满一生年金保险（分红型）	18881	5.79	
	国寿鸿丰两全保险（分红型）	2186	0.67	
平安人寿	金裕人生两全保险（分红型）	21829	14.94	35.97
	富贵人生两全保险（分红型）	10784	7.38	
	鑫利两全保险（分红型）	8121	5.56	
	吉星送宝少儿两全保险（分红型）	6419	4.39	
	世纪天使少儿两全保险（分红型）	5397	3.69	
新华人寿	红双喜新 C 款两全保险（分红型）	20379	19.66	26.92
	红双喜两全保险（分红型）（A 款）	1169	1.13	
	红双喜金钱柜年金保险（分红型）	6241	6.02	
	尊享人生年金保险（分红型）	79	0.08	
	红双喜新 A 款两全保险（分红型）	30	0.03	
太保寿险	红福宝两全保险（分红型）	12903	13.57	38.63
	鸿鑫人生两全保险（分红型）	6793	7.14	
	红利盈（A 款）两全保险（分红型）	6327	6.65	
	鸿发年年全能定投年金（分红型）	6302	6.63	
	太平盛世—长泰安康 B 款（9906）	4410	4.64	
泰康人寿	泰康金满仓 B 款年金保险（分红型）	12055	19.72	49.48
	泰康金满仓 E 款两全保险（分红型）	6846	11.20	
	泰康财富人生 C 款终身年金保险（分红型）	4990	8.16	
	泰康金满仓 D 款两全保险（分红型）	3259	5.33	
	泰康金满仓两全保险（分红型）	3095	5.06	

数据来源：根据各公司 2013 年年报整理。

（二）产品的创新和发展受资本市场发展影响明显

分红保险吸引消费者的一个重要因素在于"分红"，消费者高度关注分红率的高低，而分红率受可分配收益和投资收益率的强影响。2005年下半年开始到2008年上半年，中国股市行情向上，上证A股指数达到历史高点，保险公司投资收益高，为分红保险产品的创新提供了必要的精算基础，促进了保险公司进行产品的改良式创新。例如，相同费率下增加了保额或保障责任范围。如表2-10所示的保险产品责任变迁可见一斑。

表2-10　　　　"人保寿险丰满仓两全保险"保险责任调整情况

	2006 年	2007 年
身故或全残保险金	若被保险人遭受意外伤害，并且自意外伤害发生之日起180日内以该意外伤害为直接和单独原因导致身故或全残，我们按基本保险金额给付身故或全残保险金，本合同终止。	若被保险人遭受意外伤害，并且自意外伤害发生之日起180日内以该意外伤害为直接和单独原因导致身故或全残，我们按基本保险金额的两倍给付意外身故或全残保险金，本合同终止。
公共交通意外身故或全残保险金	若被保险人以乘客身份乘坐公共交通工具时遭受意外伤害，并且自意外伤害发生之日起180日内以该意外伤害为直接和单独原因导致身故或全残，我们按基本保险金额的两倍给付公共交通意外身故或全残保险金，本合同终止。	若被保险人以乘客身份乘坐公共交通工具时遭受意外伤害，并且自意外伤害发生之日起180日内以该意外伤害为直接和单独原因导致身故或全残，我们按基本保险金额的三倍给付公共交通意外身故或全残保险金，本合同终止。
投保年龄	16 周岁至 65 周岁	出生满 28 日至 65 周岁

资料来源：根据公司产品条款整理。

人保寿险公司在2007年全新推出的"人保寿险畅享人生年金保险（分红型）"的意外伤害保险金额大大提高，为中国寿险业历史罕见。具体如表2-11所示。

表 2 – 11   **分红保险产品保障责任条款案例**

保险责任	具体条款内容
一般身故或全残保险金	若被保险人在本合同生效或最后复效之日（以较迟者为准）起一年后因疾病导致身故或全残，或遭受意外伤害并因该意外伤害导致身故或全残，我们按基本保险金额的 10 倍给付一般身故或全残保险金，本合同终止。
意外身故或全残保险金	若被保险人遭受意外伤害，并且自意外伤害发生之日起 180 日内因该意外伤害导致身故或全残，我们在给付一般身故或全残保险金的同时，另外按基本保险金额的 10 倍给付意外身故或全残保险金，本合同终止。
航空意外身故或全残保险金	若被保险人在以乘客身份乘坐民航班机时遭受意外伤害，并且自意外伤害发生之日起 180 日内因该意外伤害导致身故或全残，我们在给付一般身故或全残保险金以及意外身故或全残保险金的同时，另外按基本保险金额的 20 倍给付航空意外身故或全残保险金，本合同终止。

资料来源：公司官方网站，相关保险产品条款。

2008 年，美国次贷危机引发国际金融危机，导致全球资本市场走熊，保险投资收益率降低，分红保险产品的创新侧重从一般性保险责任变革开展，例如缩短观察期。典型案例可以观察平安人寿保险公司，该公司自 2004 年起一直坚持以万能型寿险产品为主要供给，以个人代理营销为核心营销渠道，终于也在 2008 年对销售了长达四年之久的鸿鑫终身寿险分红保险、鸿利分红两全险进行改造创新。主要表现在以下四个方面：

第一是缩小部分产品的投保年龄范围。对鸿利两全（2004）、鸿祥两全（2004）、富贵人生（2005）等分红型产品的投保年龄做出了调整。鸿利产品的投保年龄是 0 周岁至 65 周岁，在更替为鑫利产品时，投保年龄调整为 0 周岁至 60 周岁。鸿祥产品更替为鑫祥产品后，投保年龄由原来的 0 周岁至 60 周岁调整为 0 周岁至 55 周岁。富贵人生产品条款中的投保年龄是 0 周岁至 65 周岁，但更新为金裕人生后，投保年龄调整为 0 周岁至 57 周岁。

第二是缩短生存保险金返还期。由于市场竞争加剧，越来越多的公司推出了短周期返还生存保险金的产品，甚至达到年年分红的地步，因此，平安也对其部分分红型两全险产品的生存保险金返还期做了适当的调整。

鸿利产品的生存保险金，由原来的每满三年返还保险金额的 8%，调整为鑫利产品每两年返还基本保险金额的 7%。富贵人生产品的生存保险金由每两年给付基本保险金额的 9%，调整为金裕人生产品的 60 周岁的保单周年日前每两年给付基本保险金额的 10%，60 周岁的保单周年日开始，每年给付基本保险金额的 6%。

第三是调整除外责任条款。根据 2009 年新《保险法》的新变化，平安对相关产品进行了除外责任的改造。表现在原有的鸿利、鸿祥、鸿盛分别更新为鑫利、鑫祥、鑫盛后，产品条款中的"责任免除"部分中，原规定的"本保险人患艾滋病或感染艾滋病毒期间"被删除；原条款"被保险人在本主险合同生效（或最后复效）之日起 2 年内自杀"调整为"被保险人在本主险合同生效（或最后复效）之日起 2 年内自杀，但被保险人自杀时无民事行为能力人的除外"。

第四是细化保单红利的领取方式。按平安人寿保险公司的传统，分红保险红利采取现金红利方式分配，允许保单持有人选择现金、累积生息、抵缴保费、购买交清增额保险等方式。购买交清增额保险方式虽然被宣传为对保单持有人最有利，也有利于保险公司减少即期红利分配的现金流出，但一直存在信息不透明、保单持有人难以理解的缺点，因而较少有投保人选择。三鸿产品更新为三鑫产品后，产品条款细化了"购买交清增额保险"方式的计算方法，使红利领取和计算方式更清晰，并且有据可依。

（三）保险监管机制的变迁进一步强化了分红保险发展的制度激励

2009 年，新《保险法》发布实施，新《会计准则》发布实施，导致人身保险产品保费收入统计规则发生重大变化，分红保险保单的大部分保费可计入保费口径，对保险公司经营利润核算、行业市场份额的排名都产生历史性影响。因此，各寿险公司纷纷开展分红保险产品的开发和创新，进行产品结构的调整。分红两全险独具天然的保险费率高的特点，再加上保险公司采取的短期收费策略，可以快速实现保费规模上升，因而进一步加剧分红两全险的开发、营销和竞争，分红两全险的地位被提到前所未有的高度，保费收入在分红保险保费收入的占比迅速提高，成为中国寿险业发展的真正引擎。

本章小结

本章研究重点在于回顾分红保险的产生及其在中国的发展历程、发展现状，以便为后面章节的研究提供基础。在研究中遵循历史分析的方法，分别应用供求理论和要素理论工具回顾论证了中国分红保险产生和发展的原因，得到以下主要结论：

一、分红保险产生并快速发展是由于产品赋予保险消费者新的权益

第一，分红保险产生的原因。一是保险精算保守而多收了保费；二是保险人为提升竞争力向保险消费者返还一部分多收的保费以及可分配盈余，这就使消费者获得了保险保障和红利返还的双重效用，因此吸引了消费者投保。

第二，分红保险产品具有获得保险监管者认可的六大特征，即定价精算相对保守、体现公平、共享经营成果、承担一定的投资风险、具有一定的抗通货膨胀能力、相比于传统寿险产品有更高的保费费率。但是，相比于同期引进中国的万能保险和投资连结型保险，分红保险独具精算假设保守、信息隐蔽、分红软约束的优点而更有利于保险人。

二、中国分红保险市场的产生和发展是供求双方共同推动的结果

第一，对保险人来说，供给分红保险可以规避利差损风险、快速积累保险投资基金、提高竞争力、满足监管者提出的做大做强保险业的战略目标。

第二，对保险消费者来说，投保分红保险在理论上可以应对中国可能开征遗产税的冲击、满足消费者旺盛发展的理财需求，分红保险独具的理财与保障功能合二为一，一定程度上可以抵御利率风险，保障资金安全，逐步得到了消费者的认可。

三、分红保险适应中国保险市场要素禀赋特点并得到了监管制度扶持

本章应用了"新结构经济学"的部分理论，即一国选择重点发展的产业结构应符合比较优势原则，通过政策和制度安排降低交易成本，同时施以相关的优惠扶持政策推动相关产业发展。在此理论观点的指导下，本章应用要素禀赋理论对中国分红保险市场产生和发展的分析得到与现有常见不同的结论，成为本研究的一个创新点。

第一，发展分红保险险种是提升寿险产业的金融理财资源竞争力的需要。

第二，分红保险适应了中国居民财富增长带来的保险资源增长，更适应了中国居民对"保本"和"分红"心理特点。

第三，中国寿险业人力资源要素特点决定了分红保险产品更适合中国保险市场，因而逐步占据主导地位。

第四，分红保险享受了特殊的发展政策和制度资源的扶持，因而更增强了超常发展动力。

第三章　中国分红保险市场的
监管演进及监管合谋

产业组织理论的研究和发展过程中，非常重视政府规制对市场发展、对消费者福利和社会福利的影响，但其重点在"行政垄断"行为的伤害和反垄断规制政策的制定方面。在中国特有的政治经济体制条件下，体制因素、所有制制度等因素被要求加入 SCP 分析框架才能提高其应用性和解释力。本章将借鉴这样的研究思想，在大量收集整理和分析中国的保险监管机制的历史文献基础上，深入研究中国的保险监管机制特别是分红保险的监管机制和监管者行为对中国分红保险的市场结构、对保险人与消费者行为的影响，进而对消费者权益和福利的影响，为后文的分析奠定基础。

第一节　中国保险市场监管机制的演进

中国商业保险业自 1980 年恢复经营，于 1995 年发布实施《保险法》，但中国保监会于 1998 年才成立，以此标志中国保险监管走上专业化进程。中国于 2001 年 12 月加入世界贸易组织，承诺于 2002 年开始用五年时间逐步对外开放保险市场。因此 1980 年、1995 年、1998 年、2002 年是中国保险监管史上的特殊历史年份。本研究以此为界来划分中国保险监管机制的变迁，可以比较清楚地看到中国保险监管机制的发展特征，更好地理解下文将论述的分红保险监管机制和监管者行为表现特征。

一、1980—1994 年：应急补救式行为监管机制

1980 年，中国商业保险业复业，以企业财产保险为核心业务，保费收

入快速增长，当时国内只有中国人民保险公司唯一一家保险公司，分支机构逐步恢复。1985 年 3 月，由国务院出台《保险企业管理暂行条例》，明确了中国人民银行的监管者地位，同时对保险企业设立的资本金、保险准备金、偿付能力标准等涉及经营风险的相关内容作出明确规定。随后，1986 年，新疆生产建设兵团农牧业生产保险公司成立；1987 年，交通银行保险部（1991 年改制为中国太平洋保险股份公司）成立；1988 年，深圳平安保险公司（1991 年更名为中国平安保险股份公司）成立，中国保险寡占垄断市场开始形成，竞争中各家公司均出现了各种不规范行为。

1989 年，由国务院办公厅颁布实施《关于加强保险事业管理的通知》，提出整顿保险市场秩序的若干措施和办法，再次明确中国人民银行的保险监管职能。但是，市场上依然不断出现各种新型违规、激进的竞争行为，特别是保险产品费率和责任条款风险高企。

1991 年 4 月，由中国人民银行制定颁布实施《关于对保险业务和机构进一步清理整顿和加强管理的通知》，尝试开展费率监管，规定了保险费率、保险条款、保险投资、保险报表等规范监管。其中的突出特点是典型的严格费率监管思维，明确规定同一地区执行同一保险费率的基本原则，规定了保险企业资金运用方向只能是购买各种有价证券、发放流动资金贷款①。

1992 年，美国国际集团 AIG 的友邦保险公司 AIA 成功在上海成立中国第一家外资保险公司，第一次把个人营销员制度带进中国，培养了中国第一代保险营销员，取得了历史性成功。中国平安保险公司、中国太平洋保险公司、中国人民保险公司随即快速学习和发展这一营销模式，寿险市场快速发展。在随后的两三年时间里，日本东京海上保险公司上海分公司成立，民族资本的天安保险公司、大众保险公司等成立。1994 年，中国人民银行批准摩根和高盛两家投资银行向中国平安保险公司参股，外资进一步渗入中国保险业。

1993 年，中国两大重要历史意义的经典经济政策出台，即《关于建立社会主义市场经济体制若干问题的决定》和《关于金融体制改革的决定》

① 施建祥. 中国保险制度创新研究 [M]. 北京：中国金融出版社，2006.

两个重要文件，强调金融监管和分业经营要求，在此基础上，于1994年5月在中国人民银行成立保险监管处，代表政府履行监管职责。

总体来看，这一时期市场竞争主体数量突然提速的同时，市场乱象频出，不规范经营、不正当竞争、保险产品条款和费率混乱问题突出，市场行为监管重要性突出。但是监管力量相对不足，更缺少法律基础设施，制度性、前瞻性监管规范缺位，事后补救惩罚式监管特色明显。

二、1995—2001年：法制化行为监管机制初成

正如制度经济学关于制度变迁相关理论，以及国际金融保险监管制度变迁实践历史所展现的，中国保险市场在改革开放以来快速发展的同时，各种新问题、新矛盾层出不穷，加快建设法律基础设施成为一项重要而紧迫的任务。1995年5月，中国人民银行保险司成立并履行保险监管职责。同年6月，《中华人民共和国保险法》（以下简称《保险法》）颁布实施，最大的特点是第一次明确了产、寿险分业经营原则，标志着中国保险监管步入法制化阶段。随后的一个重要成果，是对当时的国有保险公司进行了分业经营改革。

根据行业发展需要，《保险法》对过往曾经规定的保险合同、保险经营原则、保险监管、保险中介人等内容作进一步改革和细化，进行了法律高度新规定，明确规定了经营行为违规惩罚办法。同时，法律也进一步明确了偿付能力监管要求，对自留保费、未到期责任准备金、再保险率、保险资金运用方向等内容进行了法律上的制约。保险监管机制呈现出行为监管与偿付能力监管并列，以行为监管为重，从偿付能力监管为辅的基本特色。

《保险法》实施后，遵循分业经营的既定监管机制要求，中国人民保险公司改制为中国人民保险集团公司，下设中保财产保险、中保人寿保险、中保再保险公司。与此同时，新华人寿保险、泰康人寿保险公司以及其他一系列中外合资公司成立。保险企业数量进一步增多。相比之下，保险监管力量却未有相应扩张，仍然仅作为中国人民银行的一个部门实施行业监管，监管人力和监管独立性均存在明显不足，而市场违规行为盛行。因此，保险监管机制基本定位在市场行为监管，偿付能力监管有名无实，

仅仅存在于法律法规层面。可以用制度经济学术语评价为：有文本制度、无具体实施机制。

1998 年 11 月中国保监会成立，是中国保险专业化监管起步的划时代重大历史事件，标志着中国保险监管机制法制化基本成型。保监会集中了保险发展和保险监管两大职能，监管的目的是"促进保险业健康发展，最终保护被保险人的利益"，为此遵循"行为和偿付能力监管并重"的基本原则。

1997 年的亚洲金融危机对全球金融经济造成较强烈影响，为各国金融监管敲响了警钟。因此，中国保监会成立后直到中国加入世贸组织的这几年时间，重点工作在于履行规范化监管职责，在保险发展上的职能作用发挥相对欠缺。

中国保监会成立后的第一件大事是实施《保险法》规定的产、寿险分业经营监管，1995 年发布的《保险法》规定的产、寿险分业经营原则得到彻底落实，强调了保险公司名称及其实际业务的规范。首先是撤销原中国人民保险集团公司，三家子公司分别更名为中国人民保险公司、中国人寿保险公司、中国再保险公司。而后，原新疆兵团保险公司更名为新疆兵团财产保险公司；中国太平洋保险公司更名为中国太平洋保险集团股份公司，同时设立中国太平洋财产保险股份有限公司和中国太平洋人寿保险股份有限公司，分别继承原产、寿险业务。

值得一提的是，中国平安保险股份公司拆分成立中国平安人寿保险公司和中国平安财产保险公司，实施集团公司架构下的综合经营，为建成当前号称中国金融业最具竞争力的、具有完整金融业经营架构的、综合金融控股集团公司打开了"政策红利之门"。

期间，1992 年友邦人寿上海分公司成立带来的个人营销员制度，对中国寿险业的发展带来深远影响。到 1998 年，中国寿险业保费收入首度超过财产保险业保费收入，改变了中国保险业产、寿险之间的比例关系。从此，寿险业成为中国保险业发展的引领者，个人营销员制度在其中发挥了特殊作用。

与此同时，由于缺少充分的规范和监管，百万营销员大军的营销行为失范问题、快速扩张的分支机构经营混乱问题、个人寿险冲击下的团体保单变个人险保单的违规问题等，成为中国保监会成立后在市场行为和市场秩序监管方面的第一要务。

本着依法监管的目的，保监会成立后加大力度开展法律法规基础设施建设。短短三四年时间制定实施了多达 200 余件监管规章，同时加速建设全国监管机构体系，推进监管制度和实施机制建设。其中，部分制度对后来的分红保险的发展产生重要历史作用。主要表现如下：

1999 年 1 月发布实施《关于人身保险业务有关问题的通知》，对人身保险条款和费率、代理手续费和佣金、业务经营等问题制定了可操作的规定。2001 年 11 月先后发布《保险代理机构管理规定》、《保险经纪公司管理规定》和《保险公估机构管理规定》等整套保险中介监管制度，并据此开展了专业和兼业中介机构的专项清理整顿工作，同时对保险公司分支机构的手续费支出、保险产品的费率执行和保险责任范围的私自修改等问题进行规范。

2001 年，落实《保险法》对偿付能力的监管要求，制定并发布《保险公司最低偿付能力额度及监管指标管理规定》，规定了最低偿付能力额度的计算方式和认可资产、认可负债的分类和标准。这是中国保险监管向偿付能力监管模式迈出的第一步，当然，由于监管力量不足，尚不具备真正的实践条件。

这一时期，受到亚洲金融危机的影响，中国保监会基本上未放开新保险法人机构的申请筹建，同时严格管控分支机构设立，一切以行为监管和风险防范为出发点。但是，还未建立起有效的保险企业经营风险预警体系。

其中，防范和化解风险的核心工作是化解寿险业的利差损风险。面对中国人民银行连续多次下调存款基准利率，保监会首先实施了严格的费率监管，下调寿险保单预定利率至 2.5% 以防止新的利差损；其次，引导寿险业开展新型人寿保险产品的创新开发，分红保险、万能险、投资连结险等新型寿险因此引入中国市场；再次是建立健全保险精算制度；最后是适当拓宽保险资金投资运用渠道，同时引导保险公司降低成本，减少经营费用，开源节流保基本利润。正是在这样的特殊历史阶段下的特殊目标导向的监管机制，成就了中国分红保险的起步发展。

三、2002—2008 年：三支柱监管体系初步建成

2001 年 12 月，中国正式加入世贸组织，承诺未来五年完全开放保险市场。因此，从 2002 年开始，中国保险监管机制的模式和重点开始了质变，强调市场开放发展为第一要务，树立起加强风险防范的法制化监管理念。

（一）适应对外开放要求第一次修订《保险法》

2002 年修订《保险法》，重点剔除不适应全面对外开放的条款，增加与国际接轨的条款和内容。特别是，为提高民族资本进入保险行业的便利性，根据发展需要调整保险企业和保险中介机构设立的若干条件。但是，因修订时间仓促，论证不够充分，过渡性质明显，修订改进的幅度较保守，遗留下不少问题仍然相当突出，例如保险分业经营和企业的组织形式的约束，保险资金投资范围和比例的约束等。

（二）以"做大做强保险业"为目标导向推进市场建设

这一时期，逐步平衡保险发展与保险监管两个职能目标之间的关系，加强保险功能理论的研究和论证，总结凝练了商业保险八大功能理论，提出了促进"保险业又好又快地发展"战略目标。在遵守"入世"承诺的基础上，逐步引进外资保险公司促进市场竞争，发展专业保险中介促进保险服务质量提升，满足社会和居民的保险服务需求，提高商业保险的保障福利水平。为此，加快了保险企业及其分支机构、专业保险中介机构的设立审批，机构数量迅速增长，从业人员更高速发展，保险业迎来新一轮快速发展机遇。

（三）偿付能力监管机制建设提速

这一时期，监管机制开始与国际保险监管接轨，提出"建立以偿付能力监管、市场行为监管和公司治理结构监管为三大支柱的现代保险监管体系框架"监管模式。为此，积极开展监管制度和机制的优化创新建设，特别是加强偿付能力监管的制度和实施机制建设。于 2003 年发布《保险公司偿付能力额度及监管指标管理规定》，制定了财险公司 11 个监测指标和寿险公司的 12 个监测指标体系，明确了偿付能力额度的计算办法及相应的监管措施。随后，从 2004 年开始实施偿付能力监管，并于当年 8 月第一次

披露了新华人寿、太平洋人寿、中国人寿三家公司存在偿付能力不足问题，对其中一家连续三年严重不足的公司采取了暂停批设分支机构的监管措施①。

此后的几年时间里，保监会在实践中逐步完善偿付能力监管细则，根据实践中出现的各种问题，通过发布《保险公司偿付能力编报规则》及其实施细则指南、问题解释等规章制度的方式不断细化监管标准，其中，2006 年开始要求进行动态偿付能力测试，2007 年第三季度开始按季度报告偿付能力情况，至此初步建成具有中国特色的偿付能力监管制度体系。从 2008 年 8 月开始，为进一步顺应国际偿付能力监管发展趋势，成立了偿付能力监管标准委员会，开展标准研究制定的论证和咨询工作。偿付能力监管的重心从制度建设转向机制和制度并重，逐步建立既适应国情又有一定前瞻性和科学性的偿付能力监管机制。

（四）保险基金投资监管约束放松

拓宽保险资金运用范围和投资比例限制，逐步放宽了投资领域，有效提高了保险基金投资增值能力。著名的保险发展"国十条"《国务院关于保险业改革发展的若干意见》（国发〔2006〕23 号）为保险业发展建设优良的外部环境作出历史贡献。在这一重要文件精神的推动下，保险市场进一步快速发展，产品创新上市速度加快，分支机构和服务网点快速增加，保险资金运用范围得到进一步拓宽，保险与金融部门之间的相互投资渗透活动进一步加强，金融控股集团公司群体得到新发展。特别是，为银行系保险企业的产生和发展奠定重要的制度基础，有力地保障并推动银行保险的深层次合作发展。

四、2009 年至今：消费者权益保障纳入监管目标体系

2007 年，美国次贷危机爆发并引发国际金融危机，也再次推动了国际金融保险监管制度的变革。特别是美国 AIG 集团公司在保险主业经营良好的情况下，由于子公司 AIGFP 的衍生品交易失败导致集团公司濒临破产；

---

① 赵江山. 偿付能力不足成保险公司"生死符". 和讯网，（2004 – 09 – 13）http://insurance. hexun. com/2004 – 09 – 13/101964703. html.

同时，另有多家发达国家知名保险公司由于产品设计缺陷以及投资激进导致公司被迫清算，都对保险监管提出了新的改革要求，国际保险监管部门顺势推动了监管改革与国际合作，重点表现在以下四个方面：

第一是制定"共同评估框架（CAF）"，参照国际银行监管的《巴塞尔协议Ⅱ》制定了保险集团公司统一监管规则。第二是推行欧盟制定的偿付能力标准Ⅱ和美国全美保险监督官协会启动的"偿付能力现代化项目"，推动全球保险业的偿付能力监管制度的升级改革。第三是推动宏观审慎监管，加强市场数据搜集与分析，开展风险预警和压力测试，把防范系统性风险作为监管的第一要务。为此，监管部门尝试加强逆周期监管，以降低金融保险体系的顺周期发展效应，建立行业逆周期机制，缓解监管规定和会计准则等外部规则的顺周期性，通过监管政策来约束薪酬激励制度①等。第四是加强消费者权益保护，制定消费者权益保护新规章，建立专门机构进行权益保障的同时开展消费者教育。中国保监会在尊重中国保险业发展现状的基础上，积极开展了与国际接轨的监管制度及实施机制创新改革。

（一）建立并完善偿付能力动态监管制度

这一时期，监管部门着力研究和改革偿付能力监管机制。在监管过程中，定期发布偿付能力状况，向多家出现偿付能力问题的产寿险公司发出暂停新业务监管令，采取了停止批设分支机构、停止新业务、限制业务规模、禁止发放奖励性薪酬等一系列强硬监管措施，加大监管手段的干预作用，强化保险资本的刚性约束力，对提高行业偿付能力发挥了核心作用。

2009 年初，偿付能力不达标企业达到 13 家之多。为了提高行业偿付能力，保监会在当年先后推动 45 家公司增资扩股 225 亿元，10 家公司发行次级债 180 亿元。最终，截至年末偿付能力不足的公司降到 8 家，寿险业合计偿付能力溢额 1141 亿元。

2010 年 1 月，保监会发布《保险公司偿付能力报告编报规则第 16 号：动态偿付能力测试（财产保险公司）》及其实务指南，开始建立季度偿付能力报告的现场检查制度。同时，开始研究开发偿付能力监管的信息系

---

① 何勇生. 保险监管的国际比较与我国保险监管的法律研究［D］. 大连海事大学博士学位论文，2010.

统，固化监管机制、流程和要求，提高偿付能力监管的科学性和时效性。

2011 年 1 月，保监会发布《保险公司偿付能力报告编报规则——问题解答第 11 号：动态偿付能力测试的第三方独立审核》及实务指南，真正落实动态监管。

2012 年进一步加速推进第二代偿付能力监管制度和机制体系研究和建设，出台了若干紧跟国际监管机制发展的新制度。例如，《关于保险公司加强偿付能力管理有关事项的通知》（保监发〔2012〕55 号）要求保险企业建立偿付能力管理机制；出台《〈人身保险公司年度全面风险管理报告框架〉及风险监测指标的通知》（保监寿险〔2012〕193 号）等文件，开始建设全面风险管理制度。

2013 年开始进一步细化险种的偿付能力监管标准，在 2011 年发布的《保险公司偿付能力报告编报规则——问题解答第 12 号：变额年金、农业保险、季度报告预测信息》的基础上，新发布《保险公司偿付能力报告编报规则——问题解答第 14 号：城乡居民大病保险最低资本》，制定了城乡居民大病保险的偿付能力监管新标准。

为顺应中国金融理财市场发展要求，鼓励寿险行业提高金融理财市场竞争力，提高寿险企业的投资运营能力以提高保险偿付能力，还进一步放宽了保险基金投资范围和提高了投资比例，例如，对保险基金直接投资股票比例予以提高，以提高保险公司投资增值能力。

根据保险资金投资范围和比例的新变化，加强了投资资产监管制度和机制建设，通过了《保险公司偿付能力报告编报规则——问题解答第 15 号：信用风险评估方法和信用评级》、《保险公司偿付能力报告编报规则——问题解答第 16 号：基础设施债权投资计划》、《保险公司偿付能力报告编报规则——问题解答第 17 号：非保险类金融机构发行的金融产品》、《保险公司偿付能力报告编报规则——问题解答第 18 号：未上市企业股权投资基金和股指期货》、《保险公司偿付能力报告编报规则——问题解答第 19 号：委托投资和境外投资资产》等文件规范。

（二）改革保费收入的会计规则以推动保险产品供给结构变革

这一时期更突出的监管制度变化还在于根据中国《会计准则》的变化，制定了保险企业会计准则，修订了保费统计核算规则，成为推动中国寿险市场分红保险险种大发展，万能险、投资连结险市场快速萎缩的一大动因。

特别是，坚持寿险内涵价值监管基础上的保险产品创新改革。在贯彻落实国务院《关于当前金融促进经济发展的若干意见》（国办发〔2008〕126 号）文件精神的基础上，出台《关于加快业务结构调整进一步发挥保险保障功能的指导意见》（保监发〔2009〕11 号）、《关于开展变额年金保险试点的通知》（保监寿险〔2011〕624 号）、《保险公司城乡居民大病保险业务管理暂行办法》（保监发〔2013〕19 号）等文件，加大力度发展风险保障型和储蓄型人身保险产品，主要包括意外伤害保险、健康保险、养老年金保险、定期寿险和有效保额不低于 10 倍期交保险费或 2 倍趸交保险费的终身寿险、两全保险，促进寿险产品回归保险保障本色，促进寿险行业在服务"三农"、健康、养老等重点领域的发展。

（三）构建消费者权益保障监管机制

顺应国际金融保险监管变革，于 2011 年 4 月成立了保险消费者权益保护局，成为中国金融监管部门率先成立的消费者保障机构，专门承担消费者权益保护的相关职责。

事实上，国际金融危机警示了监管部门，保险偿付能力监管的目标应该是设定可以接受的偿付能力最低水平，把偿付能力不足企业的影响，特别是对保险消费者的不良影响降至最低程度。而保险监管部门除了关注保险企业的偿付能力问题外，还需要关注保险企业和行业的保险产品、保险服务和保险信息是否公平地对待消费者，是否存在消费者被置于不公平、不公正的不利地位，保险企业之间是否获得平等的竞争环境等。

相对而言，西方发达国家更加注重消费者权益的保护监管。Klein（1995）指出，保险监管的主要目的在于保护保单持有人免遭保险人破产所带来的风险；Kjetil 和 Stein（2001）则以挪威人寿保险为背景深入研究了监管对保单持有人的利益保护问题。

而长期以来中国保险市场充斥的销售误导、非正常拒赔、惜赔之类的问题，消费者的过度维权或者合理维权失败，根源在于销售队伍的管理，也与消费者自身的保险知识极度缺乏有关。因此，保险消费者权益保护工作的起点首先在于保险消费者教育，其次是存量保单的理赔权益保护，最后才是增量保单的销售环节的权益保护。中国保监会遵循了这样的逻辑和客观事实，从以下几个方面开展消费者权益保护和监管制度建设。

第一是开展保险消费者教育。借助互联网向社会公众宣传保险运行的基本原理和实务流程等方面系统的保险知识，开展保险知识教育。同时，下发《关于做好保险消费者教育微博推广及后援工作的通知》（保监厅发〔2012〕64 号），利用社会公众喜爱的方式拓展灵活多样的教育。

第二是加强保险理赔和保险服务环节监管。相对而言，非寿险的核赔过程较长，理赔和服务环节出现了更多有损消费者权益的问题，因此，近年来监管部门更多地加强农业保险、机动车辆保险、交强险及其他一般财产保险的理赔和服务环节监管。2012 年 1 月以来，发布《关于加强农业保险理赔管理工作的通知》，以提高农业保险理赔服务质量，保障投保农户的合法权益；下发《中国保监会关于加强和改进财产保险理赔服务质量的意见》《关于开展财产保险积压未决赔案清理专项工作的通知》《中国保监会关于综合治理车险理赔难的工作方案》《关于加强组织财产保险积压未决赔案清理专项工作的通知》《关于做好财产保险积压未决赔案现场检查工作的通知》《关于财产保险积压未决赔案公司自查清理情况的通报》《关于印发〈机动车辆保险理赔管理指引〉的通知》等一系列文件，清理财产保险理赔积案。

第三是加强新增保单的销售环节监管。重点是解决人身险销售中存在的严重损害消费者权益和保险行业声誉的销售误导问题，发布了《关于人身保险业综合治理销售误导有关工作的通知》《人身保险销售误导行为认定指引》《人身保险公司销售误导责任追究指导意见》《关于进一步规范保险中介市场准入的通知》等文件，逐步建设权益保障制度环境。同时，针对近几年快速发展的电话营销中出现的扰民问题，制定并出台了《关于尽快遏制电销扰民有关事项的通知》《关于规范财产保险公司电话营销业务市场秩序　禁止电话营销扰民有关事项的通知》等文件，建设有针对性的监管制度。

第四是加强保险产品创新监管。在丰富产品供给以满足居民保险需求的同时，促进供求双方利益公平、社会公平。针对机动车辆保险竞争中出现的各种乱象，出台了《关于加强机动车辆商业保险条款费率管理的通知》（保监发〔2012〕16 号），《机动车辆商业保险示范条款》两个文件规范费率和条款。根据《国务院关于修改〈机动车交通事故责任强制保险条例〉的决定》（中华人民共和国国务院令第 630 号），修订了交强险理赔规定。

在人身险领域，通过《全面推广小额人身保险方案》推动小额人身保险发展，满足低收入人群的保险保障需求；通过《关于健康保险产品提供健康管理服务有关事项的通知》推动商业保险参与社会医疗保障体系建设；发布《关于进一步加强财产保险公司投资型保险业务的通知》（保监发〔2012〕40 号），以促进和规范投资型财产保险产品发展，满足居民的新需求；发布《关于人身保险伤残程度与保险金给付比例有关事项的通知》（保监发〔2013〕46 号），规范意外伤害保险核赔与理赔问题。

特别重要的是，《中国保监会关于普通型人身保险费率政策改革有关事项的通知》（保监发〔2013〕62 号）放开了普通寿险的 2.5% 的预定利率约束，但仍然保持对分红型、万能型人身险保证利率约束，在中国人身保险发展中具有新里程碑意义，将更好地保障人身险消费者权益。

第五是加强消费者权益保障的基本制度和环境基础设施建设。消费者权益保护是一项系统工程，是监管部门的各项监管职能的综合反映，需要各个监管部门统筹建设，从制度建设和实施机制建设两方面着手攻关。在基础制度方面，出台了《关于做好保险消费者权益保护工作的通知》（保监发〔2012〕9 号），从建立完善保险消费者权益保护工作制度和体制、加大信息披露、接受社会监督等九个方面提出具体解决办法。出台了《关于坚定不移推进保险营销员管理体制改革的意见》，以从营销管理制度源头遏制销售误导损害消费者权益现象。出台了《关于建立保险消费者权益保护工作社会监督员制度的通知》、《保监局局长接待日工作办法》（保监消保〔2012〕316 号）、《中国保监会关于报送年度信息披露报告的通知》（保监厅发〔2012〕65 号）。

在消费者权益保护机制建设方面，重点建设 12378 保险消费者投诉维权热线，建设由人民法院系统与保监系统合作、保险公司参与的保险纠纷诉讼与调解对接机制，促进依法、公正、高效、妥善化解矛盾纠纷。先后下发《关于规范人身保险业务经营有关问题的通知》（保监发〔2011〕36

号)、《关于开展人身险公司客户满意度测评工作的通知》，选择市场份额
较大的 11 家人身险公司开展客户满意度测评工作，为建立标准化保险服务
打基础。下发《关于进一步加大力度规范财产保险市场秩序有关问题的通
知》（保监发〔2012〕39 号）、《关于加强反保险欺诈工作的指导意见》
（保监发〔2012〕69 号)，更深入开展市场秩序监管，打击保险欺诈行为。

第二节　中国分红保险市场的监管合谋

　　历经多年的坎坷发展之后，分红保险产品逐渐占据了中国人身保险市
场的绝对引擎地位，特别是其中的分红两全型保险产品成为各家保险公司
的集体选择。这种发展模式虽然可以达到快速实现保费收入翻倍增长的粗
放发展目标，但也为最近几年的寿险市场发展低迷、退保潮涌留下祸根。

　　回顾历史，2004 年中央财经大学郝寅苏教授的研究报告引发了中国保
险业"泡沫论"争论①，对分红型银行保险产品性质的质疑和争论引起社
会的关注。而多年来分红保险特别是分红型银行保险产品的分红率低、退
保潮涌，近几年来寿险业持续低迷发展甚至负增长的现实，无不成为分红
保险发展备受诟病的原因。

　　如何理解这样的发展现象和问题？不论是监管部门还是学界、保险业
界，多数研究结论归为保险企业微观经营模式、理念、方式等诸如此类层
面，归因于保险创新不足、保险投资不足而收益率低、营销员制度缺陷、
代理人销售误导、保险分支机构违规经营、银行网点销售误导等表象，责
任基本归为保险企业、保险行业的管理和形象问题②。

　　然而，冰冻三尺，非一日之寒。利益集团理论、捕获理论、公共选择
理论等理论学派，各自从不同角度证明了监管与被监管者双方之间的博弈
是导致监管制度效率高低的重要因素。销售误导问题、理赔难问题、保险

---

① 郝演苏：保险"泡沫"真相［N］. 21 世纪经济报道，2004 - 10 - 22.
② 中国保监会：《关于印发项俊波主席在全国保险监管工作会议上讲话的通知》（保监会
〔2012〕1 号)，中国保监会网站。

产品同质化问题、人才缺口问题等，都是伴随着近二十年来保险业快速发展中长期存在、长期得不到根本解决的"老大难"，这可以从监管制度及其实施机制的缺陷中寻求部分答案。

在本书研究中大胆猜测，中国分红保险市场在这十多年来毁誉参半的发展历程中，是否有监管者与被监管者之间的合谋博弈行为？因此，本节将以合谋理论为指导，考察分析中国分红保险市场监管中的监管合谋及其对分红保险市场结构和市场行为的影响，进而对绩效的影响，为全文的研究提供坚实的现实依据，为进一步提出促进监管机制改革对策奠定基础。

一、中国保险市场中的合谋问题研究现状

保险市场特有的严重的信息不对称现象导致了大量的道德风险和逆向选择行为，也产生了合谋行为、欺诈行为，广泛分布于保险人、中介人、投保人（及被保险人）、其他保险服务供应商（例如医疗、会计与审计部门）之间。从中国知网、维普科技期刊、万方学位论文等检索情况看，国内对保险合谋问题的研究不多，落后于大金融市场和金融监管合谋的研究，特别是落后于证券市场合谋问题的研究。在并不多见的文献中，研究方向基本局限于厂商合谋、保险欺诈合谋，极少触及产业组织即监管合谋层面。

例如，张玲（2011）[①]对保险公司内部审计的研究发现，审计过程中的合谋问题在保险行业内同样存在。在大型中资保险公司中，总公司、内审部门与分公司之间存在严重的合谋问题，为此实施平衡报酬和惩罚的最优激励水平机制，即给予审计部门更高的报酬，而降低对分公司的惩罚程度，赋予分公司部分信息租金。

保险欺诈，特别是被保险人与保险相关服务供应商之间的合谋欺诈现象，例如，车辆保险中的维修厂商与被保险人的合谋，医疗保险中的医生与被保险人合谋等，吸引了多数研究者的注意，研究成果相对成熟。Townsend（1979）证明，审计者可能与被保险人合谋问题[②]，Ma 和 McGuire（1997）

---

① 张玲. 总分公司体制下保险公司合谋问题的激励研究 [J]. 上海管理科学，2001 (6)：28 - 31.

② Townsend R. M. , Optimal Contracts and Competitive Markets with Costly State Verification [J]. Journal of Economic Theory, 1979 (21)：265 - 293.

研究了合谋问题造成的保险人对服务供应商的支付以及对保险合同的影响。而 Ma 和 Alger（2003）则证明，并非所有保险服务供应商都会发生与被保险人之间的合谋，因此，只有当合谋比例达到较高程度时，保险人才需要通过提供标准的次优合同以防范合谋的影响①。

李立（2008）② 研究被保险人与服务供应商的共谋型保险欺诈问题，提出保险人垂直一体化服务以部分缓解此类合谋问题的观点。姜学勤，邓双（2010）③ 提出保险人通过加重惩罚来防止保险代理人与投保人之间的合谋；类似的有黄炜、单娇等（2013）④ 基于保险核查和保险监管视角的防范两类保险合谋欺诈问题。

中国保险市场存在比较高的市场集中度和垄断程度，在传统的共谋假说看来，特别是在 SCP 范式的产业组织理论看来，高度的市场集中可能源于大公司之间的合谋。但是，黄薇（2005）⑤、刘江峰，王虹（2005）⑥ 等多个研究结论认为，国际保险市场上可能存在的共谋假说和有效结构假说都不适用于中国保险市场。中国保险市场的高寡头垄断和低绩效共存是中国特有现象，根本原因在于特有的行政性垄断配置资源、居民保费支出能力约束强、政策性进入退出壁垒维护了国有资本公司的先天垄断地位等，高市场集中度的产生源于政策安排而非市场内生。任韬（2007）等从保险人之间的博弈对市场价格的影响视角的研究发现，在其他条件不变的假设下，保险人规模差距缩小有助于降低价格而提高社会福利水平，而规模差距太大，特别是存在寡头垄断的结构时，客观地赋予大规模保险人垄断定价权，将导致市场创新机制弱化和消费者福利降低。因此，需要更多政策

①　Ma, Ching – To A. and Ingela Alger, Moral Hazard, Insurance and some Collusion [J]. Journal of Economics Behavior & Organization, 2003 (5)：225 – 247.

②　李立. 保险人与服务提供商的关联模式与共谋型保险欺诈研究 [J]. 南方经济, 2008 (9)：72 – 80.

③　姜学勤，邓双. 保险欺诈的防共谋博弈与最优核查成本分析 [J]. 中国保险学会第二届学术年会入选论文集（理论卷2），2010.

④　黄炜，单娇，代娟. 核查成本与防范共谋欺诈风险的博弈选择 [J]. 保险研究, 2013 (11)：61 – 69.

⑤　黄薇. 我国保险业的市场结构与绩效研究 [J]. 金融教学与研究, 2005 (5)：58 – 61.

⑥　刘江峰，王虹. 我国保险产业市场结构与绩效的关联性分析 [J]. 软科学, 2005 (5)：18 – 20.

促进中小型保险人的发展。

此外，保险公司巨大的规模也并未带来更高的利润回报，市场结构对绩效的促进作用也并不明显，因此需要加强经营改革（高蓉蓉，2013）[①]。

李志刚（2011）等对中国保险制度变迁的适应性效率实证研究给本书一定启示。其核心观点认为，中国保险制度系统以产权制度为核心，保险制度适应性变迁的目标在于满足国家效用。实证结论认为，尽管这三十年来中国保险业发展速度领先于 GDP 增长，但是却严重滞后于经济社会环境的发展，即中国保险业在相当长时间畸形发展，不具备诺思提出的制度变迁适应性效率[②]。聂辉华（2013）建立"政企合谋"分析框架，对中国经济发展的"高增长、多事故"特有模式的分析论断中有类似的观点[③]。

尽管上述实证研究认为中国保险市场并不支持保险公司之间（即市场代理人之间）的共谋假说，但并不影响曹乾提出中国保险业的厂商合谋倾向的主要影响因素（见表 3－1），其中部分因素得到本研究认同，例如关于产品的同质性、行政垄断、个人保险的买方力量弱、保险公司间的人才流动在客观上促进了保险人之间的信息交流等。

表 3－1　　　中国保险业合谋倾向：影响因素角度的考察

因素分类	因素名称	大小（高低、强弱）	合谋倾向强度
结构因素	集中度	非常高	大
	厂商对称性	较对称	较大
	产品同质性	高	大
	进入障碍	较大	较大
	相互持股	小	小
	产品同质性	高	大

---

① 高蓉蓉. 我国人寿保险公司市场结构与绩效关系分析——基于 SCP 范式 [J]. 企业经济，2013（7）：172－175.

② 李志刚. 基于适应性效率的中国保险制度变迁研究 [D]. 吉林大学博士学位论文，2011.

③ 聂辉华. 政企合谋与经济增长：反思"中国模式" [M]. 北京：中国人民大学出版社，2013.

因素分类	因素名称	大小（高低、强弱）	合谋倾向强度
需求因素	常规订单、订单的频率	难以确定	难以确定
	买方力量	弱（个人保险）	大（个人保险）
	需求弹性	较大	较小
	需求的变化	稳中有升	较大
信息因素	价格透明度	高（公司之间相互了解）	大
	信息交流	频繁	大

资料来源：曹乾. 中国保险业的合谋倾向强度：一个理论分析框架［J］. 广东商学院学报，2006（3）：43 - 46.

唐要家（2009）① 应用了"监管合谋"理论对浙江租赁车辆保险保费集体上涨的案例进行研究，认为这是一起得益于行政性进入和退出限制下的高寡头垄断市场结构，产品差别化程度低、政企不分的保险业监管体制和职责定位不科学的行业协会体制的监管合谋，对本研究提供了重要的借鉴意义。

二、中国分红保险市场的监管合谋特征

（一）中国保险市场的多重委托代理关系

保险市场是一个多重委托代理关系市场，也是典型的信息不对称市场。因此，存在着各种形式的逆向选择和道德风险行为，包括多方的合谋行为。例如，黄炜（2013）等研究的保险欺诈中的代理人与投保人合谋、保险人与代理人合谋行为等，需要通过监管防范可能造成的风险后果。

根据中国的政治经济体制特点，结合中国保险监管制度的建设和发展历程，本研究以居民的保险需求为起点，绘制了如图 3 - 1 所示的保险市场多层次委托代理和监督关系图，其中，双箭头的两个主体之间存在委托代理关系，单一箭头指向的两个部门之间仅存在单一方向的监督关系。

---

① 唐要家. 保险行业市场竞争与反垄断研究——论为什么保险行业提高保费是可实施的？［J］. 国有经济评论，2009（1）：69 - 84.

1. 中国保险市场复杂的委托代理关系谱

第一个委托代理关系，应该建立在居民与保险供给人之间。"保险供给"代表了保险供给方，包括保险人、保险中介人。在理想情况下，居民仅需要与保险人签订保险契约就可以享受保险保障。但是，由于受信息不对称、专业知识欠缺、法制体系不完善、保险契约本身的不完备、保险人的经营能力等种种主观、客观因素影响，可能使居民的权益受损，因此提出了法律保护要求。

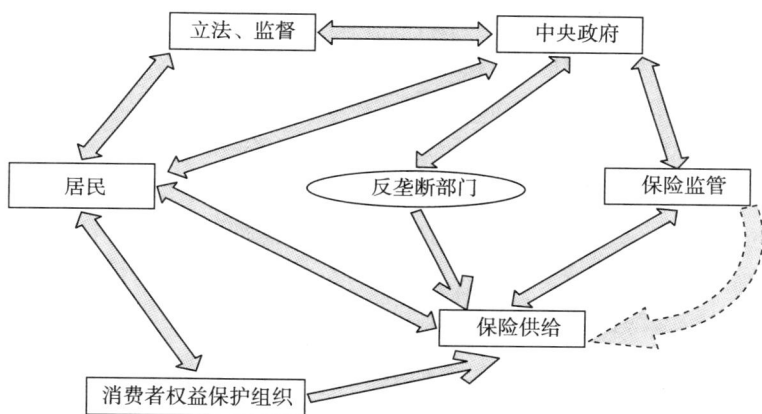

图 3 - 1　中国保险市场多层次委托代理和监督关系图

第二个委托代理关系是居民通过选举人民代表大会代表的方式，建立起立法和执行监督的委托代理关系，"委托"立法部门（全国人民代表大会）立法建制对市场进行政府规制；"委托"中国特色的、拥有法定监督权力的全国各级人民代表大会常务委员会进行政府规制执法的监督，通过法律制度和具体的实施机制保障居民的保险消费者权益。

第三个委托代理关系发生在全国人民代表大会（立法）与中央政府（国务院）之间。全国人民代表大会"委托"中央政府（国务院）承担专业性的保险市场行政法规制定和执行。按中国特色的政治体制，中央政府同时接受委托人和全国政协的监督。

第四个委托代理关系发生在居民与中央政府（国务院）之间，根源于居民不断增长的保险产品和保险服务需求。居民委托政府建设和发展健康的保险市场，增强保险供给，促进市场均衡。正如中国共产党十三大报告所明确指出："社会主义初级阶段的主要矛盾是人民日益增长的物质文化需要同落后的社会生产之间的矛盾。"

第五个委托代理关系发生在中央政府（国务院）与保险监管机构之间。中国的保险监管机构以中国保险监督管理委员会及其下属机构为核心，还包括保险行业协会、保险学会等行业自律性组织，分别在保监会系统的领导下承担不同领域的次要性、辅助性监管责任。

由于中央政府（国务院）接受了由全国人民代表大会委托的"立法"、"执法监管"责任，同时又接受了居民委托的"发展保险"责任，必然地，中央政府把所有义务和权力都"委托"给了下属的保险监管部门。

因此，中国保险监督管理委员会作为"国务院直属事业单位"，承担了制定和执行行业发展战略规划，"起草保险业监管的法律、法规；制定业内规章"，并"依法监管"和"处罚"相关保险经营主体违法违规行为的权利。

简单地说，三权合一，中国保险监管人同时承担了"立法"、"执法"、"发展市场"三重职责，这是本节研究的逻辑起点。

第六个委托代理关系发生在中央政府（国务院）与反垄断部门（当前是国家发展和改革委员会），委托该部门代为检查并处罚保险市场的垄断行为。虽然在中国保险监督管理委员会的职责中包含了"依法对保险机构和保险从业人员的不正当竞争等违法、违规行为以及对非保险机构经营或变相经营保险业务进行调查、处罚"[①]，但未明确"反垄断"这一特定职责。按中国现行政治经济体制特点，这一职责归属于国家发展和改革委员会。

第七个委托代理关系发生在保险监管部门与保险供给人之间，保监会委托市场主体发展保险供给，以完成中央政府的委托责任。保险供给人成为保险监管部门完成发展市场、丰富保险供给战略规划的代理人。

第八个委托代理关系发生在居民与消费者权益保护组织之间。当居民的保险消费权益受侵害之后，可以寻求各级各类消费者权益保护组织的帮

---

① 中国保险监督管理委员会网站，关于保监会"主要职责"介绍第7条。

助进行依法维权。

2. 中国保险市场上的三个单向监督或监管关系

除了这八对委托代理关系之外，还有三个单向的"监管"或"监督"关系：

第一个单向监督关系发生在保险监管部门与保险供给人之间，即通俗意义理解的保险监管。以中国保监会及其分支机构为核心，领导各级保险行业协会、保险学会及其他保险同业公会之类的自律性组织，对保险市场上的各类主体，包括保险人、专业和兼业保险中介人、与保险相关的其他专业团体进行监督管理。其中的核心监管关系发生在保监会系统与保险人之间。

第二个单向监管关系是反垄断部门对保险市场的垄断行为监管。2014年首次发生了国家发展和改革委员会对浙江保险行业协会及相关涉案保险公司的反垄断调查和处罚案例。这种监管行为发生频率极低。

第三个单向监管关系发生在各级消费者权益保护组织与保险供给人之间，发生频率较第二个单向监管关系略高。这种保护组织除了接受保险消费者的投诉维权之外，还可能主动对保险业提出监督性要求。近几年来发生的几个省级"消费者协会"对保险合同"霸王条款"的监督事件，就是典型案例。

（二）中国分红保险市场中的监管合谋行为

从图3-1及分析说明可以看出，居民（保险消费者）本质上是保险监管人的最终委托人。由此，可以把委托代理关系简化成"居民（保险消费者）—保险监管人—保险人"的典型的拉丰学派的P—S—A关系，保险监管人获得了"三合一"权利代理，与保险人之间不但有单向监管关系，更有保险发展的委托代理关系。显然，这两种关系是相对对立的矛盾统一关系，因此可以采用拉丰学派的P—S—A范式进行合谋问题的研究。

基于此，本书结合文献分析与历史分析方法，循迹分红保险市场的发展历史，逐一考察其中可能存在的监管合谋问题，认为在以下几个主要方面表现突出。

1. 保险代理人销售分红保险产品的准入资格监管合谋

分红保险市场发展中备受世人诟病的销售误导问题，一般认为与代理人素质和管理制度、管理机制密切相关。早在 1996 年由中国人民银行受托执行保险监管职责的时期，出台的《保险代理人管理暂行规定》第六条规定了"保险代理人参与资格考试并获得《保险代理人资格证书》"；第七条中规定"具有高中以上学历或同等学历的个人可以报名参加保险代理人资格考试"。

但是，这两条基本准入资格最终由于保险人的集体"抵制"而一再延缓实施。直到加入世界贸易组织后，各种资本成分的保险人快速增加，市场竞争日益激烈，监管当局一再强制推行相关规定，特别是原有的几个大型寿险公司的老一代营销员逐步退休或脱离保险营销队伍后，保险代理人队伍才逐步达到这样的基本制度要求。

2000 年 2 月 28 日，中国保监会发布了《关于下发〈分红保险管理暂行办法〉、〈投资连结保险管理暂行办法〉的通知》（保监发〔2000〕26号），其中的《分红保险管理暂行办法》第九条规定了分红保险的销售人员应当具备三个条件：一是参加过分红保险专门培训且合格；二是有一年以上寿险产品销售经验，且业绩良好；三是没有严重违规行为和欺诈行为。

这样的约束条款除了第一款属于软约束规定外，第二款、第三款规定均属于硬性规定，对保险公司经营产生了较强的约束力，因而引发了被监管者的反弹。制度尚未执行满一年，同年 12 月保监会即出台了《关于分红保险销售人员从业年限条件的通知》（保监发〔2000〕252 号），特别地强调"为推动分红保险市场的发展，经研究，决定取消《分红保险管理暂行办法》第九条中关于分红保险的销售人员应具备'有一年以上寿险产品销售经验，且业绩良好'的规定。"

而 2000 年 8 月出台的《保险兼业代理管理暂行办法》中并未明确规定兼业代理机构中的保险产品销售人员资格问题。是疏漏？是受保险人利益集团捕获，还是被银行、邮政兼业代理利益集团捕获？

监管制度的不完备，直接导致兼业代理机构在开展业务过程中，大量不具备保险代理从业资格的人员、大量即便获得了从业资格证书但不具备充分的分红保险知识的营销员直接开展业务，必然地，大量的保险纠纷因此埋下祸根。

在随后的长期时间里，分红保险市场出现大量的销售误导现象，社会各界均提出了各种置疑。为了提高保险代理人素质，促进保险业的稳定和健康发展，保监会于 2005 年 11 月发布了《关于加强保险中介从业人员继续教育管理工作的通知》（保监发〔2005〕107 号），要求对各类保险中介从业人员开展岗前培训、委托代理培训、后续教育、继续教育四个层次的培训。其中，特别要求不具备培训条件的保险公司或中介机构，应委托经认证的社会培训机构开展培训和教育工作。

但是，制度仅实施了两年，就因行业的反弹而终止。更重要的是，除了少部分省市能真正贯彻落实制度要求，明确要求各家保险公司、专业中介机构的中介从业人员必须参加社会培训机构的培训外，多数省市仍沿袭原有的培训制度，仍然由保险公司或专业中介机构承担所属从业人员的继续教育。换言之，该监管要求从实施的第一天起就已经在多数地区无效，即出现了"监管失灵"的严重后果。

导致这几起特殊历史事件的发生，可以用规制经济学中的"利益集团理论"或者"集体选择非理性"、"俘获理论"等来解释，但最终都必须归因到具体的监管者，可能是基层监管机构的监管者，例如关于中介从业人员的继续教育问题在不同省市被不同方式执行；也可能归因到更高层的监管者，如关于分红保险销售资格的监管机制失效。

当然，这种拉丰定义的"SA 型合谋"中，并未带有监管者的个人经济利益上的追求，但有"稳定"、"和谐"的监管利益目标，即行业利益重于消费者利益的定位取向，与其他文献中的监管人（或政府部门负责人）基于贪腐目标的合谋有本质区别。

历史已经客观地证明，中国保险监管者对分红保险营销代理人的监管合谋行为，为后来的大面积销售误导现象，为行业的差乱形象埋下伏笔。最关键的是，所有保险个人代理、专业和兼业代理人不规范营销行为的一切后果由保险人和保险消费者共同承担，但损害的更多是保险消费者利益，直接伤害保险消费者应有权益，损害保险消费者福利和社会福利。

2. 分红保险的产品经营信息监管合谋

一般认为，保险市场发生的各种道德风险、逆向选择、欺诈等行为均可以从信息不对称、契约不完全中找到答案。但是，分红保险产品的经营信息不对称问题在监管合谋的影响下变得更严重，危害之重已经在发展中体现，前面的章节已经有所论述。现行监管机制中的经营信息监管合谋现象，可以按投保前、投保过程中、投保后三个阶段分别说明，主要表现在以下几个方面。

（1）投保前：产品信息获取困难，增加信息搜寻成本。货比三家是消费者的正常消费心理，因此，长期以来居民谋求了解不同保险公司的类似保险产品的保险责任、除外责任以及保险费率的差异，也更迫切需要了解各家公司产品分红率的差异，以指导科学投保。

正是基于这样的原因，德国保险监管制度强调了保险人负有合同签约前信息告知义务，把产品条款甚至包括分红保险的历史分红信息告知投保人以便投保决策；而英国强调保险人向社会公布可分配盈余来源及分配的详细信息，供保单持有人及潜在的投保人进行投保风险评估。

但是中国居民很难获取到这样的信息，不论是保险公司还是保监会，均以商业机密为由拒绝向社会公布产品条款、费率和历史分红等重要信息。2009年，作为辅助监管部门的中国保险行业协会，在其网站上发布了产寿险各家公司历史保险产品的名称及条款供消费者查询了解，但未公开各产品的费率。

受益于保险消费者权益保护制度的建立，保监会网站也于2012年后公布了各家公司报批备案的保险产品，但只有产品名称、报备年度之类的极简单信息，而没有详细的条款内容，更没有费率信息。这样的信息只是告诉社会，某公司曾经备案过某一产品的名称，仅此而已，信息量极其贫乏。

各家公司在其官方网站上公布的在售保险产品一般没有详细的条款信息，只有经过整理的"产品特色""话术式"的营销策划性介绍，部分公司可能会进一步允许居民以"试投保"方式来测试投保某产品的保险费情况，如意外伤害保险、短期健康险这一类无须体检的保障性产品。

对于分红保险产品的各年度分红情况，则属于现行监管机制直接保护的商业机密和行业机密，不允许各家公司借助各种媒体公布和宣传。但是，众所周知的万能险、投资连结型保险则由于保险产品本身特点，各家公司均可以并争相在官方网站、公众门户网站以及报纸杂志等传媒公布其结算利率，以相对透明的权益损益信息换得社会居民的认可，一度引发火热投保、快速发展。直到2009年中国保险会计准则变迁，保费计算规则发生重大转变，同时国内外资本市场、货币市场投资环境趋紧，才使万能险产品的新保单增长率下降，但并未发生类似分红保险的大面积退保潮现象。

从表3-2、表3-3可以清楚地看到，在同样的市场条件下，万能型寿险产品的监管力度更大，产品的结算利率信息以及保单利益都比分红两全险透明，年累计新增承保人次和年末有效承保人次逐年快速上升，而分红型产品，特别是分红两全型产品的有效人次增长率就相对落后，甚至出现了新增承保人次的负增长。

表3-2　　　　　**各创新型险种的年度"累计新增承保人次"**

定基增长率横向比较　　　　　单位：%

年份 项目	2005	2006	2007	2008	2009	2010	2011	2012	2013
分红保险	-33	-35	6	23	59	80	64	58	23
分红两全	-47	-48	-22	3	38	59	44	14	-5
万能寿险	248	426	1348	1880	1172	1251	1319	1363	2432
投资连结	-61	-71	330	372	-2	-9	-16	-55	-49

注：以2004年为基期计算。

数据来源：中国保监会统计信息系统，经作者二次整理。

表3-3　　　　　**各创新型险种的年度"期末有效承保人次"**

定基增长率横向比较　　　　　单位：%

年份 项目	2005	2006	2007	2008	2009	2010	2011	2012	2013
分红保险	33	54	75	124	187	246	292	346	369
分红两全	21	41	50	84	133	199	238	270	281
万能寿险	127	286	670	1308	1686	2011	2287	2584	3129
投资连结	39	33	82	128	101	89	79	72	64

注：以2004年为基期计算。

数据来源：中国保监会统计信息系统，经作者二次整理。

（2）投保过程中：风险信息告知义务不对称约束，提高了逆向选择风险。2000 年分红保险在中国面世之初，监管人出台了《关于规范人身保险经营行为有关问题的通知》（保监发〔2000〕133 号），明确规定"保险公司及其代理人应正确宣传人身保险产品，不得夸大或变相夸大保险合同的利益，不得预测不确定的利益"。但是实际上，该规定显然早已经被保险公司和保险代理人抛诸脑后，从第一天销售分红保险开始就未遵守过"不得预测不确定的利益"规制要求。最直接证据就是代理人借助虚拟的分红保险利益演示工具，以假设的红利收益说服投保人签订契约。

针对代理人在营销分红保险产品过程中借助演示材料夸大产品功能，特别是夸大产品的积蓄和投资增值功能的现实，监管人先后出台了一系列规制文件进行约束。例如，《关于人身保险新型产品信息披露有关问题的通知》（保监发〔2002〕77 号），规定"对于分红保险，暂定高、中、低三个演示利率分别不得高于 6%、5%、4%，现金红利累积年利率不得高于 3%"；2009 年根据发展变化，在《关于执行〈人身保险新型产品信息披露管理办法〉有关事项的通知》（保监发〔2009〕104 号）中规定了"用于利益演示的分红保险的高、中、低三档假设投资回报率分别不得高于 6%、4.5% 和 3%，现金红利累积年利率不得高于 3%"。

换言之，监管人宁愿保险公司及其代理人以模拟的利益而非真实的历史分红数据来说服消费者投保！毫无疑问，一旦消费者发现分红率远低于预期，低于"演示利率"，不满和退保便成为必然。

面对每年都大量出现的分红保险保单退保潮和投诉纠纷，监管人强调保险代理人必须在引导投保人投保时进行标准化的信息告知。特别是，为顺应 2009 年新修订《保险法》的相关法律变迁要求，在 2009 年 5 月的《关于推进投保提示工作的通知》（保监发〔2009〕68 号）中，要求销售人员进一步提示投保人关注下列事项："分红水平主要取决于保险公司的实际经营成果。……产品说明书或保险利益测算书中关于未来保险合同利益的预测是基于公司精算假设，不能理解为对未来的预期，红利分配是不确定的"，以及"请您正确认识人身保险新型产品与其他金融产品……您不宜将人身保险新型产品与银行存款、国债、基金等金融产品进行片面比较，更不要仅把它作为银行存款的替代品"。同时，要求投保人亲笔抄写

"投保风险须知"。

但是，未如英国、德国那样要求营销员进行保险合同的充分解说以及必要的、可用于司法监督的文字或影音媒质记录材料，而是通过投保人手抄"投保风险须知"的方式来证明保险人及其代理人已经恪尽职守，履行风险告知义务，这就使之对营销员的约束力下降，甚至成为软约束。但是对投保人却成为硬约束，不得再以代理人未如实告知投保风险为由申请无条件提前解约。由此，现行监管机制关于分红保险风险信息告知义务的约束倾向性不言自明。

2011 年起，监管人要求各家寿险公司在年度财务报告中公布上年度对公司保费贡献最高的前五名保险产品，部分地回应了社会对保险公司产品信息透明化的需求。实际上，正如前述，各家保险公司的"保险产品创新"速度相当快，各年度均会有重点推广的保险产品，上年度的前三名、前五名，甚至是保费收入第一名的保险产品，在未来年度甚至就"退市"了，或者不再是"主打产品"而退出销售队伍的销售重点，逐步退出市场。因此，对社会居民的投保指导意义并不强，甚至没有多少意义。

2012 年 9 月出台的《人身保险销售误导行为认定指引》（保监发〔2012〕87 号）第七条规定"人身保险公司、保险代理机构以及办理保险销售业务的人员，在人身保险业务活动中，不得隐瞒下列与保险合同有关的重要情况：人身保险新型产品保单利益的不确定性"；第九条规定"人身保险公司、保险代理机构以及办理保险销售业务的人员，在人身保险业务活动中，还不得有下列销售误导行为：……（三）使用保险产品的分红率、结算利率等比率性指标，与银行存款利率、国债利率等其他金融产品收益率进行简单对比"。

上述分红保险产品特点和信息告知制度的制定和变革，虽然可以在一定程度上达到警示投保人正确选择产品并正确投保，同时促使保险销售过程即保险合同签订过程符合《合同法》基本要求，成为双方真实表达合同意愿的证据。

但是，现实表明，由于保单分红率高低以及分红与否等不确定性得到监管制度支持，这一机制构成为投保人自担投保风险的监管制度。对投保人的权益约束强于对保险人及其代理人的义务约束。

　　由此可见，正是由于现行监管机制对分红保险产品信息的保护，从制度上赋予了保险人及其代理人充分的"信息租金"，成为激励各家公司积极开展分红保险产品开发和销售，甚至只供给分红保险产品的最大制度性激励。在促进行业大发展的同时，消费者的付出，社会保险资源的付出，社会可保风险资源的错配代价不言自明。

　　（3）投保后的保单分红信息披露：从有限告知到基本不告知，激励了经营者的道德风险行为。理论上，分红保险产品的基本设计原理是通过保守的精算方式，较传统寿险多收取了部分保费以平滑保险经营损益，达到风险共担、利益共享的目的。为保证产品设计符合精算规则，提高产品经营绩效，保证偿付能力，中国保监会历来要求保险人上报精算方法、定期上报专题财务报告、偿付能力报告、经营问题的整改措施之类信息，保证了监管人对保险人经营信息以及保险产品信息的相对了解。

　　例如，2000 年 6 月出台的《关于建立分红保险、投资连接保险报告制度的批复》（保监寿〔2000〕19 号）文件中，要求"已经获准销售分红保险、投资连结保险产品的公司必须在每月 15 日前将上月报表和业务分析报告"。随后，在《分红保险管理暂行办法》（保监发〔2000〕26 号）中要求上报"红利分配对公司偿付能力影响的评估"、"分配后公司实际偿付能力额度低于其法定偿付能力额度的，还须提交今后 12 个月的营运计划"之类信息。2001 年 3 月《关于人寿保险公司报送人身保险业务季度分析有关情况的通知》（保监发〔2001〕83 号）文件，要求加强产品业务情况的统计汇报。

　　2002 年 1 月 25 日，保监会下发《关于做好分红保险专题财务报告编报工作的通知》（保监发〔2002〕8 号），要求保险公司上报分红保险基本情况、分红保险业务盈余计算与分配表、资产负债表、收入分配和费用分摊报告、注册会计师审计报告等构成的专题报告。2003 年发布的《关于做好分红保险专题财务报告编报工作的补充通知》（保监发〔2003〕19 号）延续之前监管要求。但不久之后的《关于调整人身保险产品监管方式的通知》（保监发〔2003〕46 号），根据《国务院关于取消第二批行政审批项目和改变一批行政审批项目管理方式的决定》（国发〔2003〕5 号），取消了人身保险公司分红保险业务年度报告审批和分支机构条款费率备案审批。保险公司应继续向监管人上报分红保险业务年度报告。监管人不对报告给予审批和答复，但将对违反规定进行分红的公司及相关责任人进行查处。2010 年再修订相关规定，下发了《关于人身保险公司定期报送产品总结报告的通知》（保监寿险〔2010〕360 号），再次修订报告内容。

上述监管机制保证了监管者掌控保险公司相关信息，有利于防范信息不对称后果。但是，这种监管机制设定了分红保险产品信息对投保人和保单持有人的有限度公开的监管约束，保险消费者对分红保险产品信息的了解就绝对有限，基本依赖于保险人及其销售代理人的解说。这为经营者提高产品经营费用的道德风险行为问题、销售误导问题，为消费者面对低于预期的投保收益而退保并进而拒绝保险埋下重重的伏笔。分红保险发展因此受阻，这在前面已经有所论述。

回顾分红保险的监管历史可以看到，本着对保单持有人知情权的尊重，自分红保险在中国开始销售之日起，中国保监会规定了投保后的保单信息告知制度。各公司在每一会计年度至少向保单持有人寄送一次分红业绩报告，内容包括"投资收益状况"、"费用支出及费用分摊方法，采用固定费用率方式的除外"、"保单持有人应获红利金额"等信息。而在具体的实施过程中，保险人一般是在保单周年对应日寄送这样的分红业绩报告。特别是，保险人给各保单持有人分配的红利受到所谓"保单贡献度"的影响而各有差异。但是，即使如此滞后严重的信息告知，也于 2009 年终止了，成为保险供给人获得"信息租金"的制度性安排。

保监会 2009 年出台并实施的《人身保险新型产品信息披露管理办法》第三十二条规定："除向投保人提供红利通知书外，保险公司不得向公众披露或者宣传分红保险的经营成果或者分红水平。"据此，所有保险公司在保单红利确定条款作了相应的调整，直接在保险条款中去掉了"每年度我们会向您寄送一次分红业绩报告"的文字。

3. 分红保险产品供给结构合谋

（1）对保费规模的共同追求使分红两全险和银行分红保险成为共同选择。综合起来，可以从以下三个方面说明中国保险监管与被监管者对保费规模的共同追求。

第一，来自监管者基于"保险发展"动机对保费规模的追求。尽管长期以来监管人都强调保险人要放弃粗放式发展，转向集约化经营，放弃保费规模追求而引入保险内含价值追求等发展思想。但是，自上而下地"做大做强保险业"、"做大做强某某省市保险业"以及"做大做强某某保险公司"等类似的、共同的目标追求，客观上持续强化了全行业的保费规模追求动机。

第二，股东趋利的"经济人"特性要求。这原本是市场经济以及企业发展的正常现象，但对稚嫩的中国保险市场，表现得尤其突出。随着中国保险公司数量逐渐增多，众多新进入保险行业的其他产业资本无法接受寿险业惯例上的多年创业期亏损，因而对快速扩张保费规模提出了更高要求。

2000 年分红保险引入中国之初，各家公司均同时推出了分红两全、分红终身寿险产品，但采取差异化的营销激励机制来推动市场发展。例如，为了提高分红终身寿险产品的竞争力，某公司在其"鸿盛终身寿险（分红型）"产品中通过设立多倍赔付条款来吸引低风险年轻消费者；在公司内部则通过给予差异化、更高比例的销售佣金来鼓励代理人销售长期缴费终身分红保险。

与此同时，加入世界贸易组织前后新成立的一批保险公司，以及响应加入世界贸易组织而做出的完全开放中国保险市场的决策，放宽了保险分支机构设立的资本要求，客观地促进了二三级甚至到农村乡镇设立四级分支机构的浪潮。这进一步强化了各保险公司董事会和股东们对经营管理层的保费收入目标和利润目标的正激励，强化了公司对保险代理人的销售激励。

期间，中国人寿保险、平安保险、太平洋保险等公司积极进行现代企业制度改革，特别是谋求公开上市增强发展竞争力。各种因素综合作用的结果，强化了各公司主体对保费收入和市场份额的追求。

第三，保险经营者的绩效激励利益推动保险公司的保费规模追求。理论上，一定时期内一家保险公司的保费收入决定于下列公式所表示的相关要素：

$$保费收入 = 销售人力 \times 人均保单件数 \times 保单件均保费$$

因此，各家保险公司的各级经营管理层面临的任务包括三个方面：

首先，"增员"以提高销售人力。但是，一直以来，尽管全国保险代理人总量在持续增长，具体到个别公司及其分支机构却都存在着"增员难"的困境。

其次，提高销售队伍的"人均保单件数"，即提高营销队伍的人均产出。但这需要销售队伍的配合，培训有一定作用，但短期内能否发挥作用存在高度的不确定性。

最后，提高保单件均保费。这也有三个途径可以实现目标，一是需要销售队伍更多地开发高消费能力的优质投保人；二是尽可能挖掘投保人的保费资源，最好是把投保人当时所有积蓄一次性投保；三是开发保费起点高的保险产品。显然前两个途径也面临太多不确定性，且严重依赖于投保人。只有第三个途径是保险公司能主动掌控，且能立竿见影地实现目标。

历史已经表明，各家保险公司以及监管人"正好"都"集体选择"了这个具有极高主动性、可操作性、可行性的途径！一直以来，整个行业都集体一致性地选择了两个办法：第一是面向社会供给保障意义不强，但件均保费起点高的银行分红保险产品；第二是开发精算相对复杂，监管人认为绝大部分保费都可以计入纯保费的"两全保险"。相对于分红终身寿险和分红年金保险，分红两全险特有生存保险金给付责任，意味着在相同的死亡风险保障程度上，需要收取更高的保费，费率更高，即"保单件均保费"更高。因而，可以帮助保险行业快速实现保费收入增长目标。

为了更进一步说明问题，可以再对上述公式进一步细化为如下公式：

$$保费收入 = 销售人力 \times 人均保单件数 \times \frac{保单平均}{年缴保费} \times \frac{保单平均}{缴费年数}$$

因此，为了进一步地快速做大保费规模，保险公司能够再主动改革，且必须改革"创新"的就是围绕着保单缴费年限和年缴保费两个基本要素开展。答案有两个选择：第一是在维持平均缴费年限的同时提高平均年缴保费，但这一选择的本质仍然是提高保险费率，除非在产品责任上有所增加，否则会因为费率提高而使保险合同价格"昂贵"而难以销售；第二是缩短缴费年限同时提高年缴保费费率，这需要营销策划来引导投保人接受。

基于这样的分析，反观分红保险市场实践可以看到，以某大型国有股份公司为代表，全行业都逐步大力推广趸缴型，或者三年缴、五年缴等"短期"、"高额缴费"的"分红两全"保险产品。

产品创新以及提高竞争力的思路基本集中在生存保险金给付时间和给付标准上。从最原始的保单期满终止时被保险人仍生存的给付一倍或多倍生存保险金，创新到每三年仍生存、每两年仍生存，直到每年的保单周年对应日被保险人仍生存的，给付生存保险金。竞争激烈，但保费收入规模上涨快速。因而，各级监管者，不论是保监会还是地方监管局，均乐见其成效。

但是，正如前述，在以这两类产品领航中国寿险业发展的过程中，逐步暴露出存在的种种问题，多数产品逐渐演化为对保险消费者权益的损害。

（2）保险产品供给结构单一，侵害了保险消费者的选择权并导致消费者福利损失，具体表现为如下四个方面：

第一是保险消费者受到保险代理人的假设红利演示引导而付出高额保费后，怀着过高的分红收益预期，但收到低效的分红通知书后，产生巨大的心理冲击和不满，引发主动性退保。

第二是相当部分保险消费者在保险代理人的诱导下透支投保，缺乏投保能力风险测试，对持续缴费能力估计过高，导致以后年度无法续缴保费而产生矛盾，引致被动性退保。

第三是保险消费者的保费资源（即财务支付能力）被一次性、破坏性挖掘，在未来一段时间内缺失再投保新产品的能力，保险营销实务中的客户二次开发、再开发成为空话。

第四是保险公司短时间吸收过高风险，导致偿付能力不足而引发新的问题，包括保险消费者对公司偿付能力甚至破产的担忧等，这种担忧可能演化成对整个行业的不信任。

随着市场的发展，监管者也逐渐看清楚了这样的演化结局。因此，一再强调各家公司和保险营销员不得利用竞争对手公司的偿付能力问题进行不正当竞争。同时，更进一步地强化了保险产品分红信息、退保信息的"保密"。尽管各家公司也被要求在季度、年度报告中公布"退保金"情况，但是，由于缺少"退保人数"、"退保件数"等直观数据，而保险退保只是返还保单现金价值，多数退保保单是三年期以下，甚至是一年期而已，现金价值低，件均退保金相应就低，仅看"退保金"总额并不能看清楚某一产品的退保实际数量，也不能看清楚退保问题的真实严重性。

换言之，退保信息因此严重失真，除了保险人了解自身的具体退保情况外，监管人和行业内的其他保险人，均无从准确把握行业的或竞争对手的真实退保情况。

（3）新一轮寿险业结构调整将进一步强化两全险产品监管合谋，产品的"吸金"功能进一步强化。2007年以来的全球金融危机，强化了保险偿付能力监管制度改革，也促使监管人谋求促进寿险产品结构转型发展，强调发挥寿险的风险保障和长期储蓄本质功能，按偿付能力监管制度要求加强产品销售量的控制。

同时，根据保险市场上两全型分红保险占据核心地位的特点，重点从两全险入手，从2009年开始强调寿险业的结构调整。先后出台了《关于加快业务结构调整，进一步发挥保险保障功能的指导意见》（保监发〔2009〕11号）、《关于进一步加强结构调整　转变发展方式　促进寿险业平稳健康发展的通知》（保监发〔2009〕84号）等文件，谋求推动寿险产品创新和结构调整。要求"加大力度发展风险保障型人身保险产品"，突出了发展"有效保额不低于10倍期交保险费或2倍趸缴保险费的终身寿险、两全保险"、"两全保险保险期间不得短于5年，鼓励发展保险期间不短于10年的两全保险"。

部分保险公司在互联网官方网站上直接把分红保险归类为"理财保险"，赋予分红保险产品"理财"工具功能。更有公司把过去在银行销售渠道的简单分红保险移植到个人销售渠道，强调"年年领取生存金、年年分红"的理财功能而忽视保障功能，逐步形成行业的不良发展趋势。

对此问题，保监会制定并下发了《关于〈人身保险公司保险条款和保险费率管理办法〉若干问题的通知》（保监发〔2012〕2号）文件，规定了两全险应符合两个条件，即"首次给付生存保险金应当在保单生效满3年之后"、"保险期间不得少于5年"，力图抑制保险公司不良竞争心态。

为响应保险业及社会对寿险费率市场化的呼吁，鼓励市场竞争，监管人出台了《中国保监会关于普通型人身保险费率政策改革有关事项的通知》（保监发〔2013〕62号）文件，其中要求"分红型人身保险的预定利率不得高于2.5%""分红型人身保险保单法定评估利率为2.5%，普通人身险为3.5%"。换句话说，分红保险精算的预定利率和评估利率都没有发生变化。

在《中国保监会关于规范高现金价值产品有关事项的通知》（保监发〔2014〕12号）文件中，要求"保险公司销售高现金价值产品的，应保持偿付能力充足率不低于150%""自2014年1月1日起，保险公司高现金价值产品年度保费收入应控制在公司资本金的2倍以内；超过的部分，其最低资本要求将予以提高"。以此进行产品监管制度改革，特别是强制要求保险期间达到5年以上，理论上可以提高两全险的保障功能，部分地回归保险本质。但是，由于费率监管制度不变，特别是未强制延长保险缴费年限，则将仍然无法真正破解保险人的恶性竞争行为。因此，这是不彻底的监管机制改革，对保险产品结构调整的意义并不太大，而且将可能进一步提高保险费率。

事实上，在不考虑通胀率、费用率、死亡率因素，在预定利率和评估利率不变的情况下，提高了保险期限必然提高风险保费和总保费；但是，由于没有同时强制规定延长缴费时间，在假设缴费期间不变的条件下，年度缴费必然上升。由此，可以容易预测：分红两全险的"吸金"功能继续被强化，而更成为保险公司开发和销售产品的不二选择。

正如前述，在保险人充分享受信息租金收益，产品开发、业务管理、佣金和手续费等费用持续上升，而投资收益不高，导致保险公司经营绩效未能有效提高，分红率继续保持低水平，那么，在未来年度仍然将持续上演退保潮。2011年以来的分红保险保费低增长，造成寿险业保费低增长甚至负增长困境，仍将难以根本性改变。

三、中国分红保险市场监管合谋的后果

正如常见的监管合谋研究文献所展示的结论，结合前面相关章节的论述可以得到结论，分红保险市场的监管合谋行为确实存在，为监管人、保险人带来短期收益，但保险行业的长期声誉和发展可持续性受损，保险消费者的福利损益将留待第七章论述。

（一）监管人收益

综合起来，监管人集团分享了信息租金，监管人代表则获得职业声誉进而获得职业前途收益。

对监管人来说，分红保险给寿险业带来的保费收入规模和增长速度远快于传统寿险产品和保障型险种（例如健康保险、意外险）。因此，各级监管机构代表人以监管话语权明示或暗示各级保险机构加快分红保险的营销，确保行业保费收入规模迅速做大、行业资产迅速扩大、行业在金融市场影响力增强且话语权提高。即监管人集团和其中的公职人员获得了直接的声誉和职业前途。

长期以来，一方面，中国高等教育系统在保险学科专业教育的投入太低，产出更少，中高级人才极端缺乏；另一方面，相对于银行、证券、期货等金融产品和服务，保险产品的专业性太强，政府和社会公众缺少充分的知识，同时也缺少充分的动力去学习和了解，因而无法正确认识保险产品和保险市场，无法建立起有效的社会监督和审计机制。

分红保险以及过去投资连结型保险的退保潮，常被解释为保险消费者不理解保险，不注重保险保障功能而过度注重理财功能，市场上的传统寿险产品逐渐绝迹也可以解释为居民保险意识不强、投保数量不足等原因。

但是，从上述可见，特有的分红保险市场监管机制在一定程度上、从制度上赋予保险人以隐瞒和歪曲信息的可能，例如，禁止各家公司公布红利、只公布退保金额但不公布退保件数和人数等之类的行为，客观上加剧了分红市场的信息不对称、不完全程度，创造了保险产品的"信息租金"，可以让监管人与被监管人分享信息租金带来的收益，构成为监管合谋的直接激励动机，也为建立防范合谋机制提出了方向。

（二）保险供给人获得短期收益而助推分红保险发展

在现行中国保险监管机制下，保险人作为 P—S—A 结构中的最后也是唯一的代理人，集体获得了信息租金收益并与监管人分享，其中的经营管理者和保险中介等从业人员获得了直接的短期高额报酬，而以董事会为代表的保险公司所有者也同样获得了高现金流下的更大规模投资基金及其投资收益，以 A 股上市公司为代表，各保险人均获得较丰厚经营利润。

中国保险市场上的中高端经营管理人才缺乏，现有经营管理者充分享受了保费增长带来的薪酬收益。虽然监管人一直在强调行业要改革发展思维，鼓励保险机构注重经营利润考核，改变保费收入规模依赖，但是现行的任期制经营考核机制中，保费收入始终是保险公司所有人对经营人集体的第一考核要点，始终是保险人对保险代理人的考核第一要求，抢占社会风险保费资源成为经营者的第一要务。分红保险特别是其中的分红两全险产品，尤其是通过银行邮政渠道销售的分红两全险给保险人带来了快速增长保费收入的现实可行性。

因此，不管是公司董事会、经营者还是销售代理人，都在这个产品的销售中各自获得短期收益。这可以从各级高管人员薪酬水平，从中高级保险营销员的高收入中看出来。

特别是，部分保险人前几年开发销售的某些分红两全险产品，经历几年经营仍无法有效提高分红率，因此遭遇大量退保。诸如此类的鲜活案例更证明，经营者的短期任期制也促进了重保费收入、轻服务、轻"理财回报"的现实。以至于越来越多的保险人开发了越来越"激进"的银行邮政代理渠道销售的分红两全险产品，短期或一次性交费，年年分红，突出了保险的"理财功能"来吸引投保人。

长期以来，中国保监会对股份制保险公司发起股东的资格严格监管，严格管控保险公司投资方向和投资比例，但由于近十五年来大量销售分红保险带来的偿付能力不足问题，汇同其他诸如"做强保险业"、提高行业竞争力等理由，倒逼监管机制改革而一再地放开保险基金投资范围和投资比例。以董事会为代表的保险公司的所有者，则借助公司经营分红两全险的高现金流，实现了更多的投资收益。

基于此，便可以理解中国寿险市场上出现的经营者和董事会都愿意大量销售分红保险产品格局，与国际某些文献的研究结论基本相反的现实。

（三）分红保险市场面临挫折和长期的损害

分红保险的发展历史中经历了多年的起伏，经历了太多的投诉、纠纷和退保事件，在现行监管制度下，最后演化成为单个公司有限理性行为选择下的集体非理性。行业将陷入"囚徒困境"式的博弈，为了市场份额，为了高额保费收入，为了经营者（代理人）利益而都选择自认最优的选择，结果对行业并非最优或次优。2011 年以来的分红保险增长乏力乃至负增长现象充分说明了这一可能性。

社会心理学理论表明，受过伤害的消费者容易形成对分红保险的厌恶和回避情绪，甚至会泛化成为对寿险、对商业保险的不良抵触情绪。

寿险业回归保障本色是近几年各界的普遍观点，但这需要监管人主导，树立正确的、可持续的"保险发展"观念。

（四）保险消费者面临权益和消费者福利的损害

本质上，愿意投保的居民属于风险厌恶者或风险中立者，投保的目标应在于风险保障。同时，保险经济学理论和保险经营实践也证明，保险需求具有"唤醒"特性，投保人往往并不知道自己需要防范哪些风险，如何管理风险，需要有专业人士进行保险和风险管理的专业服务，因此产生了保险人、保险中介人。同时，保险合同特别是人身保险合同属于典型的"附和性合同"，绝大多数投保人只能在现有产品和服务中选择，以手投票或者以脚投票。因此，从这个意义上说，保险市场具有一定程度的"供给创造需求"特点。

监管合谋行为造成了分红保险产品和服务信息严重失真，投保人受到信息严重不对称、投保前产品信息获取困难、增加信息搜寻成本影响，因此极易发生且正在大量发生逆向选择行为，投保了与其风险管理目标并不吻合的产品和服务。

中国寿险市场上大量销售分红保险产品，只有少量万能险产品，更少量的投资连结型产品，传统寿险产品基本绝迹，这使投保人需要付出比传统寿险产品更高的保费即保险价格来享受同样的风险保障，风险保障产品和服务的选择权受到侵害，这构成对消费者权益的第一次侵损。

分红保险的产品供给结构，包括产品类别结构、产品保险期间结构、交费结构等，原本也可以丰富多样，但行业一致性地选择了短期交费、短保险期间的分红两全险，这进一步压缩了居民的投保选择权，构成对消费者权益、消费者剩余、消费者福利乃至社会福利的第二次侵损。在后文将会看到广西分红保险市场发展与全国平均水平的比较数据，不同地域消费者可能因为地域保险营销和产品的不同，面临不同程度的利益损害。

分红保险的红利分配有或无、多或少的不确定性得到监管制度的认可和保护，加重了双方当事人如实告知义务的履行情况的记载要求不对等，导致双方风险信息告知义务不对称约束，这在客观上进一步促使分红保险成为典型的不完全契约。正如不完全契约理论的研究结论所揭示的，在有限理性条件下，不完全契约中的占优交易主体极易发生机会主义行为而谋求更多的契约收益，交易中的弱势方不论是继续契约还是中断契约，都将付出更高昂的交易成本！

现行监管机制约束了保单分红信息披露，允许保险人基本不告知，这就最大限度地创造了分红保险产品的经营信息租金，激励了经营者的道德风险行为，客观上产生了"护劣罚优"的效应，进一步恶化信息不对称的后果：劣产品、劣公司驱逐优产品和优公司！最终是侵害保险消费者权益，损害保险的社会福利。

而不论是监管人的主观监管合谋行为，还是由于人才缺乏、监管力量不足、监管技术落后等客观原因，都在客观上无法对分红保险经营加强审计监督，客观上助长了保险经营者在分红保险的不完全契约中谋求更多的契约收益，如高额薪酬、高佣金、高手续费率、高管理费用率，因此导致分红保险红利来源的之一费差表现为"损"，甚至导致经营亏损无法分红，或者分红率畸低现象，构成对消费者剩余、消费者福利和社会福利的第三次侵害。

当然，本研究也认可，部分公司的部分分红保险产品，经过了历史的检验确实在为被保险人提供风险保障的同时，也创造了部分的"理财收益"。

综合上述研究可见，中国分红保险市场上的监管合谋行为客观存在着，绝大多数表现为监管人整体在监管机制的顶层设计偏好于保险行业供给方的利益，地方监管代理人则也可能采取了偏向"行业发展"需要，而默示保险分支机构为获得保费收入规模的种种可能有损消费者权益和福利的经营和竞争行为。但这种监管合谋行为并不涉及"腐败"，并不涉及监管人个人的直接经济利益，是监管者集团与被监管的行业集团之间的合谋行为，是一种类似"父爱"情结的合谋行为。这就与聂辉华（2013）所定义的"政企合谋"，或者其他文献的厂商合谋行为、代理人欺诈合谋行为有所不同，其表现更为隐蔽，对行业发展的伤害和对消费者权益的侵害更难以发现。

本章小结

本章基于历史文献分析方法回顾了中国保险监管机制的建设过程和特点，然后基于监管合谋理论来探究中国保险监管合谋现象，探析这样的合谋问题对中国分红保险市场结构、市场行为的损益影响，堪称本研究最大创新点。主要有以下几个方面研究结论。

一、对中国保险监管阶段的历史分析

读史可以明志。本章研究重点是考察中国分红保险监管行为受制度变迁路径依赖的影响，中国分红保险市场的发展，正好与中国保险监管制度从行为监管向偿付能力监管过渡阶段相吻合，这就容易让人理解监管者对分红保险监管相对宽松的制度变迁原因：为转型而转型，对市场行为监管过度放松，成就了中国特有的分红市场结构。

二、基于监管合谋理论对中国分红保险监管行为的研究

本节研究内容是本书的一个突出亮点所在，从整个研究过程和研究结论，都表现出与现有文献不同的结论。主要表现在以下几个方面：

第一，建立模型，深入分析了中国保险市场上存在的八个委托代理关系、三个相互独立的单向监管或监督关系。目的是要证明中国保险市场上的"居民—保险监管——保险人"关系中，存在拉丰和梯若尔提出的典型的 P—S—A 委托代理关系，这意味着，可以应用他们所提出的监管合谋理论于本书研究。

第二，全面梳理了中国分红保险监管历史文献，并与分红保险市场现象一一对应分析，证实了监管合谋问题的存在。主要表现在以下三个方面：

1. 保险代理人销售分红保险产品的准入资格监管合谋。
2. 分红保险产品信息监管合谋，赋予保险人充分的信息租金。
3. 分红保险产品供给结构合谋。具体表现在对保费规模的共同追求使

分红两全险和银行分红保险成为共同选择。

三、分红保险市场监管合谋的损益分析

总的来说，分红保险的监管合谋为监管人、保险人带来短期收益，但保险行业的长期声誉和发展可持续性受损。

第一，监管人集团分享了信息租金，监管人代表则获得职业声誉进而获得职业前途收益。

第二，保险行业集体短期收益明显，获得了信息租金收益并与监管人分享，其中的经营管理者和保险中介等从业人员获得了直接的短期高额报酬，而以董事会为代表的保险公司所有者也同样获得了高现金流下的更大规模投资基金。但是，巨额规模投资基金的投资收益并没有反映到分红保险可分配盈余中，即保险消费者并未享受到分红保险本应该具有的分享收益的权益，却共担了投资风险。

第三，保险行业的长期利益受损。历史已经雄辩地表明，监管合谋的后果，最后演化成单个公司有限理性行为选择下的集体非理性，行业陷入"囚徒困境"式的博弈，为了市场份额，为了高额保费收入，为了经营者（代理人）利益而都选择自认最优的选择，结果对行业并非最优或次优。行业的长期增长利益受到严重影响。

第四，监管合谋行为造成了分红保险产品和服务信息严重失真，投保人受到信息严重不对称影响，因此极易发生且正在大量发生逆向选择行为，投保或购买了不适合的产品和服务，保险消费者承受了三个层次的权益损失。"用脚投票"将成为其理性选择，这已经在这几年的发展中，从年度末有效承保人数增长困难，甚至负增长的现实中表现出来。

因此，基于监管制度文献与实践定性分析，深刻说明中国分红保险市场上的监管合谋行为客观存在着！但这种监管合谋行为并不涉及"腐败"，并不涉及监管部门及其代理人的直接经济利益，这是监管者集体与被监管者集团的合谋，类似"父爱"情结的合谋。这就与聂辉华（2013）所定义和研究的"政企合谋"，或者其他文献的厂商合谋行为、代理人欺诈合谋行为有所不同，其表现更为隐蔽，对行业发展的伤害和对消费者权益的侵害更难以发现。

第四章　中国分红保险市场结构

　　本章研究 R – SCP 分析框架中的"结构"问题，除了按常见思维以保险费收入来测算市场集中度进而研究市场份额结构外，还将顺着上一章关于分红保险监管机制及监管合谋行为的影响，重点研究分红保险市场的产品供给结构及其演变特征。研究的目标不在于讨论市场结构的类型究竟是寡头市场或是垄断竞争市场，不在于判断是否存在垄断，而在于理解市场结构和产品结构是如何在既定的监管制度框架下演化而来，是否以及将如何影响"行为"和"绩效"，进而造成消费者福利和社会福利的损失？

第一节　中国分红保险的市场结构

　　产业组织理论中，市场集中度是评估市场是否存在垄断以及垄断程度高低的基础，主要有产业集中度、市场集中系数、赫希曼—赫芬达尔指数、汉纳—凯伊指数、洛伦兹曲线等指标，并进而依据各指标大小进行经验性的判断产业或者说市场的垄断程度。

　　正如第二章关于中国分红保险市场发展历程的总结和分析，居民个人、家庭和企业的金融理财市场竞争的加剧，使国际保险业面临着银行、证券和保险同业的多方面竞争，保险市场上的扩张和并购活跃。1994—2007 年，全球十大寿险并购交易总额就超过 1.4 万亿美元，加快了保险垄断市场结构形成和发展。市场上优胜劣汰的结果之一是导致各国市场集中度增强的势头，统计数据显示，2007 年美国次贷危机之前，美国寿险市场上 CR_8 达到 39.7%，即 0.8% 的寿险公司占据了 40% 的市场份额，比例远超著名的"二八定律"。

但中国的保险市场情况有所不同，如第三章所述，作为发展中国家的保险市场，总体上仍处在强化激励发展保险机构数量来推动市场竞争的外延扩张式的历史阶段，分红保险市场更享受到了监管机制的特殊红利。因此，分红保险市场结构，乃至整个保险市场结构呈现集中度下降，从寡占垄断向垄断竞争进步进程中，具体可以通过以下市场集中度和集中指数等指标说明。

一、市场集中度特征

从总体情况看，受到中国保险市场全面对外开放的深远影响，中国保险市场上竞争主体迅速增加，分支机构和服务网点的数量呈快速增长趋势，覆盖面有效提高，因此必然带来市场竞争程度加剧，市场份额呈现逐年分散趋势。

本研究依据 2009—2014 年五年的《中国保险年鉴》相关数据表，收集整理了分红保险相关数据，计算所有寿险公司的分红保险产品的市场份额，如表 4-1 所示。

表 4-1　　　　　　中国分红保险市场的保险收入集中度

	2008 年	2009 年	2010 年	2011 年	2012 年	2013 年
CR_4（%）	86.29	70.17	65.62	64.09	63.62	61.14
CR_8（%）	94.25	90.87	89.02	87.78	85.18	84.16
CI_4	41.42	37.19	36.09	37.17	40.72	40.96
CI_8	45.24	48.16	48.96	50.91	54.51	56.38
HHI（×10000）	3514	2085	1683	1548	1481	1385

注：①数据为"个人业务分红保险"，统计年鉴数据显示仅有少数几家公司供给团体业务分红保险，因此不纳入此处比较研究。

②专业养老和专业健康保险公司无个人分红保险数据，剔除公司数量的计数范围。

资料来源：2009—2014 年《中国保险年鉴》中《各人身保险公司保险业务统计表》。

通过表 4-1 和图 4-1、图 4-2 可见，中国分红保险市场结构发展呈现以下几个特点：

第一，市场结构向低寡占趋势发展，向垄断竞争格局演化。衡量市场

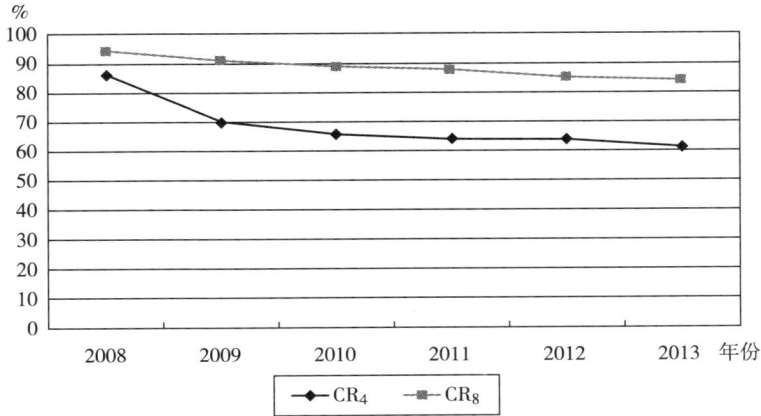

图 4-1 中国分红保险市场保费收入集中度演化示意图

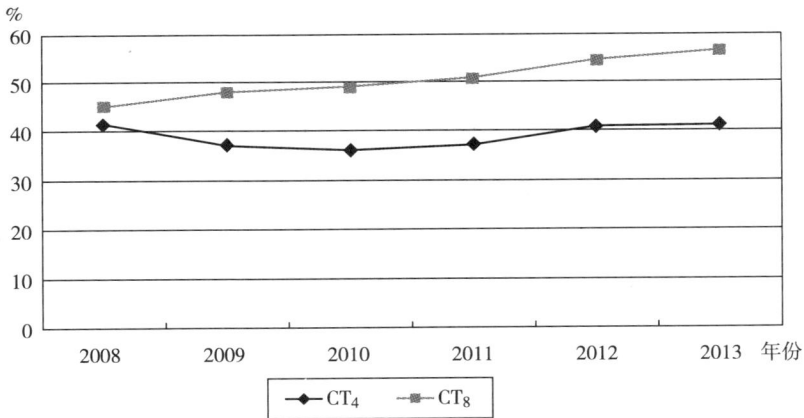

图 4-2 中国分红保险市场集中系数演化示意图

结构的主要指标 CR_4 显著降低，从 2008 年的 86.29% 降低到 2013 年的 61.14%，但是下降速度放缓，显示出前 4 家公司在最近这几年加大了分红保险的产品开发和营销力度，确保市场占有。根据贝恩指数的市场集中度分类规则，分红保险市场已经落入低寡占Ⅲ型结构，但与垄断竞争结构的差距还较大。这一结论有别于其他关于中国寿险市场向垄断竞争过渡阶段的判断。

结合市场集中系数 CR_4 指标可以更好地理解这一发展结果，这一指标数据经历了由高到低再回升的历程，说明随着市场中竞争主体的增加，前4 家公司的市场份额曾经被挤占一部分之后，各自采取了新的竞争策略行为，包括产品创新、网点建设、营销战略推动等，从而重新占领主要市场，具体将在后文论述。因此，个人分红保险市场上的大小公司之间差异呈现扩大化趋势。

导致这一现象的一个重要原因是 2009 年的中国会计制度变革，导致保险费计算规则大变迁，分红保险保费被认为难以划分保障或是投资，而万能型和投资连结型保险产品则有明显的、显性的划分。因此，整个寿险行业的保险产品供给结构发生重大结构性变迁，集中资源于分红保险市场的竞争。例如中国平安人寿保险公司，2009 年起逐步减少了万能险和投资连结险的销售，集中更多资源于分红保险竞争，推出了几个新产品之后，分红保险保费规模快速上升。又如新成立的中国人保寿险公司，近年来采取了更激进的策略集中于分红保险的产品创新和营销，因此在市场中份额和排名快速上升。CR_8 下降缓慢但 2013 年仍高达 84.16%，虽然比 2008 年的94.25% 的占比已经有效降低，但前 8 家公司占有中国个人分红保险市场如此高额的份额，深刻说明前 8 家公司由于机构数量、人力数量、产品供给的结构和数量等因素均较后来者小公司占优，因此市场份额被牢牢掌控。按这一指标，市场仍处在寡占Ⅱ型结构中。

第二，市场上的大小竞争主体之间的差异化在扩大，即弱小企业在成长的同时，强者企业也更强大，特别是第二阶梯层次的竞争主体快速成长。这可以从 CR_8 与 CR_4 的变化趋势说明。CR_8 指标从 2008 年的 45.24 逆势持续上升到 2013 年的 56.38，更说明了当前中国分红保险市场上大小公司之间的差异在逐步扩大，而这种扩大部分是因为排名前 4 的企业为稳固市场地位而努力的结果，但更多是排名前 5~8 名的企业造成的。原因在于2008—2010 年的 CR_4 呈下降趋势，而 CR_8 却是一直在逆势向上增长。这在一定程度上印证了魏华林等（2011）的判断：未来仍有可能伴随市场经济和保险市场的成熟，市场集中度再逐渐走高[①]。

---

① 魏华林，朱铭来，田玲. 保险经济学 [M]. 北京：高等教育出版社，2011.

第三，HHI 指数同样证明中国分红保险市场仍处在寡占阶段，但大竞争主体的垄断能力呈下降趋势。表 4-1 的 HHI 指数的变化趋势说明，中国分红保险市场从 2008 年的高度寡占结构快速向低寡占 I 型市场结构过渡，这与 CR_8 指数表达的结论相近。

按美国司法部的反垄断标准，2009 年以前的中国分红保险市场可以归为高度集中市场，需要考察企业间是否存在垄断控制行为。HHI 指数在 2009 年的降低是突破性的，之后持续下降到 2013 年的 1385，市场结构快速下降了两类，从高寡占 I 型下降到低寡占 I 型。这与 2009 年中国保险市场制度变迁使分红保险成为各家寿险公司必争市场的历史背景正好相互印证。

二、主要保险公司保费收入和市场份额变迁

为更清楚地展示上述分析，本书整理了分红保险市场上保费收入占前 8 名的民族资本公司数据。同时，也整理了保费收入虽然不高，但是长期以来以分红保险为主，近年来所销售分红保险保费收入占公司保险费收入占比达 95%~99% 的 5 家合资企业的保费收入情况，可以更清晰地理解由于大公司的战略调整行为而削弱了小公司的市场占有的演化轨迹。

事实上，近几年来，中国寿险市场的一百多家公司或外资分公司中，只有保费收入占比前十名的保险公司的分红保险产品市场份额排名相对固定，众多近几年成立的小型外资、合资公司的市场份额处于持续变动中，因而难以进行精细的份额统计分析。

从表 4-2 可见，中国人寿保险股份有限公司作为中国寿险行业的龙头企业，并且是长期持续扎根、集中资源于分红保险产品和市场竞争的大企业，受到行业竞争主体数量的增加和强势竞争对手的紧跟战略影响，市场份额在 2010 年之前快速下降，但在 2010 年之后维持相对平稳的速度缓慢下跌。平安寿险公司在 2009 年之前把竞争资源重点投入在万能保险市场，但是 2009 年之后，受到保险会计准则变迁的影响，也开始向分红保险市场集中资源，因此，近年来市场份额有所提高。两大公司长期在中国一线城市展开正面竞争，此消彼长成为正常现象。按 Shepherd 市场结构分类标准，自 2010 年起，中国人寿保险股份有限公司已经失去了分红保险市场上

的优势厂商地位。

表 4－2　　　　　　　　代表公司的市场份额变化情况　　　　　单位：%

公司名称	2008 年	2009 年	2010 年	2011 年	2012 年	2013 年
国寿股份	56.48	40.41	34.23	32.00	31.46	29.84
平安寿险	9.23	8.82	8.92	11.28	11.76	12.51
新华寿险	12.23	11.93	12.03	11.50	11.48	9.85
太保寿险	8.34	8.49	9.50	9.30	8.93	8.93
人保寿险	1.43	9.02	9.86	8.89	7.20	7.64
泰康人寿	3.16	7.87	8.36	8.11	7.09	6.63
太平人寿	1.79	3.38	4.16	3.74	4.28	5.90
生命人寿	0.29	0.96	1.96	2.96	2.98	2.56
信诚人寿	0.32	0.35	0.41	0.34	0.34	0.35
中宏人寿	0.30	0.25	0.22	0.24	0.28	0.29
恒安标准	0.41	0.26	0.07	0.11	0.17	0.12
中意人寿	0.13	0.55	0.35	0.23	0.25	0.22
中德安联	0.32	0.20	0.10	0.10	0.14	0.17

资料来源：历年《中国保险年鉴》相关数据整理。

前述对 CR_8 的变化分析中认为，第 4~8 名份额的保险公司竞争力有所提高，从表 4－2 可以更清楚地看到这一特点，企业的市场份额均较 2008 年有质的飞跃。特别是其中的人保寿险公司，从成立之时起，其业务基本是分红个人寿险，通过大量的个人代理人和银行邮政代理实现了保费收入的高速增长，短短几年时间从保费收入 269.1926 亿元，占市场份额 1.34%，排名第八，快速提高到 2009 年的 455.216 亿元，在市场份额中占比达到 9.02%，排名第三。其他的三家公司，泰康人寿、太平人寿、生命人寿保险公司的增幅相对较小，但也是表现惊人，成为市场保持寡占结构的动力原因。

反观众多中小型合资企业，由于进入中国市场较晚，机构和网点较少，基本仍集中在一二线中心城市与民族资本保险企业竞争，因此保费收入总量相对较少，份额比例较低。其中，信诚人寿保险公司因为机构数量相对较多，且近几年来也改变了曾经以投资连结险为主的竞争战略，转向分红保险市场竞争，因此市场份额保持平稳发展。但其他几家公司由于机构网点数量相对较少，市场份额呈现被挤压态势。

第二节　中国分红保险市场的险种结构

为更好地了解分红保险的险种结构及其演化特征，本书收集整理了十年来的中国人身保险市场的总体发展历史数据，以下分别对统计数据进行分类说明，以助理解分红保险险种结构演化及其影响。

一、中国人身保险市场的险种结构特征及其演化

根据中国保监会 2004 年以来的业务统计数据，整理了下列显示保费收入的险种结构演化特征的图表。从表 4 - 3、图 4 - 3 可见，寿险产品保费收入占人身保险市场保费收入的 90% 左右，基本维持稳定发展，波动不大。但其中的 2007—2010 年寿险险种的保费收入占比提高，意外保险收入占比相对平稳中略有下降，而健康保险保费收入占比下降明显。但 2011 年以后，寿险保费收入占比下降，而意外险、健康险保费收入占比上升，均达到历史高点，显示出监管者长期推动的回归保障战略效果开始出现。

分红保险产品保费收入在人身保险市场保费收入中的占比呈现了多年的提高，直接拉动了寿险保费在人身险市场保费收入占比。同时，从表 4 - 3 可见，于 2010 年达到 80.3% 的最高占比之后，受到其他险种的竞争，2011 年起，分红保险保费收入在人身险保费收入中的占比逐步下降，可以直接归因于分红两全型产品保费收入占比的下降。

分红两全型产品保费收入在人身保险市场中的占比经历了 2004 年到 2007 年的下降，再从 2008 年占比提升到 2010 年达到最高占比 69.24% 后，2011 年起占比再次下降，但仍然是人身保险市场中保费收入占比最高的险种，到 2013 年分红两全险保费在人身保险市场中的占比仍高达 58.32%。

表 4-3　　　　　　中国人身保险市场各险种保费收入占比结构演化表

单位：%

	2004年	2005年	2006年	2007年	2008年	2009年	2010年	2011年	2012年	2013年
人身保险	100	100	100	100	100	100	100	100	100	100
一、寿险小计	88.93	88.99	88.47	90.19	90.74	91.57	91.98	90.96	89.46	87.75
（一）普通寿险	31.04	26.32	24.62	20.26	13.41	11.81	10.68	9.95	9.74	11.17
（二）分红寿险	55.02	55.41	52.54	44.88	51.77	64.99	80.30	80.15	78.88	75.72
1.两全寿险	43.19	38.96	40.03	26.04	41.46	53.64	69.24	67.66	63.59	58.32
2.终身寿险	1.14	1.47	1.97	1.50	1.80	2.17	2.35	2.73	3.44	4.18
3.年金保险	10.70	14.97	10.54	10.27	8.52	9.17	8.71	9.77	11.84	13.22
（三）投资连结型产品	1.65	1.26	1.52	7.96	5.79	1.82	0.06	0.05	0.04	0.04
（四）万能寿险	1.21	6.01	9.79	17.09	19.77	12.96	0.94	0.81	0.80	0.81
二、意外伤害险	2.69	2.60	2.47	2.34	1.78	1.92	2.12	2.40	2.61	2.89
三、健康险	8.38	8.41	9.06	7.47	7.48	6.52	5.90	6.65	7.94	9.36

资料来源：中国保监会统计信息，作者二次整理。

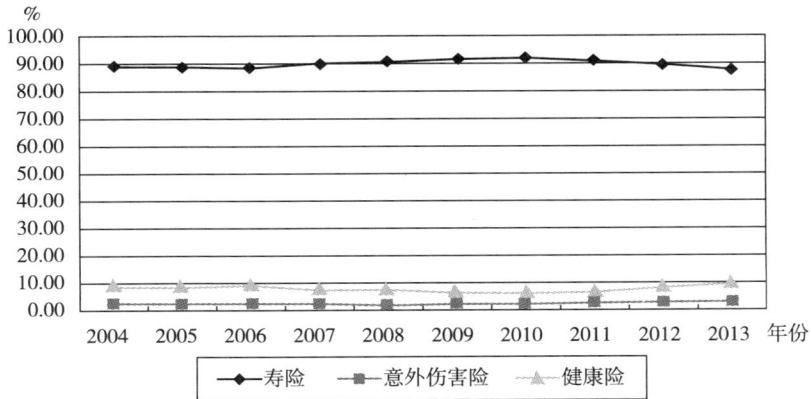

资料来源：中国保监会。

图4-3 中国人身保险市场保费收入的险种结构比例图

二、中国寿险市场保费收入的险种结构及其演化

表4-4可以进一步说明分红保险保费收入在寿险市场中的重要地位。从表4-4可见，就寿险市场而言，传统寿险保费收入占比表现持续下降趋势，从2004年占比34.9%持续下降到2012年的最低点，占比10.89%；特别是2008年的占比快速下降，从占比22.46%快速下跌到占比14.77%。受益于2013年的中国寿险预定利率市场化改革，普通传统寿险获得了新的发展机遇，保费收入占比扭转了长达13年的下降趋势。

表4-4　　　　中国寿险市场各险种保险费收入在寿险中

占比结构演化表　　　　　单位：%

	2004年	2005年	2006年	2007年	2008年	2009年	2010年	2011年	2012年	2013年
寿险合计	100	100	100	100	100	100	100	100	100	100
一、普通寿险	34.90	29.57	27.83	22.46	14.77	12.89	11.61	10.94	10.89	12.73
二、分红寿险	61.87	62.27	59.39	49.76	57.06	70.97	87.30	88.12	88.17	86.29

续表

	2004 年	2005 年	2006 年	2007 年	2008 年	2009 年	2010 年	2011 年	2012 年	2013 年
1. 两全寿险	48.56	43.79	45.25	28.88	45.69	58.58	75.27	74.38	71.09	66.46
2. 终身寿险	1.28	1.66	2.22	1.67	1.98	2.37	2.55	3.00	3.85	4.77
3. 年金保险	12.03	16.82	11.91	11.39	9.39	10.01	9.47	10.74	13.23	15.06
三、投资连结型产品	1.86	1.41	1.72	8.83	6.38	1.98	0.06	0.05	0.05	0.05
四、万能寿险	1.36	6.75	11.07	18.95	21.79	14.15	1.02	0.89	0.89	0.93

资料来源：中国保监会统计信息，作者二次整理。

进一步分析可见，分红保险保费收入在寿险中占比经历了 2006 年、2007 年的下降后，2008 年以来占比持续提高，成为寿险市场、人身保险市场发展的绝对引擎。特别是其中的分红两全型产品保费收入占比较高。但在 2010 年占比达到 75.27% 的历史最高点之后，逐年下降到 2013 年的66.46%，而分红终身、分红年金险这两个保障程度较高的险种的保费收入占比则呈现上升趋势，这可能与中国养老保障制度改革以及保险消费者的保险意识转变和产品选择能力提升有关，值得后续进行持续跟踪研究。

2005 年 8 月、9 月，中国政府相关部委先后出台了具有重大历史意义的《关于上市公司股权分置改革的指导意见》《上市公司股权分置改革管理办法》两项制度，推动了中国股票市场的大发展，为中国创新型寿险产品的发展创造了历史机遇。万能型寿险率先突破，2005 年到 2009 年，保费收入占比持续提高，正好对应着分红两全险以及分红保险保费收入占比的下降。投资连结型寿险产品市场则表现滞后一步，2007 年占比达到历史高点之后，2009 年再次因为资本市场的低迷，同时因为中国保险会计制度的重大变迁而再次衰落，保费收入占比迅速下降。

综合上述可见，2009 年的保险会计制度变迁为分红保险在寿险业中的引擎地位奠定了长期的制度基础。2013 年的寿险预定利率市场化改革，传统寿险产品预定利率市场化，而分红型产品，特别是分红两全型产品预定利率维持 2.5% 不动，则对分红两全型产品形成负面影响。由于中国养老保障制度的改革，分红终身产品、分红年金产品的市场需求也将得到一定的激励，在寿险市场中的地位得到稳步提升。

三、中国分红保险产品保费收入增长速度及其演化

表 4-5 对中国人身保险市场各险种保费收入环比增长率的横向比较，可以加强对分红保险险种的保费收入增长，以及其对中国寿险市场发展影响的清晰认识。

表 4-5　　　　　中国人身保险市场各险种保费收入环比增长率　　　　单位：%

险种＼年份	2005	2006	2007	2008	2009	2010	2011	2012	2013
人身保险	14.00	11.31	21.87	48.25	10.99	9.86	6.85	4.16	7.86
一、寿险小计	14.07	10.65	24.25	49.16	12.00	10.36	5.66	2.44	5.80
（一）普通寿险	-3.35	4.12	0.31	-1.90	-2.25	-0.63	-0.45	1.94	23.78
（二）分红寿险	14.80	5.54	4.10	71.02	39.32	35.75	6.65	2.50	3.55
1. 两全寿险	2.85	14.35	-20.71	135.98	43.62	41.79	4.41	-2.09	-1.08
2. 终身寿险	47.79	48.53	-6.78	77.12	34.23	18.71	24.11	31.42	31.01
3. 年金保险	59.51	-21.64	18.78	22.95	19.46	4.41	19.75	26.27	20.41
（三）投资连结型产品	-13.42	34.47	539.39	7.85	-65.20	-96.42	-14.09	-4.38	1.63
（四）万能寿险	464.48	81.45	112.64	71.52	-27.25	-92.03	-8.34	3.23	9.90
二、意外伤害险	10.42	5.75	15.34	12.96	19.32	21.59	20.63	13.38	19.55
三、健康险	14.34	19.99	0.47	48.41	-3.26	-0.56	20.41	24.35	27.23

资料来源：中国保监会统计信息，作者二次整理。

从表 4-5 可见，经历了 2007 年、2008 年的保费收入环比高增长之后，2009—2012 年，中国人身保险保费收入呈现出逐年下降趋势，特别是 2009 年的环比增长率较 2008 年出现了快速下降，2012 年较上年仅增长 4.16%，达到历史低点。

由于分红两全险保费收入在寿险和人身险收入中占比过高，其保费收入增长率的升高或降低直接导致寿险和人身险总保费收入增长率提高或下降。只有2007年的人身保险保费收入、寿险保费收入的增长率可能得益于投资连结型和万能型寿险保费收入的快速增长。其他年度中，尽管分红两全险保费收入在寿险和人身险保费收入中的占比提高，但由于增长率呈现持续下降趋势，导致寿险和人身险市场保费收入增长乏力。因此，近年来中国保险监管者强调要调整寿险业和人身保险业市场结构，其关键在于调整分红两全保险占比过高的市场结构，逐步提高传统寿险、分红终身、分红年金、健康保险的供给，提高保障型产品的供给占比。

四、中国分红保险与其他人身保险险种间的相互影响实证

（一）灰色系统理论及其在保险研究中的应用

灰色系统理论是中国学者、华中科技大学教授邓聚龙创立的一种研究少数据、贫信息不确定性问题的新方法，特别适用于"部分信息已知、部分信息未知"的"小样本"、"贫信息"不确定性系统的研究。鉴于中国分红保险市场统计数据信息的贫瘠，本书特在此部分应用其中的灰色关联度理论，来分析保险险种之间的相互影响关系。

灰色关联分析的基本思想是根据序列曲线几何形状的相似程度来判断时间序列间的联系的紧密性，曲线越接近，相应序列之间的关联度就越大，反之就越小。因此，在灰色系统理论看来，任何两个有相同理论背景的行为序列之间都是有关联的，两个序列之间的关联度具有规范性、整体性、偶对对称性、接近性四个基本特征。

近年来，国内外均有不少文献尝试应用灰色关联度来测度时间序列之间的相互影响程度。例如，吴剑洁（2012）基于灰色关联度理论，以中国人寿保险公司为例开展寿险公司偿付能力的影响因素的研究[①]。虞舒蕾、程灵敏等（2010）基于灰色关联度分析中国寿险需求影响因素，结论认为，寿险需求受GDP、死亡率等因素影响较大，而受抚养率、受教育程度

---

① 吴剑洁. 基于灰色关联分析理论的寿险公司偿付能力研究——以中国人寿保险公司为例 [J]. 金融经济，2012（6）：71–75.

等因素影响相对较小①。姬便便，孙欣等（2014）应用灰色关联模型，发现中国保险市场全面开放后，外部市场要素对非寿险公司盈利能力的影响增强，市场集中度对公司盈利能力的影响相对于保险密度和保险深度减弱等结论②，都为本研究提供一定的借鉴意义。

为进一步理解人身保险，特别是寿险业中的普通寿险、分红保险及其中的三大险种，万能保险、投资连结险等保险险别之间的相互影响关系，本书运用了灰色系统模型，分别计算险别之间的两两灰色关联度，包括绝对关联度和相对关联度。其中，绝对关联度衡量各个险种保费收入的绝对量相互影响的大小顺序，而相对关联度衡量不同险种的保费增长率之间的相互影响关系，所得数值越大，表示关联影响越明显。

（二）分红保险保费收入的灰色绝对关联度分析

表4－6说明各险种保费收入的绝对数额的相互影响，可以得到三个结论：

第一，人身保险保费总收入受到分红保险保费收入的影响最大，其中最大的又是分红两全保险；除了分红两全险的影响力远大于其他险种以外，其他各险种的保费收入对人身保险总收入的影响都明显偏弱。

第二，万能保险、分红年金保险，健康保险、分红终身保险的保费收入影响力稍强，普通寿险的保费收入影响力已经基本失去。

第三，对分红两全险保费收入影响能力较大的是万能寿险和分红年金险，再次是健康保险。显示出这几个险种与分红两全保险之间相互竞争较强。从保费收入的统计数据看，也确实表现出了这样的相对竞争现象，特别是近年来，在社会养老保险、基本医疗保险体制改革有序推进，中国居民长期存在的养老和医疗健康的预防动机被再次激发，通过建立商业养老和健康保险保障计划来构筑个人和家庭的全面保障的意识再次深入人心。因此，相对稀缺有限的居民保费资源逐步流向分红年金和健康保险。

---

① 虞舒蕾，程灵敏，吴闪闪，方琴. 我国寿险需求影响因素的实证分析——基于灰色关联度分析［J］. 企业研究，2010（10）：65－69.

② 姬便便，孙欣，李小双. 非寿险公司外部市场要素和盈利能力分析——以人保财险公司为例［J］. 西北农林科技大学学报，2014（2）：128－133.

表 4 - 6   保险收入的灰色绝对关联度

	人身保险	普通寿险	分红保险	分红两全	分红终身	分红年金	投资连结型	万能寿险	意外伤害险	健康保险
人身保险	1	0.5009	0.892	0.8181	0.5179	0.551	0.5092	0.556	0.5101	0.5331
普通寿险		1	0.501	0.5014	0.5241	0.5085	0.5468	0.508	0.5428	0.513
分红保险			1	0.9057	0.5229	0.565	0.5118	0.572	0.5129	0.5422
分红两全				1	0.5282	0.5801	0.5145	0.589	0.5158	0.552
分红终身					1	0.6757	0.7571	0.659	0.7812	0.7709
分红年金						1	0.5904	0.952	0.5988	0.8244
投资连结型							1	0.582	0.9573	0.6393
万能寿险								1	0.5893	0.7932
意外伤害险									1	0.6523
健康保险										1

以平安人寿保险公司为代表，部分公司通过万能保险来开展差异化竞争，而近几年来的结算利率通过互联网、新闻媒体进行了透明公开披露，收益率相对较高，因此也得到了居民的认可，分流了部分保费，对分红两全保险构成较明显的竞争压力。

（三）不同险种保费收入的灰色相对关联度

灰色系统理论中，灰色相对关联度用来比较不同变量的增长率的相互影响。从表 4 - 7 显示的相对关联度来看可以得出两个重要结论：

第一，人身保险保费的增长率受到各个险种保费增长率的影响，影响力从高到低分别是分红年金险、投资连结险、健康保险、意外伤害保险、分红保险、分红两全险、分红终身险、万能险、普通寿险，结合前面的保费增长率横向比较的相关数据可以看到，分红年金保费的增长率影响最强，是因为这个险种保费收入持续向上平稳增长；而投资连结险的增长率也对人身保险保费增长率产生较强影响，原因却是期间的两三年时间有异于平常的高增长率。所以，影响的方式有明显差异。

第二，分红两全险保费收入增长率对人身保险保费收入增长率的影响力相对较弱，这与其近几年来增长乏力有关。虽然其保费收入的绝对数额占比最大，对人身保险总保费收入的绝对数额影响力最大，但是对增长率的影响却并不是最强，换言之，对人身保险市场发展的影响并不是最强。这意味着市场已经对这一险种产生了较大质疑，调整人身保险的增长结构势在必行。

第三，就分红两全保险本身的增长影响因素而言，最强的是投资连结险，其次是分红年金险、意外伤害险、健康保险、分红终身险、万能保险。其中，投资连结险的影响力大可能是因为 2006 年、2007 年的突发高增长产生了短期效应，可能不具可持续性。但是分红年金险、健康保险、意外伤害保险对分红两全险的增长影响却可能是持续的。相对而言，这三个险种各有突出的保障作用，都在各自保障特色领域远强于分红两全保险。从后文第五章关于保险人的产品供给行为的研究中将会看到，中国分红保险市场上所销售的部分分红两全保险，所提供的保障责任基本属于意外伤害范畴。因此，分红两全险保费收入的增长受到意外伤害保险的影响，也就有了现实依据。

此外，结合前面关于灰色绝对关联度的分析，以及本书第七章关于各险种保障功能相对强弱的比较分析，还将可以得出一个较明显的结论：居民的保险消费逐渐理性，偏重于保险的保障功能，将对分红两全险这个各方面保障功能都并不强的保险险种的发展产生持续影响力。

隐含的结论依然是：对分红两全保险的改革，回归保险保障功能，是其必然的选择。

表 4 – 7　　　　　　　不同险种保费收入的灰色相对关联度

	人身保险	普通寿险	分红保险	分红两全	分红终身	分红年金	投资连结型	万能寿险	意外伤害险	健康保险
人身保险	1	0.5247	0.856	0.8442	0.6635	0.9775	0.9508	0.556	0.8804	0.8994
普通寿险		1	0.518	0.517	0.5081	0.5258	0.5222	0.503	0.5324	0.5309
分红保险			1	0.9841	0.73	0.8395	0.8944	0.579	0.7705	0.784
分红两全				1	0.7375	0.8288	0.8818	0.581	0.7619	0.7749
分红终身					1	0.6562	0.6814	0.671	0.6244	0.6306
分红年金						1	0.9305	0.554	0.8983	0.9181
投资连结型							1	0.562	0.843	0.86
万能寿险								1	0.5426	0.5447
意外伤害险									1	0.9763
健康保险										1

本章小结

在上一章所述的监管机制对保险市场结构和行为等的研究基础上，本章遵循 R – SCP 分析框架对中国分红保险市场的结构，包括常见文献以保费收入来衡量的市场结构，以及本书特别研究的分红保险产品结构，以期更清楚地描述清楚中国分红保险市场的结构特征，为后文研究奠定坚实基础。得到以下几个主要结论：

一、分红保险市场结构特征表明大公司的垄断控制力仍然较强

第一，市场结构向低寡占趋势发展，向垄断竞争格局演化，但路还很远。随着市场中竞争主体的增加，前 4 家公司的市场份额被分掉部分之后，各自采取了新的竞争策略行为，包括产品创新、网点建设、营销战略推动等，从而重新占领主要市场。CR_8下降缓慢但 2013 年仍高达 84.16%，说明前 8 家公司由于机构数量、人力数量、产品供给的结构和数量等因素均较后来者小公司占优。

第二，原有领先地位的大企业已经丧失市场优势地位，但大公司之间竞争力有所提高，努力保持寡占型市场结构，逐步成为既得利益集团，成为中国分红保险市场改革的阻力所在。这一点，将在后文更深入地分析。

二、分红市场的保险险种的"两全险化"结构演化特征突出

第一，分红保险保费收入在人身保险市场保费收入中的占比呈现了多年的提高，直接拉动了寿险保费在人身险市场保费收入占比，成为寿险业发展引擎。

第二，近年来，中国保险监管者强调要调整寿险业和人身保险业市场结构，其关键在于调整分红两全保险占比过高的市场结构，逐步提高传统寿险、分红终身、分红年金等保障型产品的供给。

三、分红保险的发展受到其他险种的影响且影响力存在差异

第一，对分红两全险保费收入影响能力较大的是万能寿险和分红年金险，再次是健康保险。显示出这几个险种与分红两全保险之间存在一定的替代性竞争。

随着中国社会养老、基本医疗保障制度的改革，相对稀缺有限的居民保费资源逐步流向分红年金和健康保险，这为分红两全保险的发展敲响了警钟。

第二，人身保险保费的增长率受到各个险种保费增长率的影响，影响力从高到低分别是分红年金险、投资连结险、健康保险、意外伤害保险、分红保险、分红两全险、分红终身险、万能险、普通寿险。

第三，分红两全险保费绝对额对人身保险保费绝对额的影响最强，但收入增长率的影响力却相对较弱，仅排在第五位。这意味着市场已经对这一险种产生了较大质疑，调整人身保险的增长结构势在必行。

第四，分红两全险的增长受到分红年金险、健康保险、意外伤害保险这三个保障强的险种的持续多年影响。这说明，随着居民的保险消费逐渐理性而重新回归保障功能偏好，将对分红两全险这个各方面保障功能都并不强的保险险种的发展产生持续影响力。隐含的结论依然是：对分红两全保险的改革，回归保险保障功能，是其必然的选择。

第五章 中国分红保险市场的
保险人行为

在传统产业组织理论看来，企业的市场行为与市场结构之间相互影响，并进而影响企业绩效。在 SCP 范式中，对市场行为的研究主要是针对寡头类型市场结构中的企业合谋行为，从企业合谋、进入壁垒、限制定价行为等方面研究和评判市场中的竞争主体之间的行为。而近年来的新产业组织理论则注重于企业的竞争行为特别是战略行为的研究。

本章考察中国分红保险市场中的保险人在特殊的监管机制下的经营和竞争行为特征，从而可以进一步理解中国分红保险市场结构和产品结构形成的原因，理解分红保险市场结构与保险人市场行为之间的关系，为下一步理解保险人行为对保险消费者行为、对市场绩效的损或益奠定基础，理解 R – SCP 框架中各要素间的相互影响。

第一节 集体选择分红保险产品供给行为

据不完全统计，如表 5 – 1 所示，中国寿险市场上的三大公司的产品均以分红保险为主，差异不大，但产品结构有所区别，重点体现在辅助产品上。中国人寿的第二大产品为意外险，新华人寿为健康险，平安人寿的健康险和意外险都有相应的发展。

从中国保监会的统计资料看，中国分红保险市场的产品可以归类为分红终身寿险、分红两全险、分红养老险（包括分红年金险）。从保费统计数据综合地看整个寿险行业的分红保险产品供给情况，可以把企业的分红保险产品的供给结构总结为四个"集体选择"特点：

表 5 – 1　　　　　　　　**部分人身保险公司产品业务结构**　　　　　　单位：%

保险公司	寿险产品				非寿险产品			
	分红保险	占比	非分红保险	占比	健康险	占比	意外险	占比
中国人寿	32	52.46	3	4.92	9	14.75	17	27.87
平安人寿	39	36.45	7	6.54	39	36.45	22	20.56
新华人寿	32	65.31	4	8.16	11	22.45	2	4.08

资料来源：各公司的官网、中国保险行业协会网站。

一、集体主动选择分红两全保险

本书第三章，关于监管合谋行为的分析论证中已经证明了分红两全保险产品对保险人和保险行业的意义。本节可以从两方面统计数据进一步更清楚地说明这一问题的突出性：第一是保险公司个体向市场推出的保险产品中，分红两全保险占绝大多数，使单一险种的产品数量独占鳌头；第二是对保险公司的保费贡献排名中，分红两全保险收入也占绝大多数。

2011 年以来，保监会要求各家公司通过各种媒介在财务年报中披露上一年度对公司保费收入贡献前 5 名的保险产品名称及保费收入情况。而 2009 年的中国保险行业会计制度变革，直接促使各寿险公司以分红两全保险产品引领寿险产品供给结构的变化。为深入理解这一特定历史，本书收集整理 2010 年全国 50 家公司首次向社会公布的保费收入前 5 名的产品情况，均为个人寿险产品；这 250 个产品的总保费收入达到 5839 亿元，当年度中国个人寿险保费收入为 8091.2 亿元，因此这 250 个产品保费收入占当年个人寿险收入的 72.16%。

表 5 – 2 列出了市场保费收入前 8 名的寿险公司，用各自保费收入前 5 名的产品的保费进行排序，可以看出分红两全险在各家公司中的核心地位。除了平安人寿的分红保险和万能险共同发展外，其他多数公司甚至只供给分红保险产品。

表5－2　　2010 年寿险公司保费收入前 5 名产品的保费收入情况表

单位：百万元、%

序号	保险公司名称	公司前5名险种保费收入合计	在全国占比	保费收入前5名险种	原始保费收入	在全国占比
	全国 50 家公司	583900.20	100			
1	中国人寿保险	200247	34.29	鸿盈两全保险（分红保险）	68612	11.75
				鸿富两全保险（分红保险）	44320	7.59
				鸿丰两全保险（分红保险）	29868	5.12
				康宁终身保险	28853	4.94
				美满一生年金保险（分红保险）	28594	4.90
2	中国平安人寿保险	75499.1	12.93	平安智盈人生终身寿险（万能险）	31459.54	5.39
				平安富贵人生两全保险（分红保险）	19729.06	3.38
				平安金玉满堂两全保险（万能型）	8801.16	1.51
				平安世纪赢家终身寿险（万能型）	8649.35	1.48
				平安金彩人生两全保险（万能型）	6859.99	1.17
3	中国太平洋人寿保险	55174.22	9.45	红利发两全保险（分红型）10 年期	15993.09	2.74
				红利发两全保险（分红型）5 年期	15092.15	2.58
				红福宝两全保险（分红型）10 年期	14696.77	2.52
				太平盛世—长泰安康 B 款（9906）	5412.06	0.93
				鸿福人生两全保险（分红型）	3980.15	0.68

序号	保险公司名称	公司前5名险种保费收入合计	在全国占比	保费收入前5名险种	原始保费收入	在全国占比
4	泰康人寿保险	51654.51	8.85	泰康金满仓两全保险（分红保险）	37688.21	6.45
				泰康金满仓B款年金（分红保险）	7656.32	1.31
				泰康安享人生两全保险（分红保险）	2283.39	0.39
				泰康千里马两全保险（分红保险）B款	2256.40	0.39
				泰康永福人生年金保险（分红保险）	1770.19	0.30
5	新华人寿保险	50837.8	8.71	红双喜新C款两全保险（分红型）	23164.50	3.97
				红双喜两全保险（A款）（分红型）	11376.80	1.95
				尊享人生年金保险（分红型）	5725.60	0.98
				红双喜两全保险（D款）（分红型）	5367.90	0.92
				红双喜喜来顺两全保险（分红型）	5203.00	0.89
6	中国人保寿险	45781	7.84	人保寿险金鼎富贵两全保险（分红型）	39887.00	6.83
				人保寿险金鼎富贵两全保险（B款）（分红型）	2354.00	0.40
				人保寿险盛世富贵两全保险（分红型）（A款）	2907.00	0.50
				人保寿险福满人间两全保险（分红型）	279.00	0.05
				人保寿险畅享人生年金保险（分红型）B款	354.00	0.06

续表

序号	保险公司名称	公司前5名险种保费收入合计	在全国占比	保费收入前5名险种	原始保费收入	在全国占比
7	太平人寿保险	20410.64	3.50	太平盈盛两全保险 C 款（分红型）	5706.31	0.98
				太平盈丰两全保险 C 款（分红型）	5072.37	0.87
				太平喜盈丰两全保险 B 款（分红型）	4929.72	0.84
				太平福寿连连两全保险（分红型）	2352.89	0.40
				太平如意三号两全保险（分红型）	2349.35	0.40
8	阳光人寿保险	12877.93	2.21	阳光人寿阳光普照两全保险 D 款（分红型）	10,252.91	1.76
				阳光人寿阳光十年两全保险（分红型）	1,576.36	0.27
				阳光人寿阳光普照两全保险 C 款（分红型）	657.56	0.11
				阳光人寿添富年年两全保险 B 款（分红型）	222.89	0.04
				阳光人寿财富年年两全保险（分红型）	168.21	0.03

资料来源：根据各公司官方网站公布信息整理。

中国人保寿险公司的表现非常突出，2010 年，该公司实现人身保险费收入 721.273 亿元，个人寿险保费收入 707.109 亿元，个人分红保险收入 704.6741 亿元，因此，个人分红保险收入占个人寿险收入比高达 99.66%，占公司总人身保险收入的 97.7%。进一步地看，该公司当年保费收入前 5 名产品均为分红保险，其中前 4 名为两全险，保费合计 454.27 亿元，占当年度该公司总保费收入的 62.98%。

再看最大的中国人寿保险公司，前 5 名产品保费收入 2002. 47 亿元，在 50 家公司的前 5 名产品保费总收入 5839 亿元中占比高达 34. 29%。其中的三个分红两全保险产品分别在全国占比达到 11. 75%、7. 59%、5. 12%，合计占比 24. 46%，独领风骚。而当年度该公司个人寿险收入 2978. 74 亿元，公司总人身保险保费收入 3182. 28 亿元，因此，可以由此测算出该公司这 5 个产品的保费收入占当年该公司个人寿险保费收入的 81. 84%，占当年该公司人身保险总收入的 62. 93%。当年该公司的个人分红保险收入 2446. 93 亿元，因此 4 个收入前列的分红产品保费收入占比已经高达 70%，3 个分红两全保险收入占当年公司分红保险保费收入的 58. 36%。

其他的几家公司，前 5 名产品实现的保费收入均在该公司当年度保费收入的一半以上。在外资寿险公司如友邦人寿，保费收入前 5 名险种中也是分红保险在首位，占了三个，对公司总保费收入的贡献度接近 30%。更有甚者，人保寿险公司的"金鼎富贵两全保险"于 2010 年获得保费收入 398. 87 亿元，一个产品就为该公司年度保险费贡献高达 55. 3%，保费收入在少数产品的集中程度可见一斑。

类似地，可以见本书第二章第三节"中国分红保险市场发展现状"中的表 2 - 4、表 2 - 5、表 2 - 6、表 2 - 7、表 2 - 8、表 2 - 9 等所显示的情况，特别是从分红两全险在中国人身保险保费收入、寿险保费收入中的占比之高，都可以清晰地看到行业对分红两全保险的"集体选择"行为。

二、集体选择"分红化"产品结构

近年来，各家寿险公司加强了分红保险产品的开发创新和市场竞争，部分公司把竞争资源从其他产品市场转向分红保险市场。平安人寿保险公司是其中的一个转型代表，该公司从注重万能险的供给向分红险的转身，本书认为标志着中国寿险市场的"分红化"、"两全险化"的供给结构基本成形。2009 年推行会计新准则，使平安人寿保险公司面临高达 800 亿元的利差损[1]。而金博轶，谢志刚（2011）的研究则推测，新会计准则对评估

---

[1] 欧阳晓红. 马明哲吐苦水震惊众险企 平安利差损高达 800 亿 ［E］. 网易财经频道，（2009 - 12 - 19）http://money. 163. com/09/1219/01/5QS0A6BV00252H36. html.

利率的要求改变使该公司产生 400 亿元左右的利差损，到 2008 年年底由于投资环境的改善和险种结构的调整，实际实现利差益 43 亿元①。实际上，分红保险的分红软约束，或许是该公司向分红保险产品转身，同时改变原有分红保险产品结构的根本原因。

从表 5 - 3 可见，相比于 2010 年该公司以万能寿险产品为主导的竞争战略，2013 年也同样在前两年的基础上进一步强化了分红保险产品的更新换代和市场竞争，保费收入前五名产品均为分红型两全险，对公司当年度总人身保费贡献度达 35.97%，在中国寿险市场名列前茅。

表 5 - 3 **2013 年保费收入前四位公司的保费贡献前五名产品情况**

公司名称	产品名称	保费收入（百万元）	对公司保费贡献度(%)
中国人寿	国寿鑫丰两全保险（分红型）	32770.00	10.03
	国寿鸿盈两全保险（分红型）	29235.00	8.95
	康宁终身保险	25672.00	7.86
	国寿美满一生年金保险（分红型）	18881.00	5.78
	国寿鸿丰两全保险（分红型）	2186.00	0.67
	合计	108744.00	33.28
平安人寿	金裕人生两全保险（分红型）	21829.53	14.94
	富贵人生两全保险（分红型）	10784.06	7.38
	鑫利两全保险（分红型）	8121.09	5.56
	吉星送宝少儿两全保险（分红型）	6418.97	4.39
	世纪天使少儿两全保险（分红型）	5397.15	3.69
	合计	52550.80	35.97
太保寿险	红福宝两全保险（分红型）	12903.00	13.57
	鸿鑫人生两全保险（分红型）	6793.00	7.14
	红利盈（A 款）两全保险（分红型）	6327.00	6.65
	鸿发年年全能定投年金（分红型）	6302.00	6.63
	太平盛世—长泰安康 B 款（9906）	4410.00	4.64
	合计	32325.00	33.99

① 金博轶，谢志刚. 寿险业利差损问题研究 [J]. 统计与决策，2011 (4)：130 - 132.

续表

公司名称	产品名称	保费收入 （百万元）	对公司保费 贡献度（%）
新华人寿	红双喜新 C 款两全保险（分红型）	20379.00	19.66
	红双喜两全保险（A 款）（分红型）	1169.00	1.13
	红双喜金钱柜年金保险（分红型）	6241.00	6.02
	尊享人生年金保险（分红型）	79.38	0.08
	红双喜新 A 款两全保险（分红型）	30.00	0.03
	合计	27898	26.92

资料来源：根据各公司官方网站公布信息整理。

　　至此，作为中国寿险市场乃至整个保险业具有浓厚的现代股份制、国际化、集团化、综合化经营的代表，中国平安人寿保险公司的寿险产品供给结构重点偏向了分红保险，逐步放弃其曾经一度领导中国万能寿险产品市场发展的优势公司地位，意味着中国寿险市场产品供给结构"分红保险化"、"分红两全保险化"最终形成。这将使消费者的自主选择权由于行业的产品供给结构原因受到严重侵害。

三、集体选择重理财轻保障功能产品

　　随着市场竞争加剧，部分公司在产品创新过程中陷入为创新而创新，或者说为保费目标而创新的"误区"，产品的风险保障功能欠缺。这在银行保险产品中表现尤其突出，成为银行储蓄的替代品，导致保险行业在金融市场的边缘化[1]，这也正逐渐成为中国寿险业发展面临结构调整的导火索。

　　这可以用 2010 年国有控股 A 保险公司保费收入贡献度第一的"金鼎富贵两全保险"，2010 年另一大型国有控股 B 公司保费收入名列前茅的"鸿丰两全保险"，以及 2013 年 B 公司新推出的"鑫丰两全保险"改进型产品为例进行简单比较说明。

---

　　[1]　郝演苏，郭丽军. 要关注保险行业的边缘化倾向 [J]. 保险研究，2010（11）：71 – 73.

A 公司的"金鼎富贵两全保险"于 2010 年获得保费收入 398. 87 亿元，为该公司年度保费收入贡献度高达 55. 3%。B 公司的鸿丰两全保险产品 2004 年就已经上市，连续多年为公司带来高额保费收入，其中 2010 年收入 298. 68 亿元，保费贡献度达 9. 39%；2013 年退出市场前仍为该公司创造了达 0. 67% 的保费收入。"鑫丰两全保险"于 2013 年向市场推出，当年度获得了高达 327. 7 亿元保费，为该公司保费贡献度高达 10. 03%。三个产品都属于所在公司重点营销型的"理财"保险产品，保障相对不足。为此，可以结合表 5 - 4、表 5 - 5、表 5 - 6 和表 5 - 7 分析说明。

表 5 - 4 比较说明了三个保险产品的保险责任，可以看出，三者均为"两全保险"，保险责任均包括三个方面，即满期生存给付、身故（非意外）、意外身故保险金，共同处是满期生存给付和非意外身故保险金均为"基本保险金额"，差异体现在"意外身故保险金"。B 公司的前后两个产品采取了不同的描述语言，但本质均为基本保险金额的三倍给付；而 A 公司的产品则区分了公共交通意外伤害的保障，普通意外伤害以"两倍"基本保险金额赔付，而公共交通意外以"三倍"赔付，以此体现"保险保障功能"，体现与其他公司同类产品的差异。B 公司的新产品鑫丰两全保险明显比另两个老产品有"性价比"，因此得到市场的保费支持，取得了高额保费收入，创造了当年度全国单一保险产品最高保费收入的市场神话！

表 5 - 4　　　　　　三款保费收入贡献突出的保险产品责任比较

产品名称		保险责任
鸿丰两全保险	满期保险金	被保险人生存至保险期间届满的年生效对应日，按基本保险金额给付满期保险金，合同终止。
	疾病身故保险金	被保险人于本合同生效之日起一年内因疾病身故，按所交保费（不计利息）给付身故保险金，合同终止；被保险人于本合同生效之日起一年后因疾病身故，按基本保险金额给付身故保险金，合同终止。
	意外伤害身故保险金	被保险人因意外伤害身故，按基本保险金额的三倍给付身故保险金，合同终止。

产品名称	保险责任	
鑫丰两全 保险	满期保险金	被保险人生存至保险期间届满的年生效对应日，按基本保险金额给付满期保险金，合同终止。
	身故保险金	被保险人于合同生效之日起身故，按基本保险金额给付身故保险金，合同终止。
	意外身故 保险金	被保险人于合同生效之日起因遭受意外伤害事故，除按上述第二款的约定给付身故保险金外，再按合同基本保险金额的两倍给付意外身故保险金，合同终止。
金鼎富贵 两全保险	满期保险金	若被保险人在保险期间内未发生保险事故且保险期间届满时生存，按基本保险金额给付满期保险金，合同终止。
	身故或全残 保险金	若被保险人在本合同生效日起一年内因疾病导致身故或全残，无息返还所交保险费，合同终止；若被保险人在本合同生效一年后因疾病导致身故或全残，按基本保险金额给付身故或全残保险金，合同终止。
	意外身故或 全残保险金	若被保险人遭受意外伤害，并且自意外伤害发生之日起 180 日内以该意外伤害为直接和单独原因导致身故或全残，按基本保险金额的两倍给付意外身故或全残保险金，合同终止。
	公共交通意 外身故或全 残保险金	若被保险人以乘客身份乘坐公共交通工具时遭受意外伤害，并且自意外伤害发生之日起 180 日内以该意外伤害为直接和单独原因导致身故或全残，按基本保险金额的三倍给付公共交通意外身故或全残保险金，合同终止。

资源来源：根据各保险条款整理。

　　仅从保险责任条款内容比较，三个产品的保险责任均满足保险理论中的"两全"保险内涵要求，属于"寿险"范畴。在传统保险理论上，"寿险"的"基本保险金额"与"所交保费"之间存在较高比例，注重于"死亡风险"或"生存风险"。"死亡风险"保障目标应该是不论被保险人因疾病还是意外伤害的保险责任事故造成的"身故"，都应得到远高于所交保费金额的保险金理赔，才能真正实现保险的风险保障意义。

但是，从表5-5、表5-6、表5-7所示的产品保险利益演示表可以清楚地看到，几个产品最大的保障均在于"意外伤害身故"或"意外伤害导致的全残"风险，对于"疾病"或不在保险责任条款范围内的意外伤害身故的保障责任明显偏弱，几乎可以忽略不计，产品重理财而轻保障功能的特征突出。

表5-5　　　　　**鸿丰两全保险（分红型）保险利益演示表**　　　　单位：元

保单年度	年初保费	累计保费	疾病身故保障	意外身故保障	满期给付	退保金（现金价值）（年末）
1	100000	100000	100000	318900		94000
2		100000	106300	318900		97800
3		100000	106300	318900		100500
4		100000	106300	318900		103400
5		100000	106300	318900	106300	106300

注：假设保单；保险金额106300元；保险期间5年；投保年龄30岁；趸交保费100000元。

资料来源：保险产品条款。

表5-6　　　**寿险金鼎富贵两全保险（分红型）保险利益演示表**　　单位：元

保单年度	年初保费	累计保费	身故保障	一般意外身故或全残保障	公交意外身故或全残保障	满期给付	退保金（现金价值）（年末）
1	100000	100000	106500	213000	319500		94000
2		100000	106500	213000	319500		96900
3		100000	106500	213000	319500		100000
4		100000	106500	213000	319500		103200
5		100000	106500	213000	319500	106500	106500

注：①假设保单；基本保险金额106500元；保险期间5年；投保年龄30岁；趸交保费100000元。②该产品可以有十年保险期，这里仅比较五年保险期间的费率和保险责任。

资料来源：保险产品条款。

表5－7　　　　　　　鑫丰两全保险（分红型）保险利益演示表　　　　单位：元

保单年度	年初保费	累计保费	身故保障	意外身故保障	满期给付	退保金（现金价值）（年末）
1	100000	100000	112300	336900		102000
2		100000	112300	336900		104500
3		100000	112300	336900		107000
4		100000	112300	336900		109600
5		100000	112300	336900	112300	112300

注：假设保单；基本保险金额 112300 元；保险期间 5 年；投保年龄 30 岁；趸交保费 100000 元。

资料来源：保险产品条款。

四、集体选择"双短期"产品

保险经营理论认为，寿险的持续经营强调保费收入的稳定性，强调长期经营、长期缴费，以保证公司获得持续稳定的保费现金流，降低市场开发成本，降低保费收入获得的交易成本，同时也可以培养投保人的忠诚度，获得持续开发保费资源的机会。

同时，商业保险在本质上是商品合同，双方的权利义务相对明确，保险消费者一方的义务是在最大诚信的投保基础上，按期向保险人交纳保险费；而权利则是在发生保险责任事故时依法获得保险理赔。传统寿险产品中通常允许保险消费者选择长期交费和长期保险，尽可能实现权利和义务时间上的对等。

更重要的是，传统寿险产品可以帮助保险消费者在长保险期间内获得充分保障，即使投保人只交了一次、二次保费，一旦发生了保险责任事故，被保险人都可以获得远超出所交保费的高额保险金额赔付，以此深刻体现了寿险的风险转移和保障功能。但是，从第三章的相关统计数据可见，当前中国寿险市场上的各家公司基本缺失了传统无分红功能的终身寿险或两全保险产品的供给动力，传统寿险保费收入逐年下降。

但是，以上述三款产品为代表，当前各家寿险公司"集体选择"向市场供给的分红保险产品表现出"短期交费"、"短期保险"的特点，已经被中国保监会所不认同并提出了延长保险期间和交费期间的改革要求。但保险人均可以在产品精算设计时设定趸交费率，在营销过程中则以相关"激励"和"早交完保费早享受理财收益"之类话术鼓励投保人短期交费，合法规避监管机制的约束。

第二节　重营销轻售后服务的市场竞争行为

一、银邮兼业代理营销渠道竞争激烈

随着市场竞争加剧，保险公司的营销竞争行为与产品供给竞争行为相互促进，又相互制约。总体上，新进入市场的保险公司及其分支机构，或者是保险公司为了冲刺 IPO 而做大保费规模的特殊目的，为了快速获得保费收入，通常会采取供给银行邮政代理产品，借助银行邮政这两个销售网点数量占优的兼业代理机构的力量抢占市场保费资源，已经屡屡证明成功有效。

如表 5-8、图 5-1 所示的 15 家代表性公司中，2008 年通过银行邮政兼业代理渠道获得保费收入超出个人代理渠道保费收入的公司多达 12 家，另外 3 家公司中，中宏人寿 100% 通过个人代理渠道获得保费收入，信诚人寿公司的个人代理保费收入占比 58.19%，平安人寿则占到 79.32%。到 2013 年，银行邮政渠道实现的保费收入绝对额及其在公司人身险保费收入中的占比均有所下降，个人代理渠道实现保费收入重回主流地位，9 家公司通过个人代理实现的保费在全国总保费中的占比高于当年该公司的银行邮政代理保费收入。

表 5-8　　　　代表保险公司的营销渠道保费收入比较情况　　　　单位：%

公司名称	2008 年		2013 年	
	个人代理保费占比	银行邮政代理保费收入占比	个人代理保费占比	银行邮政代理保费收入占比
国寿股份	42.95	47.41	60.83	23.62
平安人寿	79.32	14.79	87.41	7.81

续表

公司名称	2008 年		2013 年	
	个人代理保费占比	银行邮政代理保费收入占比	个人代理保费占比	银行邮政代理保费收入占比
新华人寿	26.58	69.49	41.29	48.60
太保寿险	39.05	51.38	60.81	30.91
人保寿险	16.20	75.62	19.43	64.55
泰康人寿	25.03	65.16	45.61	48.37
太平人寿	22.39	72.07	43.95	53.62
生命人寿	14.46	78.63	30.28	63.7
民生人寿	31.49	64.51	75.55	17.48
合众人寿	34.19	60.89	61.47	32.21
信诚人寿	58.19	41.55	67.42	29.54
中宏人寿	100.00	0.00	96.82	3.18
恒安标准	38.77	57.54	42.49	39.62
中意人寿	18.74	63.27	15.41	28.62
中德安联	14.83	76.22	26.74	64.52

资料来源：根据各年《中国保险年鉴》数据整理。

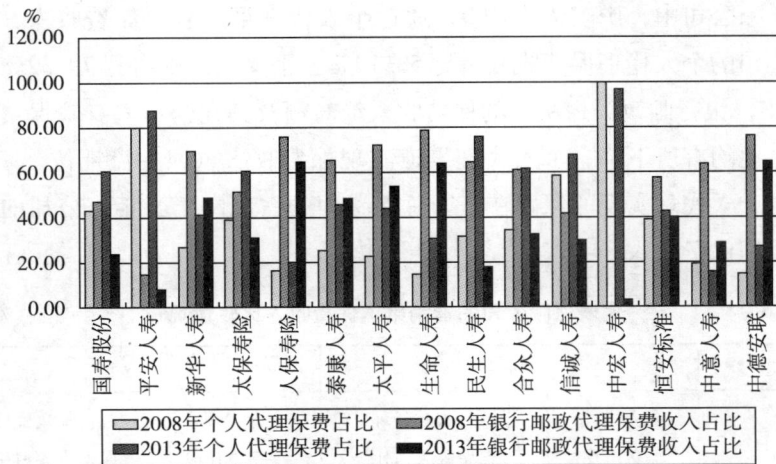

资料来源：《中国保险年鉴》相关数据二次整理。

图 5 - 1　代表公司的营销渠道保费收入比较图

但是，伴随着银行邮政兼业代理保险市场的快速发展，银行、邮政在现有代理合作模式中的主动地位得到逐步的提高，在不断或明或暗地提高准入要求，提高了代理交易成本；同时，银行和邮政也在向市场推出银行系、邮政系保险公司主体的同类竞争产品。而监管部门在2010年11月、2011年3月连续推出的银行代理保险新监管机制，规定一家银行网点不得代理超过三家保险公司产品，并禁止保险公司派代表驻银行销售，这更使银行进一步获得了代理销售保险产品的"制度红利"。正如何凯浩，郑振龙（2009）的研究结论所揭示，保险资源被代理人（即银行、邮政）垄断，保险人从迎合投保人转向迎合代理人，不再有降低保险费率的动机，而是尽可能提高保险手续费，结果当然也必然是提高银行保险费率①或者降低保障赔付比率。

因此，银行邮政兼业代理市场的监管机制表现为对参与者的激励有余而约束不足弊病，导致银保合作效率损失②。具体表现为银行邮政代理渠道的分红保险保费收入呈负增长而代理交易成本高增长困境，使保险人重新重视个人代理渠道，增加营销费用并改善佣金政策，有效保证了个人代理渠道保费收入的正增长，但都仍然无法保证新契约保费的正增长。因而，2011年以来中国分红寿险，乃至整个寿险业都面临着增长压力。

特别是，上述由保险公司主导的高额保费、短期收费、短期保险期间等"涸泽而渔"式的竞争行为，也已经带来更严重的后果，直接表现为新契约保费增长放缓甚至负增长，间接的就是伤害居民的保险意识和投保心态。

实际上，从表5-9、表5-10和表5-11几张保费增长率情况表的比较可以看到，由于银行邮政代理实现的保费收入在部分公司的保费收入中占比过高，而近两年来部分公司又出现了连续负增长，因此，即使个人代理渠道实现了保费收入正增长，但由于银行邮政中介渠道保费收入负增长，整个行业仍无法获得新保单保费的正增长。

---

① 何凯浩，郑振龙. 保险公司具有信息优势下的保险市场均衡问题研究［J］. 保险研究，2009（1）：101-106.

② 魏华林，龙梦洁. 银保合作的效率损失研究［J］. 保险研究，2012（12）：74-80.

表 5 - 9　　　　　　代表公司个人代理渠道保费收入增长率　　　　单位：%

公司名称	2009 年	2010 年	2011 年	2012 年	2013 年
国寿股份	6.50	11.05	7.61	11.87	9.80
平安寿险	25.29	-19.72	25.06	9.71	15.30
新华人寿	40.50	37.02	24.89	19.38	0.75
太保寿险	14.56	19.55	22.12	18.03	13.50
人保寿险	-0.58	51.55	6.74	19.47	63.10
泰康人寿	36.70	-19.00	23.42	18.34	19.29
太平人寿	44.77	49.01	31.73	23.56	53.33
生命人寿	10.41	46.30	115.51	34.92	23.52
民生人寿	35.25	29.43	24.52	18.09	13.72
合众人寿	16.30	-5.69	42.82	23.67	17.92
信诚人寿	-26.24	22.66	14.78	8.28	14.67
中宏人寿	18.11	21.64	16.35	14.45	9.43
恒安标准	23.98	-17.58	32.58	29.76	18.27
中意人寿	11.95	0.76	30.17	15.13	10.33
中德安联	-32.58	26.52	5.38	22.16	22.17
平均	14.99	16.90	28.25	19.12	20.34

资料来源：历年《中国保险年鉴》相关数据整理。

表 5 - 10　　　　　　代表公司银邮渠道保费环比增长率情况　　　　单位：%

公司名称	2009 年	2010 年	2011 年	2012 年	2013 年
国寿股份	-3.30	2.78	-9.07	-18.90	-24.98
平安寿险	85.63	-62.01	47.16	-12.27	-16.25
新华人寿	11.51	42.89	-6.86	-7.23	-5.45
太保寿险	-13.09	63.22	-8.58	-22.53	-13.83
人保寿险	90.07	49.31	-3.52	-23.76	6.81
泰康人寿	9.97	16.52	-4.30	-23.13	-16.64
太平人寿	13.18	43.46	-16.80	11.83	35.04
生命人寿	-16.82	132.07	51.32	-2.75	-21.00
民生人寿	-58.31	130.08	23.67	-32.83	-58.51

公司名称	2009 年	2010 年	2011 年	2012 年	2013 年
合众人寿	5.09	38.45	42.21	−39.17	−48.25
信诚人寿	−49.22	119.05	−34.53	−0.96	9.71
中宏人寿	—	200.00	191.03	1855.95	6.95
恒安标准	−45.28	−86.43	229.96	104.58	−43.83
中意人寿	110.70	−24.02	−44.35	7.49	7.11
中德安联	−55.42	−34.16	10.55	49.11	30.15
平均	6.05	42.08	31.19	123.03	−10.20

资料来源：历年《中国保险年鉴》相关数据整理。

表 5 – 11　　　　　　　**代表公司的分红保险保费收入增长率**　　　　单位：%

公司名称	2009 年	2010 年	2011 年	2012 年	2013 年
国寿股份	3.65	19.98	−0.03	0.08	−1.42
平安寿险	38.33	43.26	35.23	6.15	10.58
新华人寿	41.28	42.85	2.26	1.57	−10.79
太保寿险	47.59	58.32	4.76	−2.31	3.94
人保寿险	813.84	54.80	−3.58	−17.51	10.18
泰康人寿	260.27	50.53	3.67	−10.97	−2.78
太平人寿	172.99	74.37	−3.70	16.53	43.19
生命人寿	374.32	190.42	61.18	2.71	−10.93
民生人寿	−23.57	73.47	23.60	−10.88	−17.05
合众人寿	67.76	42.34	43.46	−21.41	−21.90
信诚人寿	57.35	67.21	−13.47	2.89	8.61
中宏人寿	20.25	22.03	17.79	19.65	8.81
恒安标准	−7.71	−62.03	69.10	51.77	−23.29
中意人寿	518.54	−8.88	−31.25	10.79	−6.56
中德安联	−10.61	−25.33	−1.38	43.72	32.80
平均	158.29	42.89	13.84	6.19	1.56

资料来源：历年《中国保险年鉴》相关数据整理。

换言之，虽然人身保险市场的总保费得到了正增长，但新保单保费是负增长的，这意味着市场总保费的增长主要来源于原有存量保单的续期保费增长，而非新保单的持续增长。表 5 – 11 充分说明了问题的严重性，代表公司在近几年的保费增长均呈现出放缓甚至负增长的特点。

二、道德风险行为盛行

诸多不利因素的持续影响，逐渐恶化行业生态环境，进一步助推了保险经营和营销竞争行为的短期化选择，市场上道德风险行为盛行，这可以归结为如下两种类型。

（一）销售过程和销售行为失范：居民保费资源错配导致供求矛盾日趋激化

以英国、德国为代表，发达国家保险监管部门逐渐认识到保险销售行为的规范性对保障消费者权益、提高保险合同持续性的重要性。例如，对保险消费者进行风险状况、财务状况、保险意识和保险知识水平测试，签订合同前，详尽告知保险条款内容，特别是其中的保险责任、除外责任等核心内容，正确地完成保险合同签订过程特有的"唤醒需求"或者说"诱导需求"。

但是，中国寿险营销过程片面理解"唤醒需求"或"诱导需求"，演变成严重的误导行为，恶性开发保费资源，致使社会保费资源错配，保险消费者的投诉率和退保率增速提升，后果是打击社会居民的保险意识，严重恶化居民对保险行业的认知，泛化并固化拒绝保险的不良心理，严重影响行业的基础。

分红保险的销售误导现象严重。中国保监会统计数据显示，2012 年人身险公司销售误导投诉高达 2979 个，占违法违规投诉总量的 85.28%，同比增长达 128.1%。其中，分红保险 1841 个，占总量的 60.89%；银行保险的销售投诉 1385 个，占总量的 46.49%。通常是承诺高收益，把分红保险的"预期红利"与银行存款利率或其他银行、基金理财产品的预期年化利率进行比较，诱导存款人把存款转为保险单，特别是诱导年龄偏大，金融知识、保险知识欠缺的存款人，而基本忽略了保险的风险保障作用。一旦投保人发现存款转换成的契约并非他们想象的理财产品，而是保险单，特别是经过一两年的持有后才发现红利绝对额远不如银行存款利息绝对额，持有到期后的满期基本保险额与投保所交保费"本金"之间差距不大，并不如购买其他理财产品或直接以存款形式理财所得的"理财收益"，甚至在保单持有过程发生保险事故获得的保险金也与所交"本金"相差不大，矛盾因此爆发，分红保险的退保潮因此产生。

此外，2012 年的人身保险退保纠纷投诉总计 2517 个，占合同纠纷的 40.11%，较上年增长 370.47%。退保纠纷的核心原因是对退保金额不满意，退保所获得的保单现金价值过低①。

2013 年消费者投诉事项涉及人身险的共有 13852 个，其中分红保险一个险种占 7228 件，占比高达 52.18%；人身险涉嫌保险公司违法违规类投诉中，各类销售违规 4643 个，占违法违规投诉总量的 98.54%，其中涉嫌欺诈误导 4257 个，主要反映业务员夸大产品收益、代签名和代抄录风险提示语句、银邮代理渠道以理财产品的名义销售保险等问题。但由于业务员一般都是在口头上进行宣传讲解，消费者无法提供录音证据或书面证明材料，发生争议时消费者与业务员各执一词，导致调查取证难度较大，很多该类投诉问题均无法查实②。

2014 年上半年消费者投诉事项涉及人身险的共有 8275 个，其中，保险公司合同纠纷类投诉 5710 个，涉嫌违法违规类投诉 2480 个。合同纠纷类投诉中，承保纠纷 1415 个，占比 24.78%，主要表现在销售人员没有完全履行告知义务，包括退保损失、分红保险产品收益不确定等。人身险涉嫌保险公司违法违规类投诉中，各类销售违规 2438 个，占违法违规投诉总量的 98.31%，其中涉嫌欺诈误导 2197 个。消费者主要投诉销售人员夸大产品收益、错误解释保险条款、隐瞒投资风险或保险合同期限、混淆保险与理财产品的概念等；投诉大多集中在银保渠道③。

① 中国保监会办公厅关于 2012 年保险消费者投诉情况的通知，中国保监会网站，2013 年 2 月 19 日。

② 中国保监会关于 2013 年保险消费者投诉情况的通报（保监消保〔2014〕2 号），中国保监会网站，2014 年 1 月 26 日。

③ 中国保监会关于 2014 年上半年保险消费者投诉情况的通报（保监消保〔2014〕117 号），中国保监会网站，2014 年 7 月 22 日。

　　与表 5 – 11 展示的分红保险保费收入增长困难问题相反，从表 5 – 12 可以清楚地看到各公司退保金额的高增长情况。2008 年，人保寿险、生命人寿、合众人寿、恒安标准人寿等公司的退保金较上年成倍增长；2009 年，泰康人寿、民生人寿的退保金也出现了较上年翻倍增长的现象；2010 年，各公司的退保金增长问题得到控制；但是 2011—2013 年各公司无一例外地保持了正增长势头，特别是其中的人保寿险公司、合众人寿、太保寿险、信诚人寿五家公司再次出现退保金额高增长；2012 年，合众人寿继续增长达 151.75%，其余多数公司均保持正增长。

表 5 – 12　　　　　代表公司 2008—2013 年退保金增长率比较　　　　单位：%

公司名称	2008 年	2009 年	2010 年	2011 年	2012 年	2013 年
国寿股份	– 10.38	– 15.09	– 22.61	42.05	11.51	59.25
平安寿险	– 0.17	6.55	– 74.75	19.47	24.29	38.94
新华人寿	– 5.14	– 37.77	46.88	95.15	20.24	59.15
太保寿险	– 8.04	41.65	2.36	113.58	28.47	60.60
人保寿险	264.01	– 4.19	45.37	224.89	86.96	68.45
泰康人寿	78.01	104.83	– 88.80	97.13	39.95	47.53
太平人寿	– 8.04	8.72	– 63.40	82.24	42.07	59.37
生命人寿	134.35	– 28.07	– 59.28	193.67	63.39	80.38
民生人寿	– 36.61	126.45	– 28.92	72.12	5.31	66.90
合众人寿	117.50	16.28	– 56.72	228.87	151.75	21.44
信诚人寿	26.38	– 79.86	15.73	115.88	21.11	18.55
中宏人寿	– 10.25	18.75	– 20.97	13.22	36.15	25.35
恒安标准	194.60	51.34	– 91.96	2.92	26.30	22.56
中意人寿	7.59	19.73	– 33.78	82.54	– 6.32	– 19.17
中德安联	23.86	– 60.26	– 26.07	45.35	– 30.27	– 21.48
平均	51.18	11.27	– 30.46	95.27	34.73	39.19

资料来源：历年《中国保险年鉴》相关数据整理。

　　从前述分析和相关数据表已知，由于 2009 年中国保险会计制度的变迁，导致各家寿险公司纷纷放弃曾经的万能险、投资连结险产品，甚至也极少再供给和销售传统寿险产品，而把经营资源集中于分红保险产品的竞争，分红保险保费收入在寿险总收入中占据了核心地位，新契约保费收入甚至占比达 90% 以上。因此，2011 年、2012 年以来的退保问题，90% 以上应归于分红保险产品的退保。

（二）经营者道德风险行为：产品经营费用上升吞噬可分配红利

保险人的第二类型的道德风险行为表现为经营者道德风险，可以用经营管理成本的持续上升间接地说明。相对于保费收入的低增长甚至负增长，相对于退保金的高比例增长，寿险公司的业务及管理费用却保持正比例甚至高比例增长。相比于营销过程的"误导"式道德风险的可观察性，这种经营者的道德风险对分红保险市场的不利影响，具有隐蔽性且危害性更强的后果。

中国保险监管制度规定，分红保险红利来源于死差、利差、费差的三差损益。在一定的生命表基础上，死差损益决定于精算设计时的保守程度，决定于被保险人质量即承保质量，公司经营管理层较难以掌控。利差即投资收益率与精算预定收益率之差，按现行保险经营模式，投资一般由公司的专门部门、专门子公司或委托外部第三方力量开展，主要受控于投资团队，受投资市场的系统性风险影响，因此一定程度上具有客观性，投资经营"代理人"的道德风险隐藏得更深而更难以识别。而费差，则直接受到公司经营管理者，即公司经营的"代理人"道德风险行为的主观影响。

受国际金融危机、国内外经济宏观环境差、资本市场走熊等原因的影响，导致投资收益率不高，是近年来多数保险公司向投资者和投保人解释经营利润不高、分红保险红利低的习惯理由。然而，分红保险红利来源的三差法表明，在死差、利差不变的假设条件下，在同样的营销竞争、投资市场环境条件下，费差成为影响不同公司分红保险可分配盈余即红利的关键因素。

从表 5 – 13 可见，与分红保险保费收入低增长甚至负增长、退保金高比例增长形成鲜明对比的是，虽然代表公司的行业"平均业务和管理费"增长率在逐年降低，但是各家公司业务及管理费用却在持续正比例，甚至个别年份高比例的正增长，仅少数公司出现了为数不多的几次负增长现象。

表 5 - 13　代表公司 2009—2013 年"业务及管理费"增长情况比较　单位：%

公司名称	2009 年	2010 年	2011 年	2012 年	2013 年	平均
国寿股份	10. 95	8. 73	6. 15	8. 28	6. 49	8. 12
平安寿险	50. 75	21. 70	17. 38	16. 51	7. 90	22. 848
新华人寿	27. 47	16. 61	9. 74	6. 36	1. 54	12. 344
太保寿险	17. 21	22. 78	8. 78	7. 98	4. 87	12. 324
人保寿险	46. 70	30. 46	5. 51	- 10. 03	17. 62	18. 052
泰康人寿	13. 76	59. 21	- 1. 76	- 0. 41	7. 02	15. 564
太平人寿	39. 87	19. 09	2. 98	20. 49	22. 47	20. 98
生命人寿	10. 63	82. 93	96. 17	17. 44	14. 99	44. 432
民生人寿	17. 42	17. 49	19. 70	8. 45	5. 66	13. 744
合众人寿	- 0. 49	15. 83	20. 01	7. 94	18. 20	12. 298
信诚人寿	- 6. 46	12. 69	2. 55	0. 45	33. 41	8. 528
中宏人寿	533. 67	10. 82	10. 45	10. 30	10. 49	115. 146
恒安标准	- 3. 11	- 4. 38	- 12. 50	1. 71	4. 06	- 2. 844
中意人寿	19. 10	2. 29	23. 47	0. 11	14. 57	11. 908
中德安联	10. 09	- 3. 64	- 6. 18	- 10. 20	- 1. 99	- 2. 384
平均	52. 50	20. 84	13. 50	5. 69	11. 15	20. 736

资料来源：历年《中国保险年鉴》相关数据整理。

　　四大公司的费用均为正增长，但也显示出增长放缓、比例降低的客观事实。但是这个事实可能与业务及管理费用的绝对额已经过高，因此增长比例显得不高有关。

　　为了更进一步地描述和认识各公司的"手续费及佣金支出"与"业务及管理费"的增长情况，整理如表 5 - 14 所示的"劳力支出及管理费/分红保险保费收入"，其中，"劳动力支出及管理费 = 手续费及佣金支出 + 业务及管理费"，来进一步分析各家公司的劳动力成本和费用管理可能存在的道德风险问题。

表 5 - 14　　　　代表公司 2008—2013 年"劳力支出及管理费/
分红保险保费收入"　　　　　　　单位：%

公司名称	2008 年	2009 年	2010 年	2011 年	2012 年	2013 年	平均
国寿股份	21. 11	20. 68	19. 69	20. 29	21. 16	21. 25	20. 70
平安寿险	56. 45	37. 39	31. 29	28. 32	30. 42	31. 65	35. 92
新华人寿	23. 24	21. 14	18. 22	18. 85	18. 88	20. 39	20. 12
太保寿险	34. 84	27. 85	21. 74	23. 35	25. 51	25. 76	26. 51
人保寿险	57. 95	11. 21	9. 25	10. 23	11. 20	10. 29	18. 36
泰康人寿	76. 63	24. 07	21. 69	21. 47	15. 61	26. 56	31. 01
太平人寿	67. 78	33. 91	23. 15	24. 28	24. 31	23. 11	32. 76
生命人寿	135. 00	31. 91	22. 18	27. 98	28. 62	34. 02	46. 62
民生人寿	29. 09	42. 31	27. 18	26. 26	29. 45	34. 76	31. 51
合众人寿	63. 78	32. 71	26. 73	23. 15	30. 41	40. 84	36. 27
信诚人寿	104. 99	52. 00	35. 96	42. 13	41. 27	48. 68	54. 17
中宏人寿	31. 39	57. 34	50. 82	48. 24	42. 37	41. 74	45. 32
恒安标准	39. 39	43. 45	112. 12	58. 27	37. 09	50. 91	56. 87
中意人寿	121. 50	24. 33	27. 59	50. 12	44. 40	53. 90	53. 64
中德安联	57. 83	71. 07	88. 68	80. 27	54. 40	45. 22	66. 25
平均	61. 40	35. 43	35. 75	33. 55	30. 34	33. 94	38. 40

资料来源：历年《中国保险年鉴》相关数据整理。

　　如表 5 - 14 所示，15 家代表公司的业务及管理费与个人分红保险保费
收入的比例平均值在逐年降低，但比例值较高。当然，四大企业的比例值
相对较低，经历了 2010 年、2011 年的下降后，2012 年、2013 年又普遍提
高，基本呈现出"U"形发展的特点。这意味着近年来各家公司保险营销
经营管理中的费用占比可能较高，一定程度上吞噬了分红保险经营利润，
成为分红率过低的一个重要因素。具体可以用表 5 - 15 和表 5 - 16 所示的
15 家代表公司 2008—2013 年"应付保单红利"和"保单红利支出"数据
说明。

表 5 - 15　　　　　　代表公司 2008—2013 年保单红利支出增长率　　　　单位：%

公司名称	2008 年	2009 年	2010 年	2011 年	2012 年	2013 年	平均
国寿股份	- 93.92	766.97	- 8.72	- 53.68	- 43.92	436.33	167.18
平安寿险	78.49	- 37.74	0.05	27.97	15.37	- 7.93	12.70
新华人寿	—	—	—	—	—	—	—
太保寿险	112.18	- 20.89	65.56	12.00	2.57	5.66	29.51
人保寿险	64.19	751.11	23.27	144.91	19.66	14.61	169.63
泰康人寿	- 50.28	87.02	33.12	58.56	- 10.47	- 7.66	18.38
太平人寿	- 63.33	142.22	74.29	27.34	27.35	52.12	43.33
生命人寿	- 77.20	92.17	103.13	47.85	25.39	36.05	37.90
民生人寿	- 55.41	228.63	3.29	39.29	38.91	9.25	43.99
合众人寿	40.76	63.36	70.37	- 23.33	58.45	22.20	38.64
信诚人寿	- 24.93	115.73	82.21	29.16	54.36	29.21	47.62
中宏人寿	24.35	12.32	25.58	25.68	25.10	24.66	22.95
恒安标准	—	—	—	—	—	—	—
中意人寿	- 94.34	2735.25	- 4.79	23.52	- 15.98	16.70	443.39
中德安联	152.77	- 17.62	85.57	- 23.87	99.79	0.49	49.52
平均	1.03	378.35	42.53	25.80	22.82	48.59	86.52

注：新华人寿保险、恒安标准人寿保险公司的分红保险采取增额红利分配方式，因此其报表中无"保单红利支出"项目。

资料来源：历年《中国保险年鉴》各公司资产负债表相关数据整理。

　　从表 5 - 15 及表 5 - 16 可以看到，与近年来各家公司的"手续费及佣金支出""业务及管理费"正比例高增长、保费收入低增长甚至负增长、退保金高增长表现不同的是，部分公司"保单红利支出"出现了明显的负增长、低增长现象，且与"应付保单红利"增长情况并不完全吻合。

　　究其原因，首先是可分配盈余增长不足，导致实际支付保单红利出现负增长；其次是由于退保率高，导致参与分配的保单数量上的减少，从而使保险公司实际支付红利降低；最后是保险公司所销售保险单的短保险期间特点，决定了保单红利支出的周期性波动。例如国寿股份公司，长期以来销售三年、五年的短保险期间的保险产品，因此，在保单满期时的红利支出就出现突然增加现象，表现出非常突出的红利支出周期性。

表 5－16　　　代表公司 2008—2013 年"应付保单红利"增长率　　　单位：%

公司名称	2008 年	2009 年	2010 年	2011 年	2012 年	2013 年	平均
国寿股份	－33.03	26.42	－3.22	－12.23	－4.59	11.97	－2.45
平安寿险	71.41	26.40	－6.57	26.77	20.60	16.38	25.83
新华人寿	—	—	—	—	—	—	—
太保寿险	49.23	23.29	39.06	28.44	28.24	18.48	31.12
人保寿险	147.75	539.50	17.11	188.55	75.35	41.65	168.32
泰康人寿	3.32	37.88	26.85	64.05	35.83	19.39	31.22
太平人寿	－3.79	31.02	26.38	16.71	9.08	26.79	17.70
生命人寿	13.83	26.17	14.10	27.64	36.43	26.70	24.15
民生人寿	13.84	80.45	37.75	38.41	30.78	16.05	36.21
合众人寿	95.32	90.08	80.80	14.94	28.04	25.41	55.77
信诚人寿	31.84	29.55	81.45	56.66	55.03	44.35	49.81
中宏人寿	25.11	998.82	30.80	27.65	27.94	27.80	189.69
恒安标准	—	—	—	—	—	—	—
中意人寿	－75.76	559.41	0.45	23.77	－0.53	25.96	88.88
中德安联	93.42	26.97	49.85	4.27	53.82	－4.97	37.23
平均	33.27	192.00	30.37	38.89	30.46	22.77	57.96

注：新华人寿保险、恒安标准人寿保险公司的分红保险采取增额红利分配方式，因此其报表中无"应付保单红利"项目。

资料来源：历年《中国保险年鉴》各公司损益表数据整理。

三、售后服务行为质量低致使保单失效率高

退保金高比例增长现象，直观而雄辩地说明近年来的保险展业和承保质量低的客观事实。保险消费者选择以退保形式、"用脚投票"来表达对保险公司、保险行业的不信任，直接的后果是保险消费者的即期利益和消费者福利的损失，间接后果是商业保险的社会福利损失，这样的损失将由于居民未来更谨慎投保甚至拒绝再次投保而对寿险行业发展产生更深远的影响。

　　分红保险保单特别是银行保险保单的高退保问题，后果也同样将由保险行业承担。银行保险产品由银行柜台人员或银行内的"理财师"销售，但居民最终是把矛盾指向保险公司，指向整个保险行业，对银行及其员工的销售行为追究不多，问题的后果由保险行业承担。

　　虽然寿险公司以及监管部门一再坚称当前的退保率维持在保险精算容忍范围之内，不会影响行业和企业的正常发展。但是，持有这种观点的人其实是有意或无意地忽略了还有更大量的保险消费者可能因为顾及退保损失，而勉强维持现有保单，未来可能将拒绝再次投保新保单，包括拒绝具有真正风险保障价值的个人营销渠道的保险产品。2011 年、2012 年多数公司的分红保险保费收入、寿险保费收入均低增长甚至负增长，已经客观地说明问题的严重性。

　　为深入研究占核心地位的分红两全型产品的退保与保单失效问题对保险发展的影响，作者搜集整理了 2004—2013 年全国寿险各险种的当年累计保费收入、当年累计新增保费收入、当年累计退保金、当年累计新增承保人次、当年期末有效承保人次、当年累计新增承保保单件数、当年期末有效承保件数等数据，在此基础上整理如表 5 - 17 所示环比增长率①，表5 - 18 所示以 2004 年为基期的定期增长率②。

　　从表 5 - 17 可以清晰地看出，保费收入（含续期）、新增保费收入、新增承保人次、新增承保件数等表现出倒"U"形趋势，经历了 2007—2009 年三年的高速增长之后，重新走向低增长甚至负增长；而退保金增长率则表现出与承保情况相反的正"U"形走势；2007 年、2011 年、2013年三年中，年失效人次增长率、年失效保单增长率出现高增长，其中一部分可能是已经确认退保，另一部分则可能是因为欠交保费而暂时失效。

----

　　① "年失效人次"指标及其增长率非现成统计数据，由本研究根据保险理论和相关统计数据粗略匡算，公式为："年失效人次 = 上年期末有效人次 + 本年新增承保人次 - 本年期末有效人次"。在此基础上，进一步测算增长率，公式为："年失效人次增长率 =（当年失效人次 - 上年失效人次）/上年失效人次"。"年失效保单件数"及其增长率也同理粗算。由于统计数据自 2004 年开始，因此"年失效人次"和"年失效保单件数"的绝对值数据从 2005 年开始，而环比增长率则延后到 2006 年开始。

　　② 由于注①所述原因，无法计算基期 2004 年的"年失效人次"和"年失效保单件数"，因此本表不能再列出这两项指标的定基增长率。

表5-17 全国分红两全型寿险产品的承保与退保环比增长率比较 单位:%

年份	保费收入增长率	新契约业务			续期契约业务				
		年累计新增保费收入增长率	年累计新承保人次增长率	年累计新增承保保单件数增长率	年累计退保金增长率	年期末有效承保人次增长率	年失效人次增长率	年期末有效承保保单件数增长率	年失效保单增长率
2005	14.80	-8.21	-46.65	-18.52	91.57	20.65	—	19.38	—
2006	5.54	6.99	-2.78	0.27	16.18	16.93	-8.31	19.94	-61.23
2007	4.10	-28.02	49.82	50.18	55.50	6.36	419.05	5.92	1038.99
2008	71.02	209.96	32.28	32.52	-9.14	22.49	-39.63	20.91	-32.66
2009	39.32	42.62	34.34	34.35	-1.78	26.88	12.15	27.70	-4.36
2010	35.75	37.47	14.84	14.71	44.64	28.05	-27.32	28.53	-27.44
2011	6.65	-8.67	-9.06	-9.55	83.36	13.36	121.91	13.23	130.66
2012	2.50	-18.03	-21.27	-21.54	25.35	9.27	-21.18	9.11	-20.96
2013	3.55	-10.81	-16.41	-16.56	61.20	3.02	41.09	2.87	40.41
平均	20.36	24.81	3.90	7.32	40.76	16.33	62.22	16.40	132.93

资料来源:中国保监会,对原始数据进行二次加工整理。

尽管退保的原因相对复杂,可能是因为对分红率的不满,也可能是对销售误导的不满,但都说明两个问题:第一是销售质量不高,没有选择对合适的保险消费者,或者是保险消费者没有选择对合适的保险产品,归根到底是"保险资源错配";第二是售后催收续期保费服务质量不高,与寿险经营理论要求的"长期、稳健"经营原则背道而驰。

更重要的是,与退保金增长率持续高增长相对应的,是近五年来的新契约业务增长困难。新增承保人数和承保件数的低增长乃至负增长,导致新增保费收入低增长,直到2012年最高达-18.03%的负增长率。尽管包含续期的总保费收入尚未出现负增长,但增长速度的下降已经非常明显,从2008年高达71.02%的高增速,逐级快速下降到了2012年的2.5%,2013年略有回升至3.55%。

表 5 - 18 也以另一种方式清晰说明，2008 年、2010 年是新契约业务发展的特殊年份，原因已经在前面相关论述说明。经历了 2010 年的历史最高增长之后，新契约业务就表现出持续下滑趋势，年承保人次和承保件数增长率快速下降，导致新契约保费收入持续下降，特别是，2013 年的新增承保人次竟然低于 2004 年。而与之相反的是，续期契约低速增长，勉强保证了总保费收入的正增长。但是，退保率持续高速度、高倍速增长，到 2013 年的年度退保金达到 2004 年的 1555.15%，即增长达 15.55 倍之多。

表 5 - 18　全国分红两全型寿险产品的承保与退保定期增长率比较　单位：%

年份	保费收入增长率	新契约业务			续期契约业务		
		年累计新增保费收入增长率	年累计新承保人次增长率	年累计新增承保保单件数增长率	年累计退保金增长率	年期末有效承保人次增长率	年期末有效承保保单件数增长率
2005	14.80	- 8.21	- 46.65	- 18.52	91.57	20.65	19.38
2006	21.16	- 1.79	- 48.13	- 18.31	122.56	41.08	43.19
2007	26.13	- 29.31	- 22.29	22.69	246.09	50.05	51.66
2008	115.71	119.10	2.80	62.58	214.45	83.79	83.37
2009	200.53	212.49	38.10	118.43	208.86	133.19	134.16
2010	307.96	329.59	58.59	150.57	346.74	198.60	200.96
2011	335.10	292.36	44.23	126.65	719.13	238.49	240.79
2012	345.99	221.61	13.55	77.83	926.76	269.86	271.85
2013	361.81	186.84	- 5.09	48.38	1555.15	281.04	282.51
平均	192.13	146.96	3.90	63.37	492.37	146.31	147.54

注：本表以 2004 年为基期。

资料来源：中国保监会，对原始数据进行二次加工整理。

因此，统计数据充分说明，退保率过高，保单失效率过高，已经成为威胁这一寿险业核心保费收入来源的发展安全问题，必须引起充分的重视。

第三节 保险人经营行为特征的影响因子实证分析

一、实证研究目标与变量选取

为了更好地检验前述关于分红两全保险为代表的分红保险保费收入和保单分红增长乏力的影响要素，检验关于承保业务发展困难和售后服务质量低下导致保单失效，特别是退保率高企问题的严重性，对所收集的上述2004—2013年全国分红两全型寿险的当年累计保费收入（含续期保费收入）、当年累计新增保费收入、当年累计退保金、当年累计新增承保人次、当年期末有效承保人次、当年累计新增承保保单件数、当年期末有效承保件数等6项时间序列数据，应用因子分析方法，进行保费收入影响因素的内在规律分析。

因子分析的意义在于实现对原有变量的降维，把关系密切的变量因素归为一类，即因子，可以实现以较少的因子去反映原有数据的大部分信息，达到更深刻认知潜在因素和潜在规律的作用。

二、实证分析过程及结果

分析采用 SPSS 20 版本，具体过程及期间结果如下：

1. KMO 测度和 Bartlett 球形检验表

从表 5 – 19 可见，样本量虽然较小，但 KMO 值达到 0.755，具备较好的解释能力，适合进行因素分析。从 Bartlett 的球形度检验情况看，在自由度 15 的情况下，卡方值达到 116.282，而概率值 Sig. <0.01，达到了显著性水平要求，因此也证明适合进行因素分析。

表 5 – 19   **KMO 和 Bartlett 的检验**

取样足够度的 Kaiser – Meyer – Olkin 度量		0.755
Bartlett 的球形度检验	近似卡方	116.282
	df	15
	Sig.	0.000

2. 公因子方差表

表 5－20 显示，提取公因子方差均很高，最低为 0.964，说明所有变量均适合作因子分析。

表 5－20　　　　　　　　　　　　公因子方差

	初始	提取
LQ 本年累计新增保费收入	1.000	0.973
LQ 本年累计退保金	1.000	0.978
LQ 累计新承保人次	1.000	0.964
LQ 期末有效承保人次	1.000	0.994
LQ 累计新增承保保单件数	1.000	0.981
LQ 期末有效承保保单件数	1.000	0.993

注：提取方法为主成分分析。

3. 旋转前总的解释方差

从表 5－21 显示，6 个变量将可以归为 2 个共同因子成分，已经可以实现对原有变量 98.051% 的信息量包容。且第一个因子成分的解释方差最大，包含信息量大，解释力更强。

表 5－21　　　　　　　　　　　　解释的总方差

成分	初始特征值			提取平方和载入			旋转平方和载入		
	合计	方差的%	累积%	合计	方差的%	累积%	合计	方差的%	累积%
1	4.643	77.381	77.381	4.643	77.381	77.381	3.082	51.366	51.366
2	1.240	20.670	98.051	1.240	20.670	98.051	2.801	46.685	98.051
3	0.072	1.194	99.245						
4	0.028	0.472	99.718						
5	0.017	0.282	99.999						
6	3.270E－005	0.001	100.000						

注：提取方法为主成分分析。

4. 碎石图

从图 5 - 2 可见，第三个因子之后，曲线变得平缓并接近于一条直线，因此，6 个变量最多可以组成 2 个因子进行实证研究。

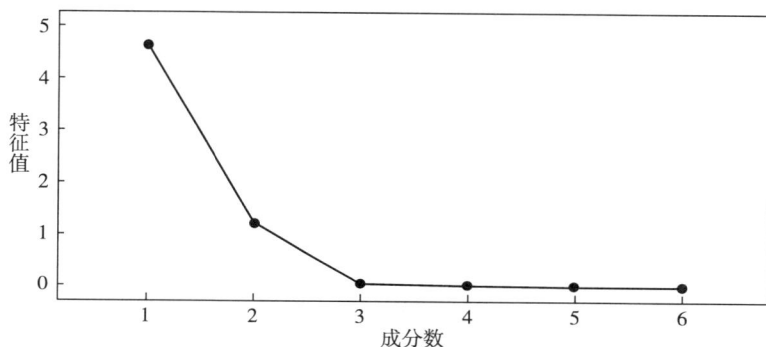

图 5 - 2　碎石图

5. 旋转成分矩阵

从表 5 - 22、表 5 - 23、表 5 - 24 和表 5 - 25 可以看到，经过旋转后最终得到 2 个主成分因子，旋转后因子的得分协方差矩阵表明，此因子分析在技术上是正确、可靠的。

表 5 - 22　　　　　　　　　　成分矩阵 a

	成分	
	1	2
LQ 本年累计新增保费收入	0.960	- 0.228
LQ 期末有效承保保单件数	0.948	0.307
LQ 期末有效承保人次	0.948	0.308
LQ 累计新增承保保单件数	0.874	- 0.466
LQ 累计新承保人次	0.816	- 0.546
LQ 本年累计退保金	0.703	0.696

提取方法：主成分。a. 已提取了 2 个成分。

表 5 – 23   旋转成分矩阵 a

	成分	
	1	2
LQ 累计新承保人次	0.970	0.151
LQ 累计新增承保保单件数	0.959	0.249
LQ 本年累计新增保费收入	0.860	0.482
LQ 本年累计退保金	0.046	0.988
LQ 期末有效承保人次	0.489	0.869
LQ 期末有效承保保单件数	0.490	0.868

提取方法：主成分。旋转法：具有 Kaiser 标准化的正交旋转法。a. 旋转在 3 次迭代后收敛。

表 5 – 24   成分得分系数矩阵

	成分	
	1	2
LQ 本年累计新增保费收入	0.277	0.005
LQ 本年累计退保金	− 0.269	0.515
LQ 累计新承保人次	0.428	− 0.205
LQ 期末有效承保人次	− 0.018	0.321
LQ 累计新增承保保单件数	0.393	− 0.149
LQ 期末有效承保保单件数	− 0.017	0.320

提取方法：主成分。

旋转法：具有 Kaiser 标准化的正交旋转法。

构成得分。

表 5 – 25   成分得分协方差矩阵

成分	1	2
1	1.000	0.000
2	0.000	1.000

提取方法：主成分。

旋转法：具有 Kaiser 标准化的正交旋转法。

构成得分。

第一个因子突出反映的变量信息依次是当年度累计新承保人次、当年度累计新增承保保单件数、当年度累计新增保费收入，三者间存在一定的层次递进差距，与保险基础理论和保险经营理论，以及保险经营管理和监管实践相符合。

承保业务是保险经营核心，必须持续拓展承保人次，才能得到持续增加的承保件数①。同时，"年累计新增保费收入 = ∑（新保单×保单费率）"，在保单费率一定的情况下，保单数量增加，才能保证新增保费收入增加。因此，"新增累计承保人次"、"新增累计承保保单件数"与"新增累计保费收入"三者间存在着先后和重要性逻辑关系，所以，第一公因子反映的影响要素及其逻辑关系是科学合理的，反映的因素本质是保险公司的承保经营业务数量，与保费收入正相关。

第二个因子突出反映了当年累计退保金、当年度期末有效承保人次、当年度期末有效承保保单件数三个变量信息。其中，退保金变量反映的信息含量较高，而后二者信息量几乎相同，这也与保险理论和实践相符合。特别是，由于退保金要素反映信息量占比较高，将可能使公因子变动与所研究的因变量，即年度总保费收入呈负相关关系。

退保金的发生，表明保险消费者已经真正放弃保单，但原因可能是多方面的，有主动原因也有被动原因，具体如投保人自身财务状况原因、不满意分红率原因、不满意售后服务原因，或者是获取退保金转向其他投资理财方式等。

理论上，"当年度期末有效承保人次 = 上年度期末有效承保人次 + 当年度新增承保人次 − 本年度失效人次"，现实中年度末的有效承保人次往往由于本年度失效人次而减少，而"本年度失效人次"是上年度或更早以前年度的承保质量问题造成的，因此间接反映了过往的承保的保险消费者的质量问题，也反映了保险公司的售后服务特别是续期保费的催收服务质量问题。对当年度期末有效承保保单件数的分析也是同样道理。

---

① 保险经营和监管统计中，一般要求主保险合同的年交保费或趸交保费达到一定的金额后，这样的保单才会计入件数统计。因此，统计数据中，当年累计新增承保保单件数就会比当年累计承保人次数值小一些。意味着"人数"比"件数"有逻辑和现实的重要性。

　　失效人次和失效保单可能是暂时的，不一定会发生最后的退保后果。但是，失效人次和失效件数多，将导致本年度期末有效保单数量下降，进一步将导致当年应收续期保费收入不能实现应收尽收，即导致年度总保费收入减少。

　　总的来说，第二公因子反映了保险消费者的持有保单行为对保费收入（核心是续期保费收入）的影响，反映的是承保质量和服务质量因素。

三、研究结论

（一）因子命名

　　从上面两个公因子主要反映的变量因素看，第一个公因子本质上反映了保险公司当年度新增承保的人次、保单数量以及新保单保费数量对总保费收入的影响，因此可以称为"保险经营行为数量因子"，简称"数量因子"。

　　而第二个公因子反映的直接现象是退保金对续期保费收入的影响，其次是期末有效在保人次和保单件数，其本质是反映保险消费者质量和保险售后服务质量问题，因此可以称为"保险经营行为质量因子"，简称"质量因子"。

　　在此基础上，可以用两个公因子替代原有的六个变量去分析分红两全保险产品保费收入的保险经营影响要素。

（二）对公因子的动态特征的解读

　　经过运算后，得到了两个公因子的一对序列 FAC1 和 FAC2 数据，如表 5 – 26 及图 5 – 3 所示，反映了两个公因子在 2004—2013 年对分红两全险年度保费收入的影响得分，公因子发展与分红两全险保费收入年增长率之间关系趋势。可以得到如下几个结论：

　　1. 两个因子对保费增长的影响方向基本相反

　　从总体情况看，数量因子的变动趋势与保费增长率变动趋势同向，这与保险理论相符合。质量因子的变动趋势与保费收入增长率趋势相反，这与该因子中"退保金"占主导地位有关，而退保金高速度增加意味着退保人次和退保件数增加，导致应收续期保费因退保而流失，续期保费增长受阻甚至负增长。因此，就所收集的数据而言，"保险经营的质量因子"与保费增长率趋势相反，便具有了合理性。

表 5 – 26　　　　　**公因子各年度得分与保费收入增长率综合一览表**　　　单位：%

年份	数量因子 FAC1	质量因子 FAC2	保费收入环比增长率
2004	– 0. 39087	– 1. 10163	—
2005	– 1. 13167	– 0. 57813	14. 80
2006	– 1. 15882	– 0. 40588	5. 54
2007	– 0. 71975	– 0. 46924	4. 10
2008	0. 14248	– 0. 54142	71. 02
2009	1. 09411	– 0. 58108	39. 32
2010	1. 68381	– 0. 23165	35. 75
2011	1. 06628	0. 53776	6. 65
2012	0. 12233	1. 23238	2. 50
2013	– 0. 70789	2. 13889	3. 55

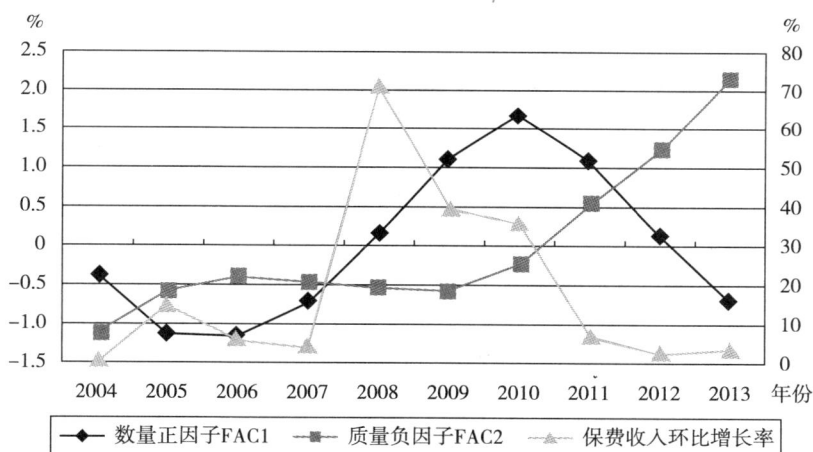

图 5 – 3　公因子得分与保费增长率组合示意图

特别是，数量因子经历了 2005 年、2006 年两年的历史最低得分之后，2007 年、2008 年连续两年影响得分快速上升，即对保费收入的贡献率快速上升；而质量负因子在同期保持相对低而且平稳的得分，即对保费收入的贡献率维持低水平，未造成太大负面影响，因此总保费收入得到正增长。

但是 2011—2013 年，质量因子对保费收入影响力迅速提高，得分从 2010 年的 – 0. 23165，以倍增的速度快速提高到 2012 年的 1. 23238 和 2013

年的 2.13889，相对应的是数量因子得分降低，保费收入增长率迅速下降。说明 2005—2009 年，特别是 2008 年、2009 年的承保数量快速上升，隐含了大量的质量问题。

因此，可以得到结论，这十年来的中国分红两全型产品的经营质量较低，对持续发展造成了严重负面影响。

2. 保险经营的数量和质量指标均呈现恶化倾向

2010 年以后，数量因子的影响力得分迅速下降，而质量因子的影响力得分快速倍增，二者间的背向运行趋势及后果非常突出。

总体上，两个公因子呈现此消彼长的关系，说明保险公司的经营未能实现数量与质量的兼得，证实了长期以来学界、业界和监管部门对中国保险业经营现状和分红保险市场发展现状的共识：粗放经营，重数量不重质量，因而不具可持续性。

第四节　保险人经营行为的调查研究

2009 年两个重要的保险监管顶层制度制定和实施，对保险业的发展产生深远影响，一是实施新保险会计准则，二是修订并实施新《保险法》，强化保险消费者权益保障而一定程度弱化保险人权利，促进保险供求双方权益平衡。寿险市场的产品供给发生较大改革，投资连结型、万能型保险悄然退出市场，保费相对高昂的分红两全型保险则异军突起，成为各人寿保险公司首选产品。

同时期，2008 年第四季度，面对超出预期的国际金融危机影响，为确保国民经济保持稳定增长，中国政府实施了"2＋2"万亿元投资拉动经济增长策略。宏观经济实现了平稳过渡，但这种强投资拉动增长型政策也造成了货币超发，通货膨胀压力增强，银行利率随后攀升，社会企业借贷困难，股票市场连创新低，居民的名义工资收入不变，但财产性实际收入（例如股票投资收入）下降等一系列问题。对保险业造成的后果是居民的续保能力削弱，新保险契约购买意愿和购买能力下降。2011 年开始，中国寿险市场面临负增长压力，财产保险重新成为保险市场增长的动力。

为进一步了解保险公司的供给和经营行为特点及实践成因，特别是对前述第二节、第三节中所论及的保险质量问题的表现和成因，在研究过程中对广西分红保险市场进行了一次抽样调查，谋求更深入研究，探寻规律。

一、调查的基本情况

调查对象是广西寿险市场保费收入几大公司，以及信诚人寿这家当时广西市场上唯一的外资保险公司。调查形式是问卷调查和现场调研。首先，向受访公司发出相关调查问题提纲，要求受访公司提交从 2006 年以来个人代理营销渠道保费收入前三名的分红保险产品的首年保费收入、总保额、承保人数、承保件数等总量指标，以及 13 个月继续率、失效件数、退保件数等承保质量指标数据；其次，待得到受访公司回复的书面材料后，再进行现场有针对性的座谈调研，进一步深入了解受访对象在保险产品供给、营销管理、持续经营等方面的积极进步和存在问题，以帮助本研究更具现实指导意义。

二、个人代理渠道分红保险产品供给和营销质量分析

（一）以两全险为核心的产品供给特点表现突出

综合以下各家公司反馈的产品销售情况看，可以从以下两个方面总结产品供给特点：第一是分红两全保险销售占据核心地位，分红终身寿险式微，分红养老险产品发展缓慢。第二是"主打产品营销"式发展特点突出。

在保险营销中，保险营销员如何向居民推销保险产品，很大程度上取决于保险公司的"激励政策"推动。当保险公司集中资源推广某个新产品，或者要把某产品退出市场时，营销员将必然按公司要求向所有潜在消费者集中推广销售某个产品。尤其是新入公司的营销员，对公司的保险产品系列尚未理解清楚就会被要求向所有潜在投保人推广同样的某一个产品。所以，中国保险市场，特别是寿险市场上长期存在着"一张保单卖天下"的现象。这应该包括两层意思：

第一层意思是，在全国销售同一个保险产品，而没有地域差异，仅有

的差异可能是在所谓的一线、二线、三线、四线城市和农村地区会有新产品推广上市的先后顺序，但最后必然是全国各地都在销售同样的保险产品。

第二层意思是，绝大多数营销员会把同一款保险产品销售给他所能接触到的所有消费者。寿险营销员队伍长期存在快进快出、高脱落、高流失问题，大量的营销员都是从事保险营销工作不到一年时间的行业"新人"，销售公司主推的保险产品成为他们开始保险营销工作的第一要务。

因此，可以看到，各家公司前后几年间的保费收入前三名的保险产品差别较大。从现场座谈调研的反馈信息看，各家公司均有各自产品规划，类似于其他行业，如汽车行业的产品"中期改款"式创新。

例如，某公司主推销售的"鸿"系列两全险产品，"鸿鑫两全保险"在 2006 年、2007 年作为主推产品取得较大销售业绩之后，2008 年开始淡出市场。"鸿裕两全险"则在 2006 年、2007 年销售业绩都在前三名之内，2008 年有所退步后，2009 年以"产品退市"为由发起最后的销售潮之后，便彻底退出市场不再销售。个别产品可能是由于设计问题，或者是其他原因而快进快出。该公司在 2008 年销售保费收入前三名中的"金彩明天 B 款"和"鸿瑞两全险"，2009 年排名第三的"瑞鑫两全险"，之后都未再入选保费收入前三名的产品系列之内。

类似地，另一家公司的调研数据也充分说明了近年来寿险公司通过不断地更新产品来制造双卖点促销的行业特色，一个卖点是旧产品的退市，另一个卖点是新产品的上市，都可以帮助营销员以不同的理由促成投保人签订新契约。因此，该公司在各年的保费收入占比前三名的产品明细中，部分产品连续出现两年后，到第三年就不再出现。此外，前三名的产品中多数是银行保险产品，这与该公司这几年增员相对不足、业务培训不足、个人代理产品销售能力相对欠缺有关，致使该公司更多地依靠银行代理市场获得保费收入。

（二）营销售后服务表现出相对低效特点

理论上，保险服务贯穿于投保人投保某产品之后的整个保险期间，起于投保终于保险期满。但是现实中必然存在部分保险持有人在未来年度无法交续期保费而退保，或者是源于主观故意或非主观故意的原因而错过续交保费导致保单失效。这在各家公司提供的"承保质量指标"的 13 个月继续率、失效保单和退保保单数据中可以看出一二。

如果说新保险契约的持续增长是一家保险公司获得新保费收入而取得当期发展的动力的话，13 个月继续率则是寿险公司长期持续经营的生命线。某一保险产品的 13 个月继续率低，意味着投保人在第二年度就不再续交保费，意味着保险公司失去可持续发展基础。因此，各家保险公司在对营销员和营销队伍考核的 KPI 指标中，就有这一指标，既能考察保险营销服务质量，也能考察投保人质量。继续率高，意味着保险服务工作好；低则意味着服务质量有待提高，保单的原营销员或者公司的保费催交部门工作需改进。同时，继续率低也意味着投保人质量不高，第二年度便因为种种原因，特别是财务预算原因、对保险的满意原因失效或退保。

一般地，多数保险公司会要求 13 个月继续率在 90% 以上，才能确保在未来年度保险产品的整个退保率控制在 5% 以内。但是，显然，部分公司的部分产品的继续率未达到这一要求，个别公司的继续率低至 70% 左右。

保单失效的原因是多方面的，可能是因为一时的家庭财务原因，或者是疏忽原因，保险公司的续期保费提醒和催交工作低效原因造成。如果是财务预算原因或者主观原因不再愿意持有保单，则将最后成为"退保"，否则将仍处失效状态，即保单持有人主观上并不愿意退保，或者是客观上不懂可以退保来取回或多或少的保单现金价值。

综合起来，保单失效的根本原因在于保险服务。这与保险公司的服务意识和服务能力、服务制度的设计和执行效率有关，也与保险营销员的高脱落高流失有关。营销员的高脱落和高流失，导致存量保单在短期内可能失去保险服务。即使保险公司另外委派专职的"孤儿单"服务人员，也会因为服务质量问题而导致失效，因此，保险公司的售后服务确实值得改进。

例如，某大型国有控股公司销售的"美满一生"产品的保单失效问题值得研究。该产品在 2007 年失效 235 件，2008 年失效 6203 件，但到了 2009 年则快速增加到 9575 件，2010 年达到了 10315 件，连续两年出现保单失效件大量增加，但是"退保件数"统计数据又显示退保数量不多且保持低量增长，这既是售后服务质量问题，也是销售问题。时间上正好与中国宏观经济高通胀发展吻合，意味着大量保险消费者可能因为财务预算问题而暂时放弃，甚至永久放弃保单。

除了平安寿险广西分公司外，其他被访问公司的前三名产品多数是银行保险产品，但平安的前三名产品基本是个人代理渠道产品，且 13 个月保费继续率较高，失效保单和退保金统计数据都能达到行业公认的健康值要求。这也印证了行业内对该公司营销队伍的强营销战斗能力的赞誉。

三、广西分红保险市场供给存在的问题及其成因分析

根据对几家公司的问卷调查数据分析，结合与公司营销高管的座谈调研和监管部门提供的几年来来广西分红保险销售数据，可以发现存在以下几个突出问题。

（一）缺乏科学的竞争战略规划，通过产品的更新换代方式推动保费增长模式明显

第一，保险产品创新不足，近几年来未有明显的突破性重大产品创新。各家公司集中注意力于分红两全保险产品的竞争，但产品真正创新并不足，多数产品间的差异集中在返还生存保险金的返还年限、返还比例上，其他保险利益上的差异并不明显。

近年来，部分公司把银行保险类产品经过一定的包装改良式"创新"后向个人代理渠道"渗透"。相对于传统的个险渠道产品而言，银行保险产品保障程度相对较低，偏重于满足居民理财需求，风险保障需求处于次要地位。这类产品通常采取 3 年、5 年较短期缴费或趸交缴费方式，在快速吸收保费资源上有特色，但与监管部门强调回归保障主流的要求有一定的距离。

第二，通过产品的"更新换代"来推动保费增长模式明显。公司的个别产品在该保费收入排名榜上只出现一个年度，而且是以第一名身份出现，但此后年度不再出现在前三名之列，即该公司已经放弃该"主打产品"，转而开发其他产品市场。究其原因，一是该产品可能存在缺陷；二是公司产品的"更新换代"速度过快。这样的现象在不同公司均有不同程度的反映。

但是，"更新换代"速度过快显然也并不利于公司的稳定经营。首先，公司必须付出更多的培训成本才能让业务队伍适应新产品，因而增加了队伍的展业困难，误导、夸大保险利益之类现象难以根除；其次，公司还必须付出更多的展业成本，例如召开产品说明会、营销员和客户投保激励等业务推动成本，才能更好地完成经营计划。

第三，公司借助产品"更新换代"、借助产品"退市"来制造卖点的方式推动业务增长现象多。这在短期内确实可以帮助地方机构实现保费收入的增长，但长期并不利于业务队伍展业，不利于建立起和谐稳定的保险供求双方互信关系，容易导致营销员在投保人面前呈现不断介绍"更好的产品"的形象，不利于二次开发、深度开发同一客户，导致营销队伍必须持续不断地开发新客户。不论是在营销理论还是在保险营销现实，都已经逐渐证明这样的业务模式将受到市场惩罚，表现出业务队伍留存率低、流失率高、公司和行业在部分竞争激烈的区域市场出现保费负增长现象。

第四，保险经营数据信息化管理和分析利用水平有待提高。从各公司送来的数据报表看，部分公司提交的数据报表存在数据不全、数据明显差误问题。折射出相关公司数据管理信息化程度不高，经营中对数据深度分析利用的习惯缺失或能力欠缺。因此，也势必影响公司经营决策的科学性，经营管理水平难以有效提高。

（二）新契约保费收入的季节变化规律明显，年度内季节间波动幅度大

以分红两全保险为例，期交保单的交费期限仍以5年期及以下期交为主，10年交为辅，20年以上的期交产品相对较少。同时，新契约保费收入的季节性表现突出。

图5-4是2008年到2013年各年各季度寿险、分红寿险、分红两全险新契约保费收入占当年度新契约保费收入的比例曲线，三条曲线高度重合，进一步直观地显示了分红两全险在分红保险、在寿险新契约保费收入中的核心地位。同时，三条曲线还表现出非常明显的季节变化特征，各年均是第一季度就获得了全年最高进度保费收入，然后逐季下滑，到第四季度的保费收入实际上是最低的。

众所周知，保费需求具有强烈的"唤醒"和"诱致性"特征。因此，

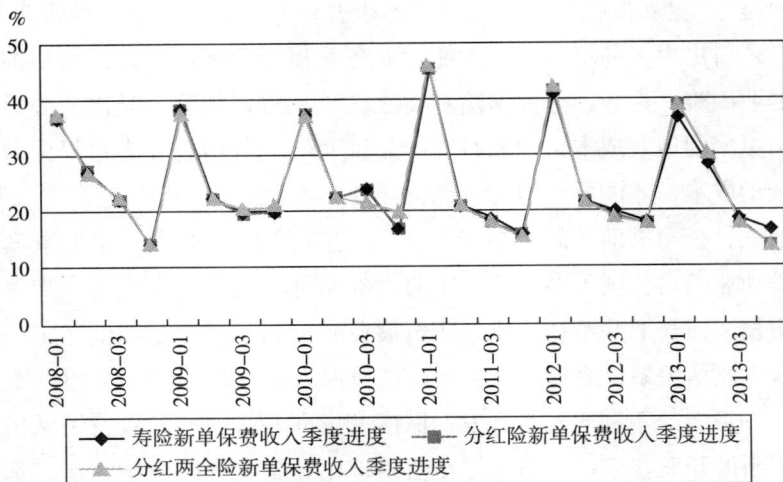

图 5 - 4   广西分红保险市场新契约保费收入的季度进度示意图

如图 5 - 4 所示的保费收入曲线反映了居民的投保习惯，这与居民收入的季节性差异有关。历年的第一季度，都可能是投保人获得了传统上的"年终奖"之后，有充分的财务预算投保。当然，这更与 2009 年会计制度变化以后，各家公司全力角逐两全险市场的业务推动机制有关。

（三）新契约期交占比虽有提高，但季节性变动幅度大

从表 5 - 27 和图 5 - 5 可以看到，新契约期交保费占比波动较大，同样呈现出明显的季节变化，同时，分红两全险产品的期交比例明显低于寿险、分红保险总体平均比例。这意味着，2009 年监管当局要求保单期交为主的政策效应并不理想，特别是 2012 年明显下降。

表 5 - 27   **2008—2013 年广西分红保险市场**
各季度新契约保费期交方式占比   单位：%

季度	寿险新单期交占比	分红保险新单期交占比	分红两全险新单期交占比	季度	寿险新单期交占比	分红保险新单期交占比	分红两全险新单期交占比
2008.1	26.34	26.03	24.68	2009.1	21.81	22.08	16.27
2008.2	20.86	18.59	8.14	2009.2	29.11	28.80	17.44
2008.3	26.58	20.86	15.18	2009.3	35.81	32.46	26.42
2008.4	33.71	31.22	23.71	2009.4	31.18	30.29	21.88

续表

季度	寿险新单期交占比	分红保险新单期交占比	分红两全险新单期交占比	季度	寿险新单期交占比	分红保险新单期交占比	分红两全险新单期交占比
2010.1	25.81	26.14	23.44	2012.1	34.46	34.45	30.25
2010.2	26.24	26.72	22.55	2012.2	36.04	36.06	31.40
2010.3	38.99	40.70	29.94	2012.3	36.79	38.20	32.72
2010.4	45.41	47.01	24.66	2012.4	33.75	33.018	27.08
2011.1	27.54	27.72	24.35	2013.1	34.48	34.06	30.72
2011.2	30.89	31.02	26.34	2013.2	25.29	23.37	20.49
2011.3	35.27	36.75	32.96	2013.3	41.92	41.99	36.27
2011.4	47.64	48.29	44.16	2013.4	29.62	31.95	23.58

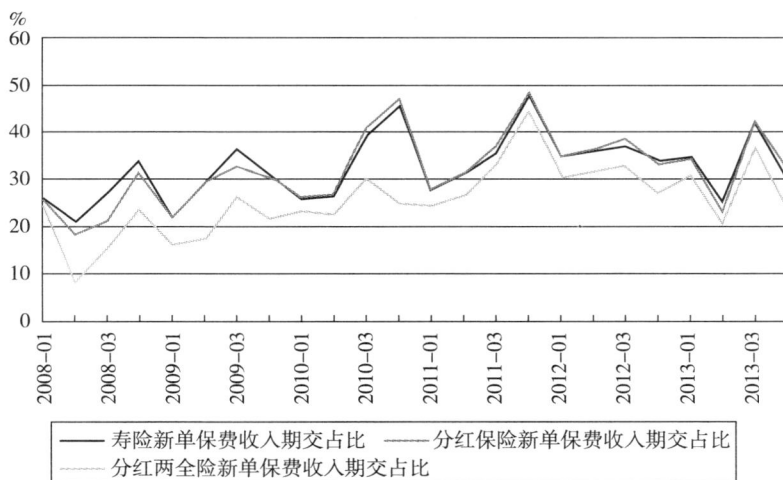

图 5-5 广西分红保险市场新契约期交保费占比的季度波动示意图

但是，如果与全国平均水平比较，从图 5-6 和表 5-28 可以看出，广西分红两全险的期交保费占比表现出更剧烈的季节波动性，2009 年第三季度以后期交保费占比均较全国平均水平高，说明广西市场对推动保费期交的监管政策效应相对明显，各经营主体的业务结构调整绩效相对明显。

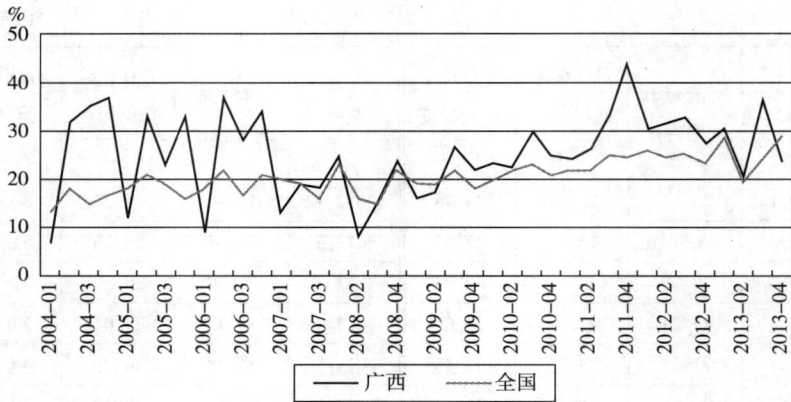

图 5 – 6 广西分红两全险新单期交保费占比与全国平均水平的比较

表 5 – 28　　　　广西与全国分红两全险期交保费占比的比较　　　　单位：%

季度	广西	全国	季度	广西	全国
2004.1	7	13	2009.1	16	19
2004.2	32	18	2009.2	17	19
2004.3	35	15	2009.3	26	22
2004.4	37	17	2009.4	22	18
2005.1	12	18	2010.1	23	20
2005.2	33	21	2010.2	23	22
2005.3	23	19	2010.3	30	23
2005.4	33	16	2010.4	25	21
2006.1	9	18	2011.1	24	22
2006.2	37	22	2011.2	26	22
2006.3	28	17	2011.3	33	25
2006.4	34	21	2011.4	44	25
2007.1	13	20	2012.1	30	26
2007.2	19	19	2012.2	31	25
2007.3	18	16	2012.3	33	25
2007.4	18	18	2012.4	27	23
2008.1	25	23	2013.1	31	29
2008.2	8	16	2013.2	20	19
2008.3	15	15	2013.3	36	25
2008.4	24	22	2013.4	24	29

（四）营销队伍营销能力有待提高，分红保险营销模式急需创新

近年来，寿险行业营销中普遍采取通过召开产品说明会的方式进行集体营销。这对培育居民保险意识，规避营销员个人的销售误导现象，帮助投保人正确合理地选择保险购买计划有一定的帮助。但也在一定程度上弱化了营销员个人的营销行为过程，营销员队伍的销售能力和技巧普遍下降，营销主管辅导新人技能下降，致使新增的营销员得不到合理的培养和育成。因此，各家公司普遍反映增员困难与营销员流失问题严重。这可以通过表 5 - 30 数据和图 5 - 7、图 5 - 8、图 5 - 9 曲线得到一定程度的说明。

表 5 - 30 所列数据是对 2008 年以来各个季度广西分红两全险的件均保费、件均保额、承保人均保费、承保人均保额与全国平均水平的比较，即分别用广西数据除以全国数据得到的比例。在保险经营实务中，件均和人均指标是评价业务质量，即客户质量和销售质量的常用指标。

表 5 - 29　　　　　广西与全国城镇居民人均可支配收入比较

年份	2008	2009	2010	2011	2012	2013
全国城镇居民人均可支配收入（元）	15781	17175	19109	21810	24565	26955
广西城镇居民人均可支配收入（元）	14146	15451	17064	18854	21243	23305
广西/全国（%）	90	90	89	86	86	86

表 5 - 30　　　广西分红两全险业务结构与全国平均水平的比较　　　单位：%

季度	人均保费比	人均保额比	件均保费比	件均保额比
2008.1	99.5	82.7	99.3	82.5
2008.2	99.6	93.2	99.3	93.0
2008.3	108.5	89.4	89.2	73.5
2008.4	53.0	62.9	76.5	90.8
2009.1	85.5	72.5	85.4	72.4
2009.2	77.5	71.0	77.3	70.8
2009.3	61.9	65.7	61.4	65.2

续表

季度	人均保费比	人均保额比	件均保费比	件均保额比
2009. 4	86. 4	57. 2	86. 5	57. 2
2010. 1	70. 4	60. 6	70. 3	60. 5
2010. 2	68. 9	60. 6	68. 2	60. 1
2010. 3	79. 5	62. 8	79. 2	62. 6
2010. 4	73. 0	72. 8	73. 3	73. 1
2011. 1	75. 8	64. 9	75. 6	64. 7
2011. 2	65. 0	164. 2	64. 7	163. 4
2011. 3	75. 0	96. 9	74. 5	96. 3
2011. 4	63. 2	104. 7	62. 6	103. 7
2012. 1	70. 5	79. 7	70. 1	79. 2
2012. 2	73. 1	89. 4	72. 3	88. 5
2012. 3	71. 2	70. 9	70. 7	70. 4
2012. 4	68. 5	78. 0	67. 6	76. 9
2013. 1	67. 8	81. 4	67. 2	80. 6
2013. 2	68. 4	88. 7	67. 8	87. 9
2013. 3	51. 5	72. 0	51. 1	71. 4
2013. 4	80. 6	109. 8	79. 7	108. 5
平均	74. 8	81. 3	74. 6	81. 4

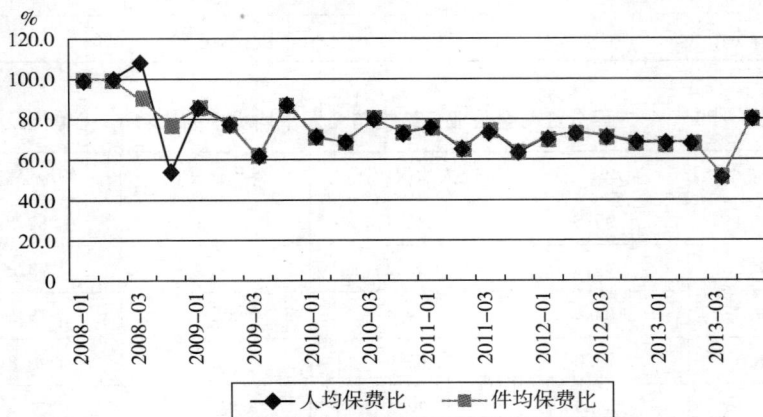

图 5 - 7　广西分红两全险的件均保费、人均保费与全国平均水平的比较

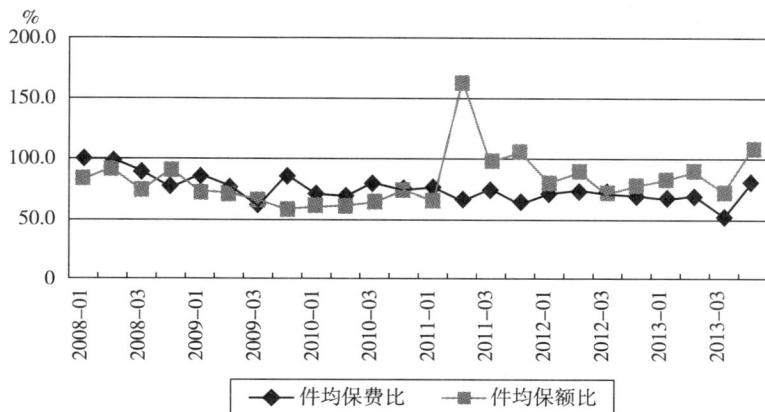

图 5 - 8　广西分红两全险件均保费、件均保额与全国平均水平的比较

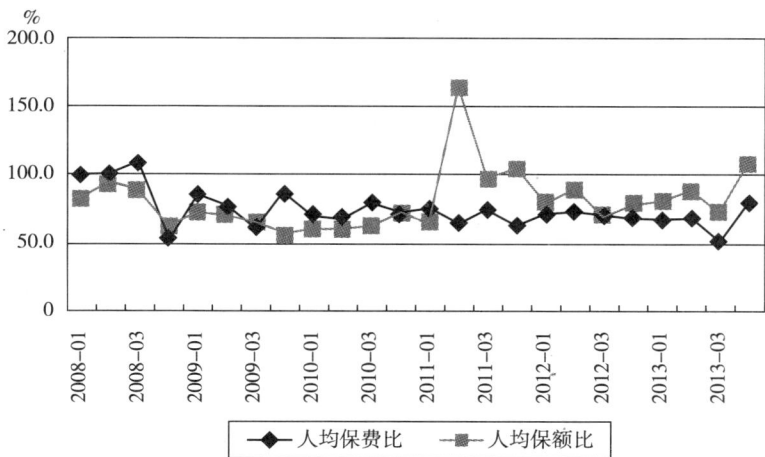

图 5 - 9　广西分红两全险人均保费、人均保额与全国平均水平的比较

综合上列数据表和图例，可以清晰地看到几个问题：

第一，2009 年以后，件均保费占比、人均保费占比波动逐步平稳，二者高度重合，但趋势向下。几年来多个季度的平均占比分别为 74.8% 和 74.6%，即保险消费者的保费支付水平仅达到全国平均的 75% 左右，但实际上广西人均季度新增可支配收入达到全国平均的 86% ~ 90%，这意味着居民的保险消费意愿和消费能力未获得营销队伍的充分挖掘。

第二，件均保费长期较大程度低于人均可支配收入占比，也低于件均保额的占比，说明销售队伍的市场开发技能存在较大提高空间。

众所周知，当前我国保险业有"一张保单卖全国"的特有现象，在销售产品相同的情况下，件均保费和件均保额低说明两个重要事实：首先投保人质量相对偏低，支付保费能力弱，从而件均保费、件均保额均低于全国平均水平；其次说明营销员销售技能低，不能更好地挖掘高质量投保人，或者不能更好地激励和挖掘投保人的交费能力。

但是，再进一步分析承保的人均保费、人均保额数据又可以得到另外的结论。这两项指标在保险经营中比较少用。实际上，这两项指标结合使用可以衡量被保险人利益保障程度。2011 年以前，广西的人均保费与全国人均保费之比高于人均保额与全国人均保额之比，意味着广西的保险消费者在享受同样的保险产品保障时，付出了高于全国平均水平的保费，但得到了更低的保障程度。2011 年以后，人均保额的占比有了较明显的提高，但人均保费占比平稳下滑。之所以出现这样的结果，原因可能包括以下几个方面：

第一是居民保险意识和知识相对而言更低，不能正确选择交费期间，在营销员的营销话术劝说下更多采取趸交或者 3～5 年期的短期交费方式。

第二是相对于全国其他地区，广西保险业尚处于做大规模的初级发展阶段，机构的营销策略更偏重于保费规模的短期积累，在营销员队伍销售技能欠缺的同时，公司层面更多可能通过产品说明会或业务激励方案，鼓励营销员暗示投保人通过短期交费方式"快速积累账户资金，获得更高的分红回报"。因此，不论是保险营销员个人，还是保险公司层面的经营短期化行为较全国平均水平更突出、更明显。

因此，尽管前面的分析中发现广西分红两全险的期交保费占比较历史有逐步提高的趋势，但是期交年限仍然相对较短，尚未真正实现监管政策要求的更长期交保费的目标要求。

换言之，广西分红保险市场的可持续性、被保险人的利益保障问题仍然值得进一步的研究。

本章小结

本章对保险人行为的研究，分别从产品供给行为、经营行为、市场营销竞争行为三个方面展开，并对广西分红保险市场上的主要供给主体行为进行了调查研究。主要得到以下几个方面的结论，充分说明了保险人行为对保险消费者权益产生了部分负面影响。

一、保险人的产品供给行为表现出四个集体选择

第一，利益推动集体主动选择分红两全保险，造就了分红两全险引领市场的现状。

第二，监管机制推动集体被动选择分红保险，以平安人寿保险公司为代表，曾经多年坚守万能保险市场，但最终逐步放弃了万能保险而转向分红保险市场，特别是转向分红两全保险市场的竞争，这意味着中国寿险产品"分红化"结构基本形成。

第三，集体选择同质化保险责任，分红保险产品表现出共同的重理财轻保障功能特征。

第四，集体选择"双短期"，短期交费和短保险期间产品成主流。这种行为违背了寿险经营长期性基本原则，也对保险消费者权益造成隐性侵害。

二、保险人的市场营销竞争行为表现出两个特征

第一，营销渠道竞争激烈，银行获得了代理销售保险产品的"制度红利"，但保险消费者的选择权被侵害。

第二，保险公司主导的高额保费、短期收费、短期保险期间等"涸泽而渔"式的竞争行为带来更严重的后果，直接表现为新契约保费增长放缓甚至负增长，间接的就是伤害居民的保险意识和投保心态。

三、保险人的经营行为失范，道德风险行为盛行

第一，销售过程和销售行为失范，销售误导行为屡禁不绝，导致居民

保费资源错配，进而导致供求矛盾日趋激化，打击社会居民的投保意识，严重恶化居民对保险行业的认知，泛化并固化拒绝保险的不良心理，严重影响行业的基础。

第二，经营者道德风险行为明显，产品经营费用上升吞噬可分配红利，成为分红保险分红率低甚至无分红的一个重要原因。

第三，保险经营的售后服务行为质量低，保单失效率高企导致保费增长乏力。

四、对保费收入影响因子的实证研究印证了上述相关定性分析结论

对保费收入影响公因子的实证研究，得到了影响保费收入的质量因子和数量因子，发现几个突出问题：

第一，两个因子对保费增长的影响方向基本相反，说明这十年来的中国分红两全型寿险产品的经营质量低，对持续发展造成了严重负面影响。

第二，保险经营的数量和质量指标均呈现恶化倾向，2010年以后，数量因子的影响力得分迅速下降，而质量因子的影响力得分快速倍增，二者间的背向运行趋势及后果非常突出。

总体上，两个公因子呈现此消彼长的关系，说明保险公司的经营未能实现数量与质量的兼得，证实了长期以来学界、业界和监管部门对中国保险业经营现状和分红保险市场发展现状的共识：粗放经营，重数量不重质量，因而不具可持续性。

五、对广西分红保险市场供给经营行为的社会调查发现两个基本共性特征

第一，以分红两全保险为核心的产品供给特征突出，根源于保险公司实施了"主打营销""营销激励政策"两重行为。

第二，保险公司提供的相关产品13个月继续率、退保、失效保单数量等数据，直观地说明营销售后服务表现出相对低效的特点，但不同公司间存在一定差异。

六、广西分红保险市场供给问题的产生原因包括以下几个方面

第一，缺乏科学的竞争战略规划，通过产品"更新换代"的方式推动保费增长模式明显。各家公司共同采取了原银行保险产品包装改良式"创新"向个险渠道渗透的做法，原因是通过产品的"更新换代"来推动保费增长模式明显，不论是"新上市"还是原有产品"退市"都可以给营销员创造营销借口，但会导致诚信危机。

第二，新契约保费收入的季节变化规律明显，年度内季节间波动幅度大。基本上都是第一季度各家公司通过"开门红"激励推动业务增长，因而在年度保费收入比例居高，第二、第三季度收入进度下降，第四季度部分回升。

第三，新契约期交占比虽有提高，但季节性变动幅度大。2009年第三季度以后，期交保费占比均较全国平均水平高，且波动开始平缓，说明广西市场对推动保费期交的监管政策效应显现，各经营主体的业务结构调整绩效明显。

第四，全国平均的分红两全保险的"期趸交比"明显优于广西，意味着投保人利益得到相对保护，投保的"性价比"优于广西，广西的保险消费者在享受同样的保险产品保障时，付出了高于全国平均水平的保费，但得到了更低的保障程度，即广西保险消费者的权益被部分侵害。

第五，营销队伍营销能力有待提高，分红保险营销模式急需创新。营销员个人的销售能力下降，对产品说明会集体营销方式的依赖程度上升。

第六章 中国分红保险市场的消费者行为

保险消费者应该是保险业发展的最终受益者，但是，在既定的监管机制和既定的保险市场供给条件下，居民是否消费、如何消费某一险种及产品，投保后的消费者剩余及消费者福利高低等，又与居民自身的保险消费行为密切相关。因此，本章将开展中国居民的分红保险消费行为特征的研究，这是本书构建的 R – SCP 分析框架对产业经济学经典 SCP 范式中"行为"要素研究的延伸和拓展，有助于更深入地理解在现有的分红保险监管机制下，在既有保险产品供给结构下，中国分红保险市场发展存在问题的需求方成因，从而有利于实现系统化理解并提出解决问题对策的目标。

第一节 不同区域居民的分红保险消费行为比较

2009 年以来，国际金融保险监管部门高度重视消费者权益的保护，中国保监会也成立了保险消费者权益保护局，负责制定、修订完善并执行系列制度。一般认为，消费者教育是消费者保护的基础。而要实施有针对性的教育，就必须真正了解居民的保险消费心理和行为特征，才能提高教育和保护效率。同时，了解消费者的购买行为特征，才能真正把握住市场需求的本质，为产品和服务创新提供可靠依据，改善供给，同时也更进一步为提高消费者福利奠定基础。

基于此，本章在研究过程中，遵循计量实证和调查统计分析研究范式要求，收集分红保险的相关统计数据和居民储蓄、可支配收入等收入数据，以及商品住宅、汽车消费和投资数据，开展保险需求影响因素的计量模型实证分析，实现对中国不同省域居民的保险消费行为特征的间接研究。同时，以广西南宁市为例，先后开展了两组不同主题的消费者购买行为特征的社会问卷调查和统计研究，得到了保险行业和部分社会居民的认同和帮助。第一组相对宽泛，以"居民人身保险购买行为调查"为主题开展，第二组调查则相对缩小范围，针对银行渠道分红人身保险发展中出现的诸多问题，以"民居的银行分红保险购买行为调查"为主题开展，借此实现对区域性的居民保险消费行为特征的初步研究。

一、研究的理论假设

如绪论中的相关文献综述可见，近年来国内不少研究者建立了各自的面板数据模型，对"保险"或"寿险"的"需求"、"有效需求"的影响因素开展了计量实证研究，这为本书提供了有益基础。而国内外机构或研究者个人所开展的社会调查研究，也为本书开展居民的保险消费行为影响因素的多维观察和思考提供了有益指导。

正如前所述，居民的保险消费行为本身难以观察，但可以在现有可能获得的官方统计数据基础上，通过建立计量模型来检验和分析保费收入如何受居民的收入、储蓄行为、支出行为的影响，从而可以间接判断投保行为受到什么因素的制约或促进。类似地，可以透过计量模型检验其退保现象与居民的投资行为、大宗资产购置之间的关系，来研究居民的持有保单行为受到什么因素影响最大。二者的综合，即为本书所指的分红保险消费行为特征。基于此，本书提出了以下几个进一步研究、有别于现有文献的理论假设以指导实证研究：

理论假设 1：受到消费心理的复杂影响，居民的当年度分红保险消费行为受到当年度的宏观经济发展的影响，还应该受到上一年度宏观经济发展制约。

理论假设 2：居民的分红保险消费行为被行业"引导"成为"理财行为"，特别是银行保险产业导致原有储蓄"搬家"，因此，居民的分红保险消费心理与传统寿险有别，投保人的收入水平预期心理影响突出，当年度的分红保险消费行为作为有效需求行为，受到当年及上一年度的储蓄和可支配收入制约。

理论假设 3：从居民的金融资产或者说家庭资产配置视角看，居民既定的存量金融资产和收入水平强化了保险消费的财务预算约束，即居民的分红保险消费行为受居民的购房、购车等大宗物业购置行为影响。

二、研究模型[①]

本节将通过对中国 31 个省域居民的分红保险消费进行横向比较来实现对居民消费行为的观察，因此，将收集检验上述理论假设的时间序列截面数据，适合建立面板模型进行分析研究。

（一）面板模型的基本类型

面板数据模型用于描述具有 K 个经济指标、N 个个体及 T 个时间点的统计模型，一般形式如下：

$$y_{it} = \alpha_{it} + x'_{it}\beta_{it} + u_{it}$$

式中，$i = 1, 2, \cdots, N$，$t = 1, 2, \cdots, T$；y_{it} 是因变量，$x_{it} = (x_{1,it}, x_{2,it}, \cdots, x_{k,it})'$，是 $k \times 1$ 维解释变量；α_{it} 是模型的常数项；β_{it} 表示对应于解释变量向量 x_{it} 的 $k \times 1$ 维系数向量；K 表示解释变量个数。随机误差项 u_{it} 相互独立，且满足零均值，等方差为 σ_u^2 的假设。

实践应用中，将根据截距项向量 α 和系数向量 β 中各分量的不同限制要求，常把面板数据模型分为三大类。

第一类是无个体影响的不变系数模型的单方程回归模型。假设在个体成员上既无个体影响也没有结构变化，对于各个成员方程，截距项 α 和 $k \times 1$ 维系数向量 β 均相同，因此，又被称为联合回归模型。

$$y_i = \alpha + x_i\beta + u_i$$

式中，$i = 1, 2, \cdots, N$

第二类是变截距模型的单方程回归模型。假设存在个体影响但无结构变化，并且个体影响可以用截距项 $\alpha_i (i = 1, 2, \cdots, N)$ 的差别来说明，但 $k \times 1$ 维系数向量 β 均相同，因此，这类方程称为变截距模型，从估计方法上分类称个体均值修正回归模型。在实际应用中，根据个体影响假设的不同，可以进一步划分为固定效应和随机效应两种模型。

---

① 本节所引用的面板数据模型基本理论公式资料来源：高铁梅主编，《计量经济分析方法与建模》，清华大学出版社，2009 年 5 月第二版，pp. 319 – 354。

$$y_i = \alpha_i + x_i\beta + u_i$$

式中，$i = 1, 2, \cdots, N$

第三类是变系数模型的单方程回归模型。假设既存在个体成员的影响，又存在结构变化，允许个体影响由变化的截距项 $\alpha_i(i = 1, 2, \cdots, N)$ 的差别来说明，同时也允许 $k \times 1$ 维系数向量 $\beta_i(i = 1, 2, \cdots, N)$ 依个体成员的不同而变化，来说明个体成员的结构变化。因此，这类方程称为变系数或无约束模型。在实际应用中，根据个体影响假设的不同又可以进一步划分为固定效应和随机效应两种模型。

（二）面板分析的几个关键检验

在确定采用面板模型进行计量分析之后，应开展下列几个关键检验工作，以得到确保科学的估计模型，具体包括：

1. 检验时间序列/截面变量的平稳性检验

检验的目的是为了保证序列或变量平稳，这是未来建立的面板模型变量具有协整关系的必要条件，保证回归模型的可靠性，避免伪回归。首先，可以借助时间序列的单位根检验判断序列的平稳性，具体包括相同根情况下的 LLC（Levin – Lin – Chu）检验，H_0 假设为时间序列/截面数据中的各截面序列均具有一个相同单位根，H_1 假设为没有单位根。Breitung 检验，方法及初验假设与 LLC 类似。

其次是对不同根情形下的单位根检验，包括 Im – Pesaran – Skin W – stat 检验，Fisher – ADF 检验和 Fisher – PP 检验，H_0 假设为存在异质单位根，H_1 假设为没有单位根。

2. 模型设定检验

由于面板截面数据包含了个体、指标、时间三维信息，存在三类基本估计模型供选择，但只有符合数据信息的模型才能获得与经济现实拟合程度更优的估计结构，因此，在建立模型之初，必须检验被解释变量 y_{it} 的参数 α_i 和 β_i 适合于哪一种模型，规避模型设计偏差，提高估计有效性。基本原理是协方差分析检验，主要检验以下两个基本假设：

$$H_1 : \beta_1 = \beta_2 = \cdots = \beta_N$$
$$H_2 : \alpha_1 = \alpha_2 = \cdots = \alpha_N$$
$$\beta_1 = \beta_2 = \cdots = \beta_N$$

最初构建变系数模型的单方程回归模型，通过残差构建 F 统计量检验，设定变截距面板模型 $y_i = \alpha_i + x_i\beta + u_i$, $i = 1, 2, \cdots, N$ 是最常见形式，如果接受 H_2 则说明样本数据符合不变系数模型；如果拒绝 H_2, 但接受 H_1, 则说明数据符合变截距模型；如果也进一步拒绝 H_1, 则意味着数据可以用最后的变系数模型估计。

变截距模型为最常见面板模型，根据个体影响形式的差异，可以细分为固定影响（Fixed Effects）变截距模型和随机影响（Random Effects）变截距模型。理论认为，随机影响变截距模型优于固定影响变截距模型。因此，在建立面板模型中，可以先假设为随机模型，进行 Hauseman 检验观察拟设模型是否满足个体影响与解释变量不相关的假设，如果满足就可以确定为随机影响模型，如果不满足则是固定影响模型，在此基础上，再进行似然比（Likely Ratio，LR）检验，以进一步确认可以采用固定影响模型。

3. 面板数据的协整检验

建立适当的模型之后，必须最后进行数据的协整性检验，以检测变量之间是否具备长期均衡关系，防范伪回归，保证回归模型估计结论的科学性。

具体方法包括建立在 Engle 和 Granger 二步法基础上的 Pedroni 检验和 Kao 检验，以及建立在 Johanson 协整检验基础上的面板协整检验。

其中，Pedroni 检验包括7个统计量，细分为4个维度内和3个维度间检验统计量。4个维度内统计量检验同质面板的数据协整性，具体包括面板方差率统计量（Pannel v – Statistic）、面板 ρ 统计量（Pannel rho – Statistic）、面板 PP 统计量（Pannel pp – Statistic）、面板 t 统计量（Pannel ADF – Statistic）4个统计量。3个维度间检验统计量检验异质面板数据的协整关系，即组间 ρ 统计量（Group rho – Statistic）、组间 PP 统计量（Group pp – Statistic）、组间 t 统计量（Group ADF – Statistic）。

不论是 Pedroni 检验、Kao 检验，或是 Johanson 协整检验，也不论是 Pedroni 检验的哪一种检验统计量，其 H_0 假设都是面板数据不存在协整关系。

三、数据选取及描述

本章借鉴现有文献关于影响保险消费要素的各种观点，从历年《中国保险年鉴》、《中国统计年鉴》、国家统计局官方网站、Wind 数据库等渠道，收集了 31 个省、自治区、直辖市 2008—2013 年的分红保险保费收入、退保金数据；历年国内生产总值 GDP、城镇居民年末人民币储蓄余额、城镇居民可支配收入、商业住宅商品房销售额、城镇人口占比、年结婚登记人数、七座以下乘用车销售量等数据，分别建立面板模型，以单独检验各种因素对居民的分红保险消费（包括投保和退保两方面）的影响，特别是考察不同省域居民的影响差异。

1. 分红保险保费收入

记变量名为 Insurp，为被解释变量。具体数据包括各年、各省（区）市的分红保险中所有类别产品的总保费，即包括新契约保费和续期保费，因此，将受到过往年度保单续保与否的影响。保险行业经营实践中，消费者在保单的第二、第三次交费期间发生退保的概率较高，给保险供求双方带来的损失都较大，因此，保险经营实践中非常重视 13 个月和 25 个月的保费继续率。本书中将作为核心关键的被解释变量，研究居民在购置房产、家用车等背景下的分红保险消费行为表现及不同省域居民的横向差异。

2. 分红保险退保金

记变量名为 Cancelp，也将主要作为被解释变量。具体数据为各年、各省（区）市的分红保险中所有类别产品的退保金额，将用于检验居民退保行为的动因。

3. 国内生产总值 GDP

记变量名为 GDP，将作为解释变量，用于研究居民面对国民经济发展的不确定性所产生的投保心理预期，进而对投保行为的影响。在大量文献中都被引用为主要的解释变量以研究居民的投保影响因素。

4. 城镇居民年末人民币储蓄余额

记变量名为 Deposits，数据直接来自统计年鉴。将作为解释变量，用于研究居民的存量和增量储蓄对分红保险消费中的双面作用。多数文献已经证明居民储蓄存款可以促进人身保险消费，然而，分红保险已经被居民视为理财工具，二者间是否存在一定的替代性？当年度储蓄和过往年度的储蓄余额会如何影响居民的投保决策？就本书而言，不同地域的居民，在处理储蓄和分红保险理财之间的心态有否区别，区别有多大？这是值得进一步研究的选题，因此，本书列为解释变量，单独进行深入论证。

5. 城镇居民可支配收入

记变量名为 Income，数据直接来自统计年鉴。将作为解释变量，用于研究居民的可支配收入对分红保险消费决策的作用。供求理论认为，可支配收入增加将促进居民的有效需求，在保险消费中也应该存在这样的基本规律。但是，这样的规律相对静态，并未涉及可支配收入的动态变化对居民的具体消费决策行为的影响，因此，也将以此为解释变量，研究可支配收入的动态变化对分红保险消费行为的影响。

6. 城镇人口占比

记变量名为 Urban，数据直接来自统计年鉴。将作为解释变量，用于研究城镇化、城市化发展对居民分红保险消费行为的影响。在部分文献中，这一变量被证明对人身保险或财产保险具有重要促进作用，目标仍然是考察这种促进作用的动态性，考察比较不同区域的城镇化进程中居民的分红保险消费行为表现差异。

7. 年结婚登记人数

记变量名为 Marry，数据来自统计年鉴中的"初婚登记人数"。将作为解释变量，检验新婚人群的保险消费行为。这一变量在保险消费行为的计量实证研究中比较少见，之所以引入这一变量，源于本章第一节相关文献中关于新婚、已婚居民的保险消费积极性的结论。

8. 商业住宅商品房销售额

记变量名为 Houses，数据直接来自统计年鉴中的商业住宅商品房销售额。购买住房是中国居民一件头等大事，是工薪家庭进行银行储蓄的核心目标之一，是家庭资产配置的重头戏，成为影响居民保险消费，甚至是影响中国内需水平的一个重要原因。因此，列为解释变量，考察对分红保险消费行为的影响及区域间的差异。

9. 七座以下乘用车销售量

记变量名为 Privateauto，数据来自 Wind 数据库。随着居民个人和家庭财富的增长，购买家用乘用车已经成为家庭生活必需品，也因此成为居民不投保，甚至退保的一个重要原因，即对居民的保险消费产生挤出效应。因此，列为解释变量，考察对居民退保行为的影响程度和区域间差异。

四、数据的平稳性检验

为确保实证研究的严谨性、科学性，在建立相关面板实证模型来检验前述相关理论假设之前，先按规则逐个检验上述各变量的平稳性，得到如下结论。

表 6 - 1　　　　　　　　　　各变量的平稳性检验

变量名称	检验	Statistic	Prob.	结论
Insurp	LLC	− 12. 9695	0. 0000	在 99% 的置信区间拒绝原假设，无单位根，序列零阶平稳。
	Im, Pesaran and Shin W − stat	− 2. 88609	0. 0020	
	Fisher − ADF	114. 06	0. 0001	
	Fisher − PP	233. 854	0. 0000	
Cancelp	LLC	− 25. 9331	0. 0000	在 99% 的置信区间拒绝原假设，无单位根，序列一阶平稳。
	Im, Pesaran and Shin W − stat	—	—	
	Fisher − ADF	142. 681	0. 0000	
	Fisher − PP	171. 091	0. 0000	
GDP	LLC	− 12. 5608	0. 0000	在 99% 的置信区间拒绝原假设，无单位根，序列一阶平稳。
	Im, Pesaran and Shin W − stat	− 4. 63201	0. 0000	
	Fisher − ADF	105. 468	0. 0005	
	Fisher − PP	116. 242	0. 0000	
Income	LLC	− 9. 99029	0. 0000	在 95% 的置信区间拒绝原假设，无单位根，序列一阶平稳。
	Im, Pesaran and Shin W − stat	− 1. 98321	0. 0237	
	Fisher − ADF	66. 9732	0. 3104	
	Fisher − PP	96. 4046	0. 0034	

续表

变量名称	检验	Statistic	prob.	结论
Deposits	LLC	−41.7547	0.0000	在99%的置信区间拒绝原假设，无单位根，序列二阶平稳。
	Im, Pesaran and Shin W − stat	—	—	
	Fisher − ADF	102.149	0.0010	
	Fisher − PP	124.412	0.0000	
Houses	LLC	−26.9861	0.0000	在99%的置信区间拒绝原假设，无单位根，序列一阶平稳。
	Im, Pesaran and Shin W − stat	−6.70402	0.0000	
	Fisher − ADF	97.9053	0.0025	
	Fisher − PP	107.287	0.0003	
Privateauto	LLC	−41.2512	0.0000	在95%的置信区间拒绝原假设，无单位根，序列二阶平稳。
	Im, Pesaran and Shin W − stat	—	—	
	Fisher − ADF	88.3186	0.0157	
	Fisher − PP	100.161	0.0015	
Marry	LLC	−7.94373	0.0000	在99%的置信区间拒绝原假设，无单位根，序列零阶平稳。
	Im, Pesaran and Shin W − stat	−3.12612	0.0009	
	Fisher − ADF	116.034	0.0000	
	Fisher − PP	165.103	0.0000	
Urban	LLC	−14.8275	0.0000	在99%的置信区间拒绝原假设，无单位根，序列一阶平稳。
	Im, Pesaran and Shin W − stat	−4.09136	0.0000	
	Fisher − ADF	96.5126	0.0033	
	Fisher − PP	101.394	0.0012	

五、相关估计模型及结论

为检验各个解释变量分别对不同省域居民投保行为的影响（表现为对分红保险保费收入 Insurp 增或减的影响），或者是对退保行为的影响（表现为对分红保险退保金 Cancelp 增或减的影响），从统计数据看，各省、自治区、直辖市的居民分红保险消费或退保情况都存在较大差异，因此，可以直接建立变截距模型。同时，为避免各个变量的平稳性差异造成的影响，也为了深入考察不同变量的影响，拟分别建立多个变截距面板模型，并以 Eviews6 软件，逐一考察不同解释变量对居民的分红保险消费行为的影响差异。为消除不同变量的量纲差异，在建立模型中各变量均取对数，从而建立对数回归模型。

（一）国民经济发展的不确定性对分红保险消费行为的影响

本书在此拓展应用消费经济学的"棘轮效应"理论，研究国民经济发展的不确定性对居民的分红保险消费心理进而消费行为的影响。不论是理论还是实践均证明，人们根据上一年度的国民经济和保险消费情况，来预判本年度经济发展进而决定分红保险消费行为决策，包括投保新保单、原保单续交保费以及退保。因此，以 GDP 代表国民经济发展情况，以分红险保费收入表示居民的消费行为，预设如下模型进行估计和检验。

$$\ln Insurp_{it} = \alpha_{it} + \beta_1 \ln GDP_{it} + \beta_2 \ln GDP_{it-1} + \beta_3 \ln Insurp_{it-1} + u_{it}$$

$$(6-1)$$

对预设模型逐一进行 Hauseman 检验、LR 检验，确定可以建立固定影响变截距模型。以拟合优度 R^2 和 D. W. 检验、t 检验最优为基本准则筛选各种可能的估计模型，最终建立截面加权的广义最小二乘法（EG-LS）模型最终可以得到如表 6-2 和表 6-3 所示估计结果，并通过 F 检验、Pedroni 检验、Ka 协整检验，变量间具备长期均衡关系，估计模型有效，结论可靠。

表 6-2　GDP 对分红保险消费行为的固定影响变截距模型估计结果

Variable	Coefficient	Std. Error	t - Statistic	Prob.
C	6. 333691	0. 245828	25. 76471	0. 0000
lnGDP?	0. 421864	0. 159596	2. 643329	0. 0093
lnGDP? （-1）	-0. 418778	0. 119286	-3. 510711	0. 0006
lnINSURP? （-1）	0. 543412	0. 047898	11. 34514	0. 0000

$R^2 = 0.995814$，$\hat{R}^2 = 0.994673$　D. W. $= 2.163133$

F - statistic $= 872.363$，　Prob. （F - statistic） $= 0.0000$

表 6-3　　各区域国民经济发展对分红保险消费行为固定影响系数排序表

序号	区域	固定影响系数	序号	区域	固定影响系数
1	广东	0.813983	17	福建	0.184584
2	江苏	0.808466	18	江西	0.084237
3	河南	0.717961	19	吉林	0.021923
4	北京	0.685102	20	四川	0.014475
5	山东	0.679296	21	天津	-0.045611
6	河北	0.604086	22	广西	-0.053776
7	上海	0.601433	23	云南	-0.075442
8	湖北	0.504086	24	新疆	-0.157396
9	浙江	0.484789	25	内蒙古	-0.164931
10	湖南	0.334704	26	甘肃	-0.224936
11	安徽	0.28627	27	贵州	-0.325078
12	辽宁	0.251353	28	海南	-0.6623
13	陕西	0.240165	29	宁夏	-0.752905
14	山西	0.2367	30	西藏	-2.240265
15	黑龙江	0.229138	31	青海	-3.299001
16	重庆	0.218892			

从估计结果看，模型拟合效果优秀，调整后的 R^2 系数高达 0.994673，D. W. 检验值也达到 2.163133，序列无自相关问题，模型可信度高。至此可以得到以下几个主要结论：

第一，以 2008—2013 年样本数据说明，居民的分红保险消费与国民经济发展之间基本协调，GDP_{it} 的影响力微弱，略高于 GDP_{it-1} 影响力，这与几年来国民经济增长放缓，同时分红保险增长放缓的现实相吻合。因此，居民的分红保险消费心理受到经济发展放缓的影响比较明显。

第二，上一年度居民分红保险消费形成的续期保费对本年度保费收入影响力只达到 0.543412，即当年度保费中有 54.3412% 来自续期保费，这与前面章节关于退保率高、年末有效保单增长率偏低的研究结论相呼应。这也意味着需要进一步深入研究、挖掘深层次原因。

第三，从地域差异看，国民经济发展对分红保险消费促进效应最强的区域依次是广东省、江苏省、河南省、北京市、山东省等，共 20 个省市的影响系数为正，表明当地居民可能更深切地感知到经济发展，分红保险消费相对明显受益于地方经济发展。

但是，另外11个省市区的影响系数为负，特别是最后5个区域的负影响系数绝对值较大，说明区域差异大，意味着居民对经济发展的心理感知可能并不明显，因此分红保险消费未受益于经济发展。这还需要结合其他因素，利用购置大宗家庭资产的影响，来更深入了解具体原因。

此外，即使在前10个受益明显的省市中，上海、浙江区域的影响力也与其经济发展地位并不吻合，同样也是需要更深入研究。

综合起来，本面板估计证实了本节提出的理论假设1成立。

（二）居民储蓄行为对分红保险消费行为的影响

前面章节论及分红保险保费收入的季节性规律，说明居民的保险需求从潜在变为现实有效需求过程中会受到可支配收入的制约。实际上，从社会实践的观察可以发现，由于分红保险费率偏高，居民投保分红保险还需要动用原有储蓄，表现为金融资产在储蓄与分红保险之间的配置。

为此，可以作出理论假设："不考虑其他投资或大额消费，居民收入都体现在可支配收入中，居民在进行金融理财配置时仅在储蓄和分红保险之间分配。"

具体地可以设定，居民在 t 时购买分红保险，不论其是否已经投保或是纯粹新投保的消费者，保费支出的财务预算依赖于当时可支配收入 $Income_{it}$ 和储蓄余额 $Deposits_{it-1}$；同时，借鉴消费的"棘轮效应"理论，继续在验证中引入上一期的分红保险消费变量 $Insurp_{it-1}$。据此预设如下估计模型：

$$\ln Insurp_{it} = \alpha_{it} + \beta_1 \ln Deposits_{it-1} + \beta_2 \ln Income_{it} + \beta_3 \ln Insurp_{it-1} + u_{it}$$

$$(6-2)$$

对预设模型逐一进行 Hauseman 检验、LR 检验，确定可以建立固定影响变截距模型。以拟合优度 R^2 和 D. W. 检验、t 检验最优为基本准则筛选各种可能的估计模型，建立起截面加权的广义最小二乘法（EGLS）模型，最终可以得到如表6-4、表6-5估计结果，并通过 F 检验、Pedroni 检验、Ka 协整检验，变量间具备均衡关系，估计模型在99%的置信范围内有效，调整 $\widehat{R}^2$ 高，D. W. 检验值显示不存在自相关，结论可靠。

表 6 – 4　　居民的储蓄行为对分红保险消费行为的固定影响变截距模型

Variable	Coefficient	Std. Error	t – Statistic	Prob.
C	10. 37819	1. 067661	9. 720495	0. 0000
lnDEPOSITS?（ – 1）	0. 906398	0. 191879	4. 723810	0. 0000
lnINCOME?	– 1. 218917	0. 262381	– 4. 645594	0. 0000
lnINSURP?（ – 1）	0. 553128	0. 047695	11. 59722	0. 0000

$R^2 = 0.996093$, $\hat{R}^2 = 0.995028$　D. W. = 2. 200812

F – statistic = 934. 8707,　　Prob.（F – statistic）= 0. 0000

表 6 – 5　　居民储蓄行为对分红险消费行为的固定影响系数排序

序号	区域	固定影响系数	序号	区域	固定影响系数
1	宁夏	0. 686725	17	江苏	– 0. 006544
2	海南	0. 531649	18	甘肃	– 0. 00732
3	上海	0. 489348	19	云南	– 0. 009666
4	天津	0. 487072	20	河南	– 0. 026055
5	西藏	0. 470256	21	湖南	– 0. 027292
6	北京	0. 406716	22	浙江	– 0. 030232
7	重庆	0. 342574	23	陕西	– 0. 031118
8	福建	0. 260171	24	黑龙江	– 0. 161813
9	内蒙古	0. 182936	25	山东	– 0. 171132
10	吉林	0. 0897	26	山西	– 0. 216213
11	贵州	0. 088798	27	河北	– 0. 296139
12	新疆	0. 075552	28	广东	– 0. 3931
13	湖北	0. 058059	29	辽宁	– 0. 395638
14	广西	0. 041949	30	四川	– 0. 792904
15	安徽	0. 019148	31	青海	– 1. 677645
16	江西	0. 012159			

由表 6 – 5 可以得到以下几个主要结论：

第一，居民的分红保险消费行为主要依赖于原有储蓄，是金融理财资源重新配置的结果。这与蒋虹（2005）的结论相近，说明分红保险保费过高对消费者构成一定的支付压力。

第二，投保时的可支配收入的影响为负，意即构成居民保险消费的负影响因素。这可能与居民收入的季节波动性有关，中国居民可支配收入中有相当部分来源于"年终奖"，这个特殊收入改变了居民的收入预期和其他消费预期。但是，这个特殊收入来源具有不稳定性，这可能成为居民投保的财务预算约束压力。当交续期保费的周期与波动性的收入在时间上不匹配时就容易发生退保的后果。

当发生通胀率高导致当年度其他商品和服务的消费占用资源增多，或者购置重大资产产生新的财务预算压力等时，还需要结合其他研究更深入探讨。

第三，从表6－5所示的各省市区的固定影响系数情况看，16个省市的居民收入和储蓄对分红保险消费产生正影响，促进了消费。但包括江苏、山东、广东这样的发达省在内的15个省市区的固定影响系数为负值，说明保险消费落后于收入和储蓄增长。这可能与保险消费观念有关，也可能与保险服务水平不高、保险产品不符合居民需求有关，或者与其他资产配置占据更多资源有关，但还需要其他研究来佐证。

（三）居民购买商品住房行为对分红保险投保行为的影响

长期以来，购买住房成为中国居民个人和家庭强化储蓄行为的核心目标之一，"购房和装修开支大因此缺钱"也成为现实生活中居民拒绝保险营销员，拒绝保险消费的说辞。然而，正如生命价值理论所揭示的，也有大量居民接受了保险营销员的建议而投保，以期防范贷款人因疾病、意外或早逝带来的贷款偿付能力风险。相关文献也证明，居民发生了房产购置后带来了寿险消费的证据。

因此，本节在前面提出了理论假设3："分红保险消费受到住房购置行为的影响。"为确定这种影响的机制及影响程度大小，以及这种影响在不同区域间的差异，以"商业住宅商品房销售额（Houses）"来代表居民的商品房购买行为。

为建构预设模型，根据中国工薪阶层居民购买住房的特点，进一步提出模型理论假设："居民为购买商品住房（包括买房和装修装饰住房）而消耗完原有储蓄。"因此，在某个 t 时刻，居民进行分红保险消费 $Insurp_{it}$，面对的是已经完成的购房行为 $Houses_{it-1}$，因此，居民能否顺利完成此次保险消费行为，就取决于当时的可支配收入 $Income_{it}$ 和购买住房之后重新开始的储蓄行为结果 $Deposits_{it-1}$，所以可以在模型（6－2）的基础上，增加住房变量 $Houses_{it-1}$，预设估计模型如下：

$$\ln Insurp_{it} = \alpha_{it} + \beta_1 \ln Deposits_{it-1} + \beta_2 \ln Income_{it}$$
$$+ \beta_3 \ln Insurp_{it-1} + \beta_4 \ln Houses_{it-1} + u_{it} \qquad (6-3)$$

对预设模型逐一进行 Hauseman 检验、LR 检验，确定可以建立固定影响变截距模型。以拟合优度 R^2 和 D. W. 检验最优为基本准则筛选各种可能的估计模型，建立起截面加权的广义最小二乘法（EGLS）模型，最终可以得到如表 6 – 6、表 6 – 7 所示的估计结果，并通过 F 检验、Kao 协整检验，变量间具备均衡关系，估计模型在 95% 的置信范围内有效，结论可靠。模型拟合效果优秀，调整后的 $\widehat{R}^2$ 系数高达 0.994901，D. W. 检验值也达到 2.085477，不存在自相关，模型可信度高。

表 6 – 6　　居民的购房行为对分红保险消费行为的固定影响变截距模型

Variable	Coefficient	Std. Error	t – Statistic	Prob.
C	11. 17936	0. 719910	15. 52883	0. 0000
lnDEPOSITS? （ – 1）	0. 895646	0. 147432	6. 074985	0. 0000
lnINCOME?	– 1. 303534	0. 189299	– 6. 886100	0. 0000
lnHOUSES? （ – 1）	0. 074499	0. 032870	2. 266467	0. 0252
lnINSURP? （ – 1）	0. 526407	0. 044251	11. 89600	0. 0000

$R^2 = 0.996027$，$\widehat{R}^2 = 0.994901$　D. W. = 2.085477

F – statistic = 884. 7349，　Prob. （F – statistic） = 0. 0000

表 6 – 7　　购买住房对分红保险消费行为影响的固定系数表

序号	区域	固定影响系数	序号	区域	固定影响系数
1	宁夏	0. 716029	17	安徽	– 0. 002979
2	西藏	0. 60207	18	云南	– 0. 014864
3	海南	0. 502234	19	陕西	– 0. 027184
4	上海	0. 499158	20	湖南	– 0. 02855
5	天津	0. 491178	21	河南	– 0. 029958
6	北京	0. 429077	22	江苏	– 0. 042963
7	重庆	0. 313802	23	浙江	– 0. 051596
8	福建	0. 25604	24	山西	– 0. 137336
9	内蒙古	0. 180002	25	黑龙江	– 0. 161559
10	新疆	0. 09945	26	山东	– 0. 200631
11	吉林	0. 098531	27	河北	– 0. 291329
12	贵州	0. 088843	28	广东	– 0. 426221
13	甘肃	0. 054391	29	辽宁	– 0. 449233
14	湖北	0. 050514	30	四川	– 0. 840257
15	广西	0. 035018	31	青海	– 1. 738078
16	江西	0. 0264			

至此可以得到以下几个主要结论：

第一，居民的储蓄和可支配收入对分红保险消费的影响机制与上一模型估计结论相似，未改变居民的一般消费行为模式。

第二，居民上一时期（$t-1$）的购房行为对下一期（即第 t 期）的分红保险消费行为产生激励，这印证了国外社会调查结论，也印证了中国保险营销实践的直观经验。

由于中国居民购买商品住房基本需要向银行借贷，购买住房资产的同时也面临高额负债，需要一定的人生风险防范，体现生命价值，因此与生命价值理论相符合，也说明中国居民的保险消费意识已经初步建立。

因此，从模型显示结论看，居民购房行为总体上对分红保险消费有促进作用。借此可以理解，为什么这些年来中国的住宅商品房销售和储蓄增长，同时分红保险消费仍然有正增长。

第三，从各省域的固定影响系数差异比较情况看，16 个省市有正影响系数，其中多数是西部省市，说明这些地区居民的住房购置和储蓄行为对分红保险有正激励，居民的保险意识较强。

但是，包括江苏、山东、广东之类发达地区，共计 15 个省市区影响系数为负，说明居民的住房购置和储蓄行为可能对分红保险消费产生挤出效应，这可能与这些地区房价过高导致居民因购房而过度消耗储蓄有关，也说明居民的保险意识有待加强，保险产品供给也需要改革优化才能刺激有效需求。

（四）居民购买商品住房对存量分红保险的退保行为的影响

近年来，全国各地房地产价格持续快速攀升，中国居民又独具传统的"居者有其屋"观念，这使工薪阶层为一次购房而倾尽所有外，还需要通过贷款才能解决购房财务预算，未来年度就必须逐月逐年归还银行贷款，购买住房的当年及次年度往往是退保高峰期。因此，在建立模型时提出理论假设："不论是当年购房或是上一年度购房，居民倾尽所有"，即当年度储蓄存款归零。

因此，在 t 时刻，居民面对是否交续期保费时，或者说居民是否退保决策时，与居民购房年度初始储蓄余额 $Deposits_{it-1}$ 相关，与做出退保决策时刻的可支配收入 $Income_{it}$ 相关。在此基础上，预设估计模型为

$$\ln Cancelp_{it} = \alpha_{it} + \beta_1 \ln Deposits_{it-1} + \beta_2 \ln Income_{it}$$

$$+ \beta_3 \ln Houses_{it} + \beta_4 \ln Houses_{it-1} + u_{it} \qquad (6-4)$$

对预设模型逐一进行 Hausman，LR 检验，确定适合建立固定影响变截距模型。以拟合优度 R^2 和 D. W. 检验最优为基本准则筛选各种可能的估计模型，建立起截面加权的广义最小二乘法（EGLS）模型，最终可以得到如表 6 - 8、表 6 - 9 所示的估计结果，并通过 F 检验、Pedroni 检验、Kao 协整检验，变量间在 95% 的置信范围内具备均衡关系，估计模型有效。模型拟合效果优秀，调整后的 R^2 系数高达 0. 996106，D. W. 检验值也达到 2. 120795，不存在自相关，结论可靠。

表 6 - 8　居民购房对分红保险退保行为的固定影响变截距模型系数

Variable	Coefficient	Std. Error	t - Statistic	Prob.
C	- 16. 92595	1. 221907	- 13. 85208	0. 0000
lnDEPOSITS?（- 1）	1. 290738	0. 198118	6. 514989	0. 0000
lnINCOME?	1. 765506	0. 270265	6. 532500	0. 0000
lnHOUSES?	0. 143391	0. 071615	2. 002229	0. 0475
lnHOUSES?（- 1）	- 0. 174644	0. 048313	- 3. 614849	0. 0004

$R^2 = 0.996966$，$\hat{R}^2 = 0.996106$　D. W. $= 2.120795$

F - statistic $= 1159.72$，　Prob.（F - statistic）$= 0.000000$

表 6 - 9　居民购房对分红保险退保行为的区域固定影响系数

序号	区域	固定影响系数	序号	区域	固定影响系数
1	安徽	0. 888759	17	山西	0. 091442
2	河南	0. 761897	18	云南	0. 07255
3	黑龙江	0. 692516	19	广西	- 0. 034909
4	重庆	0. 579229	20	福建	- 0. 13754
5	江西	0. 576244	21	海南	- 0. 145976
6	四川	0. 516077	22	江苏	- 0. 24335
7	新疆	0. 509467	23	辽宁	- 0. 287043
8	吉林	0. 508716	24	天津	- 0. 415685
9	湖北	0. 500712	25	青海	- 0. 471737
10	贵州	0. 471148	26	山东	- 0. 47963
11	湖南	0. 388362	27	浙江	- 0. 751869
12	宁夏	0. 319087	28	北京	- 0. 873593
13	内蒙古	0. 253135	29	上海	- 0. 893333
14	河北	0. 238432	30	广东	- 0. 961479
15	甘肃	0. 172588	31	西藏	- 1. 940546
16	陕西	0. 09633			

至此可以得到如下结论：

第一，居民购房当年度会推动存量分红保险保单持有人的退保行为，确实产生一定的挤出效应。但是上一年度的购房行为并未直接导致下一年度的退保行为，换言之，挤出效应主要发生在购置房产当年。

第二，$lnDeposits_{it-1}$ 的正影响系数达到 1.290738，$lnIncome_{it}$ 的正影响系数更达到了 1.765506，绝对值较大，说明居民购置房产导致的退保行为的根本原因是原有储蓄被耗尽且可支配收入不足。

根据中国居民的家庭理财特点，当上一期储蓄被耗尽而无力支付保费时，可以理解为交费能力绝对不足；由于中国居民的劳动工资报酬相对较低，特别是欠发达地区工资薪酬标准相对较低，因此，可分配收入的不足可以理解为交费能力的相对不足。

第三，从表 6-9 可见，多达 18 个区域的固定影响系数为正，即购房行为促进了退保行为的发生，且影响系数排序靠前的地区正好也是欠发达地区，也是前面几个模型中对保险消费有正激励效应模型中排序居后的区域。只有 13 个区域的影响系数为负，多数是经济相对发达省市。

综合起来，居民的购房导致退保，事实上造成保险消费挤出效应的原因，可能与"一张保单卖全国"的问题有关，在面对相同的保险产品、支付相同的保费获得相同的保障额的情况下，欠发达地区居民因购房而容易发生续期保费交费能力不足的困境。这可能也与居民投保时未进行投保财务能力测试有关，与居民投保时盲目追求高保额相关，因而导致未来年度面临超出交费能力的"高保费"，发生相对支付能力不足困境。

（五）购置家用乘用车对分红保险消费行为的影响

购买家用乘用车，与购买住房类似，是近年来中国居民家庭财产资源配置的一个重要选择。特别是，"保车不保人"的特殊现象长期存在于中国居民保险消费市场。因此，假设家庭上一年度新增购买家用乘用车，将对分红保险消费者的存量保单产生影响，即促进退保行为。

但是，类似于购房行为对新增分红保险消费的激励作用，在社会实践中也可能促使新购买家用车的居民本着防范个人和家庭人身风险的目的，即保障"个人生命价值"的目标而新增加分红保险消费。

与购买住房的行为相比较可以看到，居民购置家用车的财务相对轻松，虽然也有大量居民通过银行贷款或汽车金融方式购置，但是购置当年并不至于耗尽储蓄，会根据可支配收入情况量力而为。因此，可以做出先验假设：

假设1：居民购置车辆、储蓄和投保是家庭财产配置决策，取决于储蓄和可支配收入的变化及其增长预期。

换言之，在 t 时刻居民购置车辆行为的发生，决定于本期初储蓄余额 $Deposits_{it-1}$ 以及可支配收入 $Income_{it}$；而购置车辆后是否投保新分红保险，也仍然取决于该时刻的可支配收入 $Income_{it}$ 和现有储蓄 $Deposits_{it-1}$ 是否足以支付必需的保险费。

假设2：对已经拥有分红保险单而新购置家庭用车的居民，由于已经具备保险意识，是否发生原有保单的退保行为，取决于交费期间的支付能力。

换言之，在排除其他非财务因素导致退保行为的情况下，持有分红保单的居民是否因为购置车辆而退保，可以假定为决定于期初储蓄余额 $Deposits_{it-1}$ 是否充分、当前可支配收入 $Income_{it}$ 是否足够支付保险费。

因此，将预设如下两个模型，检验居民的购置家用车行为对分红保险消费行为的影响机制：

$$\ln Insurp_{it} = \alpha_{it} + \beta_1 \ln Deposits_{it-1} + \beta_2 \ln Income_{it}$$
$$+ \beta_3 \ln Privateauto_{it} + u_{it} \qquad (6-5)$$

$$\ln Cancelp_{it} = \alpha_{it} + \beta_1 \ln Deposits_{it-1} + \beta_2 \ln Income_{it}$$
$$+ \beta_3 \ln Privateauto_{it} + u_{it} \qquad (6-6)$$

对上述两个预设模型分别逐一进行 Hausman 和 LR 检验，确定适合建立固定影响变截距模型。以拟合优度 R^2 和 D. W. 检验最优为基本准则筛选各种可能的估计模型，建立起截面加权的广义最小二乘法（EGLS）模型，最终可以得到如表 6－10、表 6－11、表 6－12 和表 6－13 所示的估计结果，$\hat{R}^2$ 系数高，D. W. 都大于 2，无自相关问题。模型通过 F 检验、协整检验，变量具备均衡关系，估计模型有效。

表 6 - 10　　　居民购车对分红保险投保行为的固定影响变截距模型系数

Variable	Coefficient	Std. Error	t - Statistic	Prob.
C	31. 34477	5. 161066	6. 073313	0. 0000
lnDEPOSITS? （ - 1）	- 0. 966111	0. 424135	- 2. 277838	0. 0264
lnINCOME?	- 1. 613090	0. 432698	- 3. 727980	0. 0004
lnPRIVATEAUTO?	1. 474737	0. 410228	3. 594917	0. 0007
AR （2）	0. 229074	0. 036089	6. 347474	0. 0000

$R^2 = 0.999281$，$\hat{R}^2 = 0.998860$　D. W. = 2. 561042

F - statistic = 2371. 538，　　Prob. （F - statistic） = 0. 000000

表 6 - 11　　　居民购车对分红保险退保行为的固定影响变截距模型系数

Variable	Coefficient	Std. Error	t - Statistic	Prob.
C	- 21. 69196	2. 019157	- 10. 74307	0. 0000
lnDEPOSITS? （ - 1）	2. 190459	0. 331283	6. 612047	0. 0000
lnINCOME?	1. 714076	0. 334083	5. 130696	0. 0000
lnPRIVATEAUTO?	- 0. 584519	0. 154350	- 3. 786981	0. 0002

$R^2 = 0.997081$，$\hat{R}^2 = 0.996285$　D. W. = 2. 210596

F - statistic = 1252. 357，　　Prob. （F - statistic） = 0. 000000

表 6 - 12　　　居民购车对分红保险投保/退保行为的区域影响系数评价

序号	区域	对投保行为影响系数	对退保行为影响系数
1	北京	1. 959393	- 1. 14969
2	天津	0. 27187	- 0. 2396
3	河北	0. 29718	0. 078629
4	山西	0. 191444	- 0. 005115
5	内蒙古	- 0. 788428	0. 624968
6	辽宁	0. 530974	- 0. 700631

续表

序号	区域	对投保行为影响系数	对退保行为影响系数
7	吉林	− 0. 185424	0. 627325
8	黑龙江	0. 217074	0. 598764
9	上海	3. 194258	− 1. 743791
10	江苏	1. 509535	− 0. 641561
11	浙江	1. 095099	− 1. 050473
12	安徽	0. 489725	0. 750623
13	福建	0. 766404	− 0. 214445
14	江西	0. 277994	0. 461305
15	山东	0. 502964	− 0. 616466
16	河南	0. 81884	0. 628548
17	湖北	1. 087364	0. 226168
18	湖南	0. 563983	0. 234799
19	广东	1. 632028	− 1. 603851
20	广西	− 0. 070818	0. 001586
21	海南	− 0. 489183	0. 247834
22	重庆	1. 034928	0. 378826
23	四川	− 0. 907413	0. 231614
24	贵州	− 0. 951661	0. 83307
25	云南	− 0. 669863	0. 347909
26	西藏	− 3. 711657	− 0. 71555
27	陕西	0. 343884	0. 014714
28	甘肃	− 0. 273814	0. 194165
29	青海	− 6. 593346	0. 336619
30	宁夏	− 1. 422084	1. 037954
31	新疆	− 0. 72125	0. 825752

表 6 - 13　　居民购车对分红保险投保/退保行为的区域影响系数排序

序号	区域	对投保行为影响系数	序号	区域	对退保行为影响系数
1	上海	3.194258	1	宁夏	1.037954
2	北京	1.959393	2	贵州	0.83307
3	广东	1.632028	3	新疆	0.825752
4	江苏	1.509535	4	安徽	0.750623
5	浙江	1.095099	5	河南	0.628548
6	湖北	1.087364	6	吉林	0.627325
7	重庆	1.034928	7	内蒙古	0.624968
8	河南	0.81884	8	黑龙江	0.598764
9	福建	0.766404	9	江西	0.461305
10	湖南	0.563983	10	重庆	0.378826
11	辽宁	0.530974	11	云南	0.347909
12	山东	0.502964	12	青海	0.336619
13	安徽	0.489725	13	海南	0.247834
14	陕西	0.343884	14	湖南	0.234799
15	河北	0.29718	15	四川	0.231614
16	江西	0.277994	16	湖北	0.226168
17	天津	0.27187	17	甘肃	0.194165
18	黑龙江	0.217074	18	河北	0.078629
19	山西	0.191444	19	陕西	0.014714
20	广西	-0.070818	20	广西	0.001586
21	吉林	-0.185424	21	山西	-0.005115
22	甘肃	-0.273814	22	福建	-0.214445
23	海南	-0.489183	23	天津	-0.2396
24	云南	-0.669863	24	山东	-0.616466
25	新疆	-0.72125	25	江苏	-0.641561
26	内蒙古	-0.788428	26	辽宁	-0.700631
27	四川	-0.907413	27	西藏	-0.71555
28	贵州	-0.951661	28	浙江	-1.050473
29	宁夏	-1.422084	29	北京	-1.14969
30	西藏	-3.711657	30	广东	-1.603851
31	青海	-6.593346	31	上海	-1.743791

综合表 6 - 10、表 6 - 11、表 6 - 12、表 6 - 13，可以得到如下结论：

第一，比较两个模型中的 $\ln Privateauto_{it}$ 系数可以看到，居民购置家庭用车会促进分红保险的新消费，并不会带来大量的退保行为。事实上，从全国范围看对退保行为反而形成负激励。这验证了国内外部分社会调查结论，与购买商品住房类似，购买家庭用车后，一方面是可能会增加家庭的新金融负债，要求居民建立偿付银行贷款的风险防范机制；另一方面可能是因为购置了家庭用车而使居民人身风险提高，也促使居民投保新的保险单来防范意外风险造成的损失。

第二，比较两个模型中的 $\ln Deposits_{it-1}$ 和 $Income_{it}$ 系数则可以看到，总体比较而言，购置家用汽车后，部分居民的储蓄余额和可支配收入降低造成居民在保险消费上的财务支付能力下降，部分居民选择退保，这种负面影响较强，二者之和的绝对值为 3.904525，而对居民增加投保新分红保险的负影响之和的绝对值为 2.578201。因此，居民购置车辆后由于储蓄和可支配收入的降低造成的退保影响较强。

第三，按表 6 – 12、表 6 – 13 的比较情况看，19 个经济相对发达的区域居民在购置汽车后增加了分红保险的投保，而 20 个经济相对落后的地区则出现了激励退保的明显现象。

上海、广东、北京、江苏、浙江等经济发达区域的居民在购置家庭用车后表现出"增加投保、减少退保"的行为现象，即增加了分红保险消费，这说明这些地区居民可能因为相对富裕而更有理性购置家用汽车，未对家庭金融资产产生过大损耗。

而西部及东北欠发达区域则基本是呈现"减少投保、增加退保"后果，意味着购置家庭用车后对分红保险消费产生了"挤出"效应，说明这些地区居民可能在收入相对有限的条件下，过度负债的非理性购置车辆行为更多，因而对家庭金融资产形成损耗而影响到分红保险的消费行为。

由此可见，区域间的居民消费行为差异表现相当明显。

（六）居民新婚对分红保险消费的影响

无论古今中外，适龄人口新婚都是居民个人人生的一件大事，也是对家庭、社会负责任的表现。从现实的观察可以看到，中国的传统婚姻观念将使居民新婚当年耗费相当高额的个人及双方家庭的财富，付出巨额的成本甚至负债，因此，社会有人提出了"结婚是门经济学"①的说法。

---

① 腾讯网深度报道，结婚是门经济学，http://hn.qq.com/zt2013/story05/index.htm.

诺贝尔经济学得主贝克尔率先以经济学理论分析人类的婚姻家庭生活之后，陆续也有不少人从不同视角跟进研究。综合地看，一般认为，结婚可以让居民稳定未来预期，可以直接地提高家庭可支配收入和储蓄。婚姻生活中存在的大量的"爱"而"利他"行为。不论是基于个人的生命价值理论，还是基于"爱"和"利他"下尊重配偶行为、关爱下一代行为，都可能促进人身保险、财产保险的消费。例如，中国平安人寿保险等寿险公司开发了夫妻共同保险产品供居民选择消费。

因此，在进行居民的新婚对分红保险消费的影响机制实证研究时，提出如下的先验假设："适龄居民新婚后，将会在未来年度带来新的分红保险消费，消费能力决定于投保前拥有的储蓄和投保时的可支配收入"。

即假设居民在 $t-1$ 时刻新婚，滞后一期（即在 t 时期）投保分红保险，依赖于当时的可支配收入 $Income_{it}$ 和投保时拥有的储蓄 $Deposits_{it-1}$。

据此可以建立如下预设模型：

$$\ln Insurp_{it} = \alpha_{it} + \beta_1 \ln Deposits_{it-1} + \beta_2 \ln Income_{it} + \beta_3 \ln marry_{it-1} + u_{it}$$

$$(6-7)$$

对预设模型分别逐一进行 Hausman 和 LR 检验，确定适合建立固定影响变截距模型。以拟合优度 R^2 和 D. W. 检验最优为基本准则筛选各种可能的估计模型，建立起截面加权的广义最小二乘法（EGLS）模型，最终可以得到如表 6 - 14、表 6 - 15 所示的估计结果，$\widehat{R}^2$ 系数高，D. W. 值达到2.6，无自相关问题。模型通过 F 检验、协整检验，变量具备均衡关系，估计模型有效。

表 6 - 14　　居民新婚对分红保险投保行为的固定影响变截距模型系数

Variable	Coefficient	Std. Error	t - Statistic	Prob.
C	13. 53079	1. 024938	13. 20156	0. 0000
lnDEPOSITS? （-1）	0. 307544	0. 092169	3. 336752	0. 0015
lnINCOME?	- 0. 465533	0. 176344	- 2. 639914	0. 0106
lnMARRY? （-1）	0. 697295	0. 038529	18. 09804	0. 0000
AR (2)	0. 078956	0. 041498	1. 902636	0. 0621

$R^2 = 0.998716$　$\widehat{R}^2 = 0.997963$　D. W. $= 2.622606$

F - statistic $= 1326.804$，　Prob. （F - statistic）$= 0.000000$

表 6 – 15　　　　　居民新婚对分红保险投保行为的区域影响系数

序号	区域	固定影响系数	序号	区域	固定影响系数
1	北京	1.775878	17	辽宁	0.190833
2	上海	1.722964	18	湖南	0.089476
3	天津	0.963919	19	内蒙古	0.027082
4	江苏	0.781843	20	江西	– 0.017002
5	浙江	0.699307	21	甘肃	– 0.040707
6	广东	0.642915	22	安徽	– 0.045588
7	重庆	0.472432	23	宁夏	– 0.09865
8	山东	0.402982	24	新疆	– 0.131067
9	河南	0.391783	25	海南	– 0.30882
10	湖北	0.336908	26	云南	– 0.361018
11	福建	0.331368	27	广西	– 0.402618
12	河北	0.305189	28	贵州	– 0.773835
13	陕西	0.30021	29	四川	– 1.076581
14	黑龙江	0.288403	30	西藏	– 1.869433
15	吉林	0.249166	31	青海	– 5.090694
16	山西	0.243355			

从表 6 – 14 和表 6 – 15 显示的模型估计结论可以看到：

第一，居民新婚确实会产生投保分红保险的行为，这与营销实践的经验感知相符合。

从表 6 – 14 所显示的系数看，新婚原因带来的投保动机（系数 0.697295）明显强于储蓄增加带来的动机（系数 0.307544），换言之，这时候的投保行为动机可能来源于"爱情"和"利他行为"的感情因素。但是，当期收入的系数为 – 0.465533，因此，从投保消费的经济影响因素看，投保所需要财务预算来源于储蓄，当期可支配收入相对不足成为阻碍投保消费的一个重要原因。

第二，从表 6 – 15 进行的各区域影响系数的横向比较情况看，多达 19 个区域的影响系数为正值，即这 19 个区域居民的新婚人口将在次年有新分红保险消费。特别是，前 10 名区域是经济最发达省市或人口大省市。

12 个区域的影响系数为负，基本是西部省市区，负影响系数最大的是四川、西藏、青海，这可能与当地居民的收入情况、保险心理、社会风俗有关。

（七）城镇人口增加对分红保险消费行为的影响

城镇化发展是中国政府一段时期以来大力推进的国家战略，谋求通过城镇化实现产业结构调整、促进工业化发展、促进人口结构转化、改变社会及居民的生活方式和价值观等战略目标。理论和实践证明，城镇化将促进居民可支配收入的增长，这可以从中国国家或各地方统计数据中城镇居民可支配收入和农民人均年纯收入的比较清晰地看到。因此，随着城镇人口的增长，商业保险可长期享受新型"人口红利"获得新发展。

就居民个体而言，个体身份和居住环境的转化有可能促进保险意识的形成，收入的增长则使保险需求有效化。但是，由于保险意识尚未完成建立，新增城镇化人口是否产生新的分红保险消费需求，是否转化为现实消费以及消费能力的大小，不但依赖于投保时期拥有的储蓄，还依赖于居民对可支配收入前后期的比较。

因此，在进行城镇人口增长带来的分红保险消费行为研究时，做如下先验假设："新增城镇人口带来新分红保险消费，受到可支付能力和可支配收入增长心理因素的制约，可能不是当年度就消费，而需要滞后一段时间。"

受到研究数据样本量的限制，本书假设滞后一期，因此提出以下先验模型：

$$\ln Insurp_{it} = \alpha_{it} + \beta_1 \ln Deposits_{it-1} + \beta_2 \ln Income_{it} + \beta_3 \ln Income_{it-1}$$
$$+ \beta_4 \ln Urban_{it} + \beta_5 \ln Urban_{it-1} + u_{it} \tag{6-8}$$

对预设模型分别逐一进行 Hausman 和 LR 检验，确定适合建立固定影响变截距模型。以拟合优度 R^2 和 D. W. 检验最优为基本准则筛选各种可能的估计模型，建立起截面加权的广义最小二乘法（EGLS）模型，最终可以得到如表 6-16、表 6-17 所示的估计结果，$\widehat{R}^2$ 系数高，D. W. 值达到 2.6，无自相关问题。模型通过 F 检验、协整检验，变量具备均衡关系，估计模型有效。

表6-16   城镇化对分红保险投保行为的固定影响变截距模型系数

Variable	Coefficient	Std. Error	t - Statistic	Prob.
C	17. 12696	1. 064873	16. 08357	0. 0000
lnDEPOSITS? (-1)	0. 845661	0. 085415	9. 900608	0. 0000
lnINCOME?	2. 356319	0. 505886	4. 657804	0. 0000
lnINCOME? (-1)	-2. 198184	0. 318706	-6. 897216	0. 0000
lnURBAN?	-5. 321401	0. 113216	-47. 00218	0. 0000
lnURBAN? (-1)	2. 146286	0. 068919	31. 14212	0. 0000
AR (2)	0. 076021	0. 023599	3. 221349	0. 0021

$R^2 = 0.999216$, $\bar{R}^2 = 0.998711$ D. W. $= 2.364398$

F - statistic $= 1981.323$, Prob. (F - statistic) $= 0.000000$

表6-17   城镇化对分红保险投保行为的区域影响系数

序号	区域	固定影响系数	序号	区域	固定影响系数
1	北京	2. 129984	17	内蒙古	0. 282807
2	上海	2. 088676	18	山西	0. 252769
3	天津	1. 578738	19	湖南	0. 199358
4	江苏	1. 308226	20	安徽	0. 183744
5	广东	1. 125163	21	江西	0. 039218
6	重庆	0. 85334	22	宁夏	-0. 23426
7	湖北	0. 79452	23	海南	-0. 252652
8	黑龙江	0. 759853	24	新疆	-0. 311266
9	浙江	0. 73112	25	广西	-0. 407653
10	福建	0. 704202	26	甘肃	-0. 866301
11	辽宁	0. 658412	27	云南	-0. 872832
12	山东	0. 611028	28	贵州	-1. 188596
13	河南	0. 444572	29	四川	-1. 29429
14	吉林	0. 351557	30	西藏	-4. 714005
15	陕西	0. 293959	31	青海	-5. 533679
16	河北	0. 284287			

从表6-16和表6-17显示的模型估计结果可以得到如下结论：

第一，城镇化确实促进了居民的分红保险消费，但有滞后性。从几个变量的系数情况看，$\ln Urban_{it}$ 的系数为负，且绝对值远大于 $\ln Urban_{it-1}$ 系数，可见消费行为并非直接来源于城镇人口数量（即"被保险人"数量）的快速增长，新增加的城镇人口的分红保险消费行为还需要更长的时间才能显现。

从收入与储蓄变量的系数情况看，$\ln Income_{it}$ 的正系数绝对值微弱大于 $\ln Income_{it-1}$ 系数，$\ln Deposits_{it-1}$ 的系数也仅为 0.845661，说明居民的分红保险消费更多地依赖于对未来收入的乐观预期，依赖于储蓄的有效增长，这与前面的相关模型结论相吻合。

第二，从表 6 - 17 显示的区域间影响系数的横向比较情况看，多达21个省市区有正的影响系数，特别是其中的北京、上海、天津、江苏、广东等发达地区和重庆、湖北等人口大省的影响系数较大，体现了城镇化促进居民分红保险消费的特点。

排序靠后的 10 个省市区都处于西部，且负影响系数绝对值都相当大，也充分说明了这些西部省市区的城镇化进程缓慢，新增城镇人口也可能仅是人口身份的转化，尚未有收入增长的实质性变化，因此保险消费也并未因此得到增长。

当然，这也进一步说明，"一张保单卖全国"的背景下，西部地区虽然人口不少，但分红保险发展仍然面临居民收入增长困难的影响，人口红利未能显现。这是现实的困难，也是发展潜力所在。

第二节　居民分红保险消费行为问卷调查分析

为了直观地了解居民的分红保险购买行为，研究过程中进行了两次不同主题的问卷调查。第一次以分红保险的消费行为为主题，获得了数据后发现部分居民只知道银行代理销售的分红保险，并不知道个人代理渠道销售的分红保险。因此，为准确把握居民对银行分红保险的消费行为特征，也为了更准确地了解银行代理销售分红保险存在问题，又再次开展了银行分红保险产品消费行为的专项问卷调查。

一、分红保险消费行为总体情况的调查分析

（一）问卷设计与调查概况

问卷设计分为三部分，第一部分是基本数据项，由受访者回答其个人身份基本情况，包括性别、年龄、年收入、婚姻状况等；第二部分是未购买分红保险的受访者回答原因以及假设购买选择；第三部分是由已购买分红保险的人回答分析购买目标、满意度、投保过程是否有风险分析等内容。

派出调查小组在广西南宁市人流密集的几大商场、成熟住宅小区、公园休闲分散区域，采取随机抽样方式开展问卷调查，调查问卷共发放 318份，其中"未购买保险"填写的有效问卷 113 份，"已购买过分红保险的"填写的有效问卷 166 份，"买过保险，但没买过分红型保险的"填写的有效问卷 9 份。有效问卷共计 288 份，无效、作废问卷 30 份。有效率 90.56%。

对问卷数据进行初步统计可以发现，南宁居民保险和风险管理知识、投保知识和技能存在诸多误区和不足。

（二）问卷统计分析

1. 对未购买人身保险受访对象的原因分析

从表 6－18 所列的未购买保险原因可见，未投保居民已经具备一定的保险意识，但需要进行保险知识教育，区分清楚与社会保险的互补性，同时提高保险服务质量，避免因服务问题造成负激励。

表 6－18　　　　　居民未购买保险原因分析表

未购买原因	占比（%）
已经有社会保险，不需要商业保险	36.17
保险太复杂，不知道买什么好	23.4
太贵，买不起	19.15
没有业务员介绍过，不知道找谁买、怎么买	14.89
保险服务不好，投保容易理赔难	14.89
保险没用，不认同保险	8.51
保险业务员不可信，总是骚扰	6.38
保险产品不满意	4.26

2. 未购买保险人群的职业因素

数据显示，"保险太复杂，不知道买什么好"成为不同职业人群最大共同选择项，此外，国企管理人员主要因为"没人介绍过，不知道找谁买保险""已经有社保，不需要商保"未买保险，说明市场空间有待开发；其他不同职业者的回答中，比较有意义的包括：

自由职业者主要因为"保险服务不好"而未购买保险；公务员、公职人员主要因为"保险服务不好""对保险产品不满意"而未购买；下岗、离退休人员主要因为"保险太复杂，不知道买什么好""没人介绍过，不知道找谁买"而未购买保险。

3. 年龄与职业因素交叉影响下的购买选择

透过关于受访者的年龄、职业、未购买保险原因的三道问卷题的交叉因素分析，可以发现更有意义的现象：

第一，20～25岁的受访对象，主要是在从事"私企、外企一般职员""在校学生"比较多，这一年龄段主要因为"保险太复杂，不知道买什么好"而不买保险。但具体的表现仍有细微差异：20～25岁的"私企、外企一般职员"，主要是因为"保险太复杂，不知道买什么好"而未购买保险；而"在校学生"，主要是因为"保险服务不好""保险太复杂，不知道买什么好"而未购买保险。

第二，26～30岁的受访对象，主要是在从事"私企、外企管理人员""私企、外企一般职员"比较多，这一年龄段主要是因为"保险服务不好""保险太复杂，不知道买什么好"而不买保险。

其中，"私企、外企管理人员"主要是因为"对保险产品不满意""保险业务员骚扰、不可信"而未购买保险；而"私企、外企一般职员"主要是因为"保险太复杂，不知道买什么好"而未购买保险。

第三，31～35岁的受访对象，主要是在从事"私营业主""国企一般职员"比较多，这一年龄段主要是因为"保险太复杂，不知道买什么好""已有社会保险，不需要商业保险"而未购买保险。其中，"私营业主"主要是因为"太贵，买不起"而未购买保险；"国企一般职员"主要是因为"已有社会保险，不需要商业保险"而未购买保险。

第四，36～45岁的受访对象，主要是在从事"私营业主"比较多，这一年龄段主要是因为"保险服务不好"而未购买保险。

第五，46～55岁的受访对象，主要是在从事"自由职业者""国企一般职员""公务员、公职人员"比较多，这一年龄段主要是因为"保险太复杂，不知道买什么好""没人介绍过，不知道找谁买"而未购买保险。这也说明了保险营销员可能已经做了第一次风险选择，有一定的"歧视性"展业对象选择。

其中，46～55岁的"自由职业者"，主要是因为"保险太复杂，不知道买什么好"而未购买保险；"国企一般职员"主要是因为"保险太复杂，不知道买什么好""没人介绍过，不知道找谁买"而未购买保险。

46～55岁的"公务员、公职人员"，主要是因为"对保险产品不满意""保险没用，不需要保险"而未购买保险。这说明公务员群体自我感觉社会保障水平已经较好，对于一般的保险产品比较难以弥补他们对保障的特殊需求。对此人群，需要保险业有创新性的产品来诱导保险需求。

第六，55岁以上的受访对象结果很单一，主要是"下岗、离退休"的情况，这一年龄段主要因为"保险太复杂，不知道买什么好"而未购买保险，伴随的原因有"没人介绍过，不知道找谁买""已有社会保险，不需要商业保险"的原因，但没有人选择"保险没有，不需要保险"。

4. 已经购买分红保险者对分红保险作用的认知

问卷设计了关于分红保险作用的问题，要求进行单项选择。从回答情况看，50.94%的已购买者认为可以"获得更高的保障"；26.42%的人认为可以"获得更高的投资收益"；11.32%的人选择了"不知道"；11.32%的人选择了"希望可以进一步了解"。

显然，分红保险的作用并不在于更高的保障。这一数据说明，大部分消费者的投保需求可能被"误导"。

5. 已经购买分红保险的受访对象的满意度分析

从问卷统计数据看，被调查者对于分红保险不满意的因素及其响应次数排序为：分红率低（43次）→不知道保险利益（36次）→理赔遇到困难（29次）→满意了，无意见（22次）→保险公司服务差、其他原因的不满意（22次）→业务员服务差（15次）→无所谓了，满不满意已不重要（7次）。

显然，这印证了一直以来社会对分红保险的负面评价。首先，分红率低成为消费者的第一不满意因素。其次，"不知道保险利益"的应答情况也表明，投保前、中、后，保险营销员及保险公司未能有效告知消费者所投保险产品的责任和利益问题的严重性。英国、德国对保险营销员展业过程的最新监管要求，就为我们提供了很好的经验借鉴。

6. 已购买分红保险的受访对象对分红保险产品的认知情况

问题数据分析结论发现，真正了解自己的分红保险产品的不到10%；55.4%的受访者只是"基本了解"；"不了解，完全信任业务员和保险公司"以及"说不清楚，不了解"的，占到33.8%。

显然，这与销售过程中的保险产品信息告知密切相关，与保险消费者教育机制缺失直接相关。这说明几个问题：第一，当前的监管制度中要求投保人抄写"投保风险须知"，并没有起到保险教育的目的，只是起到约束保险消费者权益的作用；第二，应学习发达国家监管制度做法，要求营销员和保险人提供其本人的产品功能告知和保险消费者教育的直接资料。这将在后文展开论述。

7. 不同年龄层次居民的保险消费预期

对问卷统计数据进行"年龄"与投保预期的交叉响应分析，可以分别看到不同年龄段居民的保险消费预期目标存在较小差异。本书认为，这些差异与受访对象本人的心理、经济条件和风险压力等内在因素有关；也与保险消费者教育缺失、居民并未真正认识其面临的风险和保险保障需求。具体表现如下：

（1）20～25岁、26～30岁、31～35岁的被调查者，最重视的目标依次是"医疗保障"，比其他各项的需求都尤为突出。而后依次为"生活保障""预留老年退休金""储蓄与增值"，对于其他如"婚姻保障""生命价值评估"之类的选项无响应。

这与常见的风险管理理论结论相悖。理论上，20～30岁人群面临的最大风险应该是"意外伤害"，重大疾病发病率相对较低，医疗支出压力本不应该最大。但这样的答案也印证了长期以来中国居民高度重视储蓄的一个心理压力来源，即医疗费用高昂导致了居民的医疗心理压力，但社会医疗保障水平相对较低，居民必须通过自我保障来缓解压力，而储蓄是最熟悉的工具。这也意味着，发展医疗保障型保险产品的迫切性。

（2）年龄 36 ~ 45 岁人群，最大的需求是"医疗保障""生活保障"而后是"预留老年退休金""储蓄与增值"，尽管重要性排序与前面年龄段人群无差异，但不同目标的重要性程度之间的差距不再如前面人群那么强烈，说明 36 ~ 45 岁这个年龄段人群，对于保险需求的因素正在多元化，并且对保险需求动机开始成熟与理性，注重保险的本质功能。

（3）46 ~ 55 岁年龄层次人群，响应问卷的情况比之前有进步，预期目标已经明显增加，最大的需求仍然是"医疗保障""预留老年退休金""生活保障"，接下来需求比较大的是"储蓄与增值""婚姻保障""生命价值评估"，即比前面年龄层次的人增加了两个预期目标，这说明 46 ~ 55 岁这个年龄段，对于保险的需求动机已经相对成熟和理性，其反馈出来的保险需求信息基本体现了这个年龄段的生活需求和心理压力。

这部分人群开始注意到"生命价值评估"目标，客观上反映了长期以来社会的一个共识，即这个阶段的中年人责任感、责任压力相对较大。

让人回味的是，只有这个年龄层次的受访对象响应了"婚姻保障"问答，年轻些的受访对象倒是并未关心这个问题，这似乎也与相关理论和社会现象相悖。

（4）55 岁以上年龄层次人群，最大的保险需求是"医疗保障""预留老年退休金""生活保障"，但对于其他保险的功能完全不考虑，说明该年龄段对于保险只注重养老及医疗问题，保险的其他功能对于 55 岁以上的人来说没有意义了，所以保险人应当针对 55 岁以上投保人的特点，推出功能单一、价格实惠的养老医疗保障保险。

通过上述分析可以看到，不论是哪个年龄段，居民对于保险的"生命价值评估""分散事业风险""节税""避债""降低员工流动率"功能几乎没有认识，这可能与保险营销员本人的素质相关，与保险消费者教育缺失有关。

8. 不同年龄层次居民购买分红保险的预期目标

进一步应用上述方法对不同年龄的人对于购买分红保险目的的分析，有如下结论：

第一，20~25 岁人群，最愿意购买"分红型终身寿险""分红型养老保险"，对于各类型的分红保险，包括"分红型少儿教育险"也有需求。说明 20~25 岁的人，对于分红保险认识比较迷茫，未真正认识到人身保险的作用，这就容易发生保费资源的错配，所购买保险产品与其面临的风险不匹配。

第二，26~30 岁人群，最愿意购买"分红型养老保险""分红型少儿教育险"，其他各类型的分红保险需求也较为需要与平均。这可能与 26~30 岁的人群的婚姻和家庭生活状况相关，多数已经结婚生子，对于保险需求是从包括孩子在内的整个家庭角度来考虑的。

第三，31~35 岁人群，最愿意购买"分红型终身寿险""分红型养老保险"，但总体上对不同类型的分红保险的需求相对平均化。这说明这一年龄段人群能够充分考虑到分红保险的各方面优缺点，能有效利用分红保险的优点。

第四，36~45 岁人群，最愿意购买"分红型终身寿险""分红型两全保险"，对于其他类型的分红保险需求已经逐步降低。

第五，46~55 岁人群，突出的需求就是"分红型终身寿险"，正反映了他们要面对养老的事实。但对于"分红型少儿教育险"需求也大，说明该阶段的人子女正处在高等教育的高花费时期，认识到可以借助保险手段储备下一代的教育费用。

9. 对再次购买分红保险的行为选择

（1）再次购买分红保险的险种分析

统计结论发现，依据等级平均数排序，被调查者再次购买分红保险的险种排序依次是：分红养老保险→分红终身寿险→分红两全保险→分红少儿教育类保险→分红银行保险→不会再买分红保险了→有分红功能的重疾保险→不知道买什么分红保险、迷茫。

因此，被调查者对再次购买分红保险的热情还是比较高的，"不会再买分红保险了""不知道买什么分红保险、迷茫"这两个因素排序比较低。

（2）再次购买分红保险的公司选择分析

依据响应问卷的等级平均数排序被调查者再次购买分红保险的公司选择排序主要为：

中国平安→中国人寿→太平洋人寿→新华人寿→泰康人寿→太平人寿→信诚人寿→人保寿险→生命人寿→民生人寿→合众人寿→不再买分红保险了→选择其他公司购买。

由此可见，被调查者依然相信一些大的公司，前五位是中国平安、中国人寿、太平洋人寿、新华人寿、泰康人寿保险公司等，其实正是广西市场上的最早五家寿险公司，因此已经逐渐被社会居民认识和认可。这与这几家公司的分红保险市场份额情况相对吻合。

人保寿险公司的分红保险保费收入在全国排名靠前，但在此次的调查中受访对象并未选择，可能与该公司在广西尚属新到公司、市场知名度不高有关，也与该公司以银行邮政兼业代理渠道为主要销售渠道有关。

（3）影响居民再次购买分红保险的因素分析

调查问卷设计了分红保险产品的几个主要竞争替代险种供受访者选择，来调查如果居民再次投保，会如何选择保险产品？哪些产品会成为分红保险的替代竞争品？数据处理结果发现，分红保险产品的主要竞争替代险种排序为："健康类保险"→"万能险"→"投资连结险、终身寿险"→"定期寿险"→"不知道，听业务员的介绍"→"意外险"→"除了分红保险不打算购买其他保险了"。

从分析结果可以看出，结合之前的对再次购买分红保险的险种问题的应答情况分析，发现再次购买分红保险的险种与再次购买非分红保险险种的保障目标差异较大。

特别是，这一调查结论与本书第四章关于分红两全险保费收入影响因素的灰色关联度分析的结论基本一致！说明被调查者对于保险的购买目的性还是较强的，有明确的购买方向，可能因为其已经购买过保险，所以对保险不了解、迷茫的人较少。

10. 已投保与未投保受访者的购买保险目标的差异比较

根据问卷统计数据，整理了如表 6 - 19 所示的居民购买保险目标的比较，可以发现两大类人群的存在明显的共同目标，顺序完全一致，但重要性程度有差异，显示出心态上的差异，这值得保险业的保险产品和服务供给方面的安排，也值得保险监管者进行保险消费者教育借鉴。

表 6－19　　　　　已投保和未投保人群的投保目标差异比较　　　　单位：%

未投保人群的理想预期目标		已投保人群的投保保障目标	
目标要素	占比	目标要素	占比
医疗保障	55.32	医疗保障	68.87
生活保障	53.19	生活保障	40.53
预留老年退休金	42.55	预留老年退休金	29.25
储蓄与增值	25.53	储蓄与增值	25.47
生命价值评估	17.02	财产安排	12.26
财产安排	10.64	婚姻保障	4.72
婚姻保障	10.64	生命价值评估	3.77
分散事业风险	6.38	分散事业风险	2.83
降低员工流动率	2.13		

11. 未投保分红保险者与已经购买分红保险者预期（再）购买分红保险的选择比较

为考察两大类人群对分红保险险种选择偏好，根据统计数据整理如表6－20所示的分红保险购买偏好比较，可见，共同处在于高度重视养老问题，差异最大的还是未投保人群更不知道如何选择，说明更需要进行恰当的保险知识教育。

表 6－20　　　　　两大类人群的分红保险购买偏好比较　　　　单位：%

未投保人群的计划购买险种的偏好选择		已投保人群再次购买险种的偏好选择	
险种名称	选择占比	险种目标名称	选择占比
分红养老保险	36.17	分红养老保险	28.3
分红终身保险	25.53	分红终身保险	24.53
分红少儿教育险	23.4	分红两全险	21.7
分红两全险	17.02	分红少儿教育险	20.75
没有明确计划，听业务员介绍	17.02	有分红功能的重疾保险	16.98
分红型万能险	10.64	分红银行保险	10.38
		不知道如何选择	3.77

12. 首份保险单的被保险人选择偏好

针对未投保和已投保人群，在问卷中均设计了不同问题，但考察的目标是相同的，即家庭的第一份保险单如何选择被保险人？从回答情况看，居民普遍存在着投保误区，即以小孩或少儿为第一份保单被保险人，这与中国人特有的"护犊"家庭观念有关，也与长期以来保险人及其营销员的营销"话术"，或者说保险人及其营销员进行的"保险消费者教育"理念有关。营销实践中，营销员在说服投保分红两全险时，最常见的说法是为少儿投保，可以实现"一代投保、三代受益"！这也是分红两全型保险长期占据主导地位的一个重要因素。但这显然是与风险管理、与保险的传统理论相悖，第一份保险单就为"小孩"投保，客观上对家庭风险防范不利。换言之，存在较严重的保费资源错配问题。

表6－21　　　两大类人群的首份保险单被保险人选择偏好比较　　　单位：%

未投保人群的计划购买第一份保险的被保险人的偏好选择		已投保人群的首份保险单被保险人的偏好选择	
被保险人	选择占比	被保险人	选择占比
小孩	51.06	少儿	32.08
本人	21.28	男户主	18.87
配偶	12.77	自己（未婚）	18.87
无法确定	6.38	父亲	14.15
母亲	2.13	女户主	8.49
父亲	0	母亲	6.60

13. 保费交付方式偏好的比较

表6－22将揭示已经投保和未投保人群的保费交费方式偏好，可见普遍存在低于10年交费期的选择偏好，少量已投保人选择了20年以上交费期。关于交费期长短对保险消费者利益的影响，已经在前文有论述。未投保者的行为尚未定型，但已经投保者的行为与之差异不大，这说明，这样的交费时间选择可能是居民自主的选择。但也不排除保险营销员在展业推销过程中的"诱导"作用。

在进行保险消费者教育时，也需要注重关于交费时间与权益享受差距的知识。

表6-22　　　　　　两大类人群的保费交费周期选择偏好比较　　　　单位：%

未投保人群的交费周期选择偏好		已投保人群的交费周期选择偏好	
周期	选择占比	周期	选择占比
3～5年交完	34.04	5～10年交完	32.08
5～10年交完	38.3	3～5年交完	30.19
10～20年交完	17.02	10～20年交完	21.7
一次交完，免得麻烦	10.64	一次交完，免得麻烦	6.6
		20年以上	4.72
		不清楚	0.94

14. 关于营销员的展业过程规范性

以英、德为代表的国家强调了营销员在推销展业过程中的风险分析义务，要求营销员帮助投保人进行必要的风险和财务分析，以正确选择保险产品。但是，我们的调查发现，43.4%的已投保人回答"没做过"测试，26.42%的受访者选择"不记得了"，而只有23.58%的人明确回答"做过"。可见，营销过程的不规范，可能是日后保险纠纷，特别是退保问题的一个重要原因。

正如前面的分析，中国居民长期以来存在着用年终奖之类的偶然性、不确定性收入投保的行为偏好，在缺乏必要的交费能力风险分析的情况下，就容易发生后来年度因为财务预算压力而被迫失效或退保的案例。前面章节的统计数据已经说明了失效问题的严重性。

（三）问卷调查结论

调查数据显示，广西南宁居民对寿险、分红两全险的意义和功用了解并不充分，特别是存在明显地把分红两全险当做投资工具的错误理解，存在第一份保单为少儿投保而不是为家庭支柱投保的误区，这可能与当前各家公司普遍流行的诸如"一代投保、三代受益"之类的"营销话术"有关。

正是在这样的理解下，导致投保人选择短期交、趸交比例过高，来达到"快速积累账户现金价值，坐享红利增值"之类的目标。同时，对于如何选择合适的保险产品则又表现了更多的盲从营销员的心态，由于大多数营销员并没有为投保人进行有效的风险测试，致使相当部分投保人在盲从心态下选择了高保费投保。因此，正如现场调研中各家公司客服主管反映的多数退保案例中，投保人的退保理由往往是"缺钱"、"交不起保险费"等类似原因。

换言之，分红保险退保问题高热不退，与监管机制有关，与保险产品有关，也与保险人的营销行为不当有关，根本症结在于：一是分红率低；二是消费者发生逆向选择行为，投保的产品与其风险需求并不匹配，或者并不具备充分的财务支付能力的产品，导致保险资源错配。

因此，进一步的更深层次的后果，就是居民的可保风险资源错配，不利于保险业功能的有效发挥。

二、居民的银行分红保险购买行为问卷调查分析

（一）问卷设计与调查

正如前面所论述，银行邮政代理销售渠道是中国分红保险销售的一个主要渠道，过半保费从这里产生，因此，完全有必要调查了解居民在银行购买分红保险时的行为特征，需要开展问卷调查和实证分析。调查地点主要为南宁市工行、农行、中行、建行、交行五家商业银行网点。调查地点足够分散，被调查者的结构较为合理。调查问卷共回收 228 份，有效问卷204 份，无效、作废问卷 24 份。有效率 89.47%，超过 80%，较为科学。

（二）问卷调查统计分析

1. 医疗保障仍然是居民购买保险的最主要目的

问卷设计了对居民购买银行保险的目的的问题，结果证明，居民购买保险的目的仍以医疗保障居多，占 21.3%；而以生活保障为目的的也占据一席之地，为 20.2%；储蓄与增值和预留后代教育金各占 17.6% 和16.7%，说明大多数人对自己的养老还是有计划的。综合地看，不同年龄、不同职业的保险消费者购买保险的最主要目的仍然是医疗保障、生活保障、储蓄与增值、预留老年退休金。这些需求在各个年龄段的所有人都需要，并且重要程度基本相当。

数据也显示，私营/外资企业职员、下岗/退休人员与其他职业相比迫切需要保险。

6.7%
6.7%
21.3%
10.9%
16.7%
17.6%
20.2%

医疗保障
生活保障
储蓄与增值
预留养老金
储备后代教育金
分散事业风险
婚姻保障

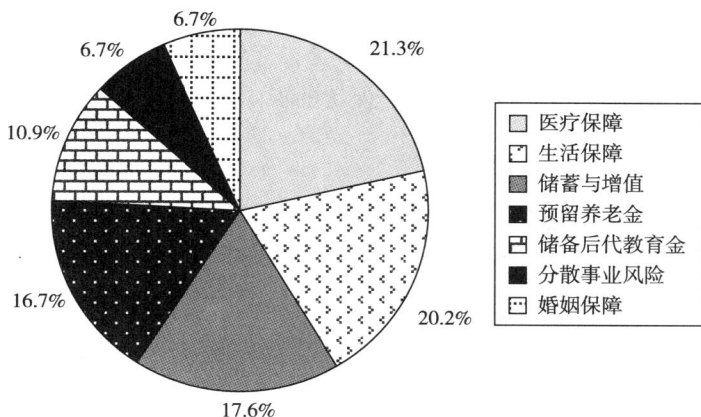

图6－1　保险消费者购买银行分红保险的目的

2. 获得更高的保障是购买银行分红保险的动力

在分红保险的作用调查中，大多数人还是认为保障是第一位的，约占44.4%。从选择投资收益占32.5%的比例可以看出，消费者重视产品的投资收益。由此可知，保险消费者认为银行分红保险产品应该是一款集保险保障与投资收益于一体的保险产品。

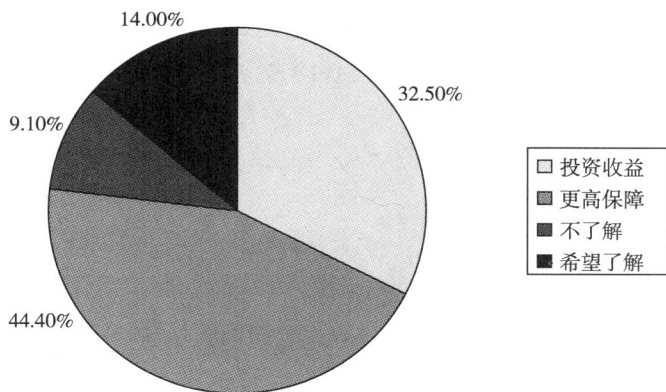

14.00%
32.50%
9.10%
44.40%

投资收益
更高保障
不了解
希望了解

图6－2　银行分红保险的作用

3. 高额保费影响银行分红保险投保心态

图6－3为保险消费者购买银行分红保险计划支出的保费金额，由图6－3可知，四分之三以上的保险消费者能接受5万元以内的银行分红保险

保费支出。其中，购买银行分红保险计划支出 1 万 ~ 2 万元保费的保险消费者达 38.7%，计划支出 2 万 ~ 5 万元保费的保险消费者达 37.3%。购买银行分红保险计划支出 15 万元以上保费的保险消费者仅为 1.5%。

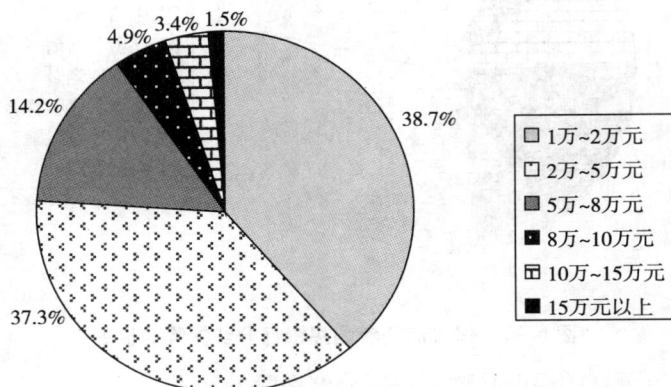

图 6 - 3　保险消费者购买银行分红保险每年支出的保险费情况

4. 大多数人喜好选择缴费期限长的缴费方式

关于购买银行分红保险的缴费方式选择，由图 6 - 4 可以看出，超过五分之四的保险消费者愿意购买年缴的银行分红保险产品，5 ~ 10 年交清保费占比高达二分之一，3 ~ 5 年交清保费占比 35.3%，所以保险消费者更愿意购买缴费方式期限较长的银行分红保险产品。

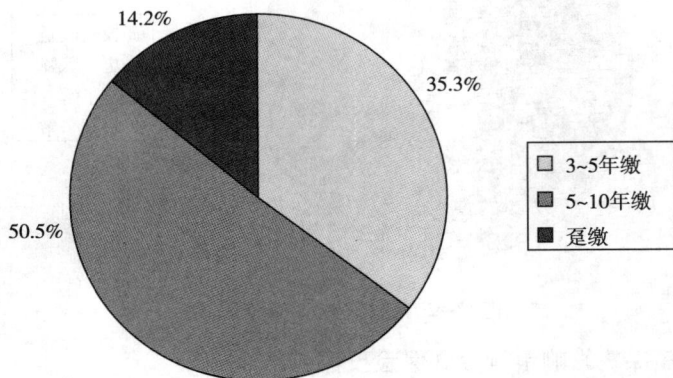

图 6 - 4　保险消费者购买银行分红保险的缴费方式

5. 理赔的难易程度是消费者最担心的问题

在接受调查的保险消费者中，半数以上消费者对购买银行分红保险后最担心的问题是出险后不如约理赔；15.2% 的保险消费者担心被业务员欺骗，担心分红或收益率不高，不如银行储蓄；不如证券投资收益和担心保险公司倒闭占比分别为 9.8% 和 8.8%。

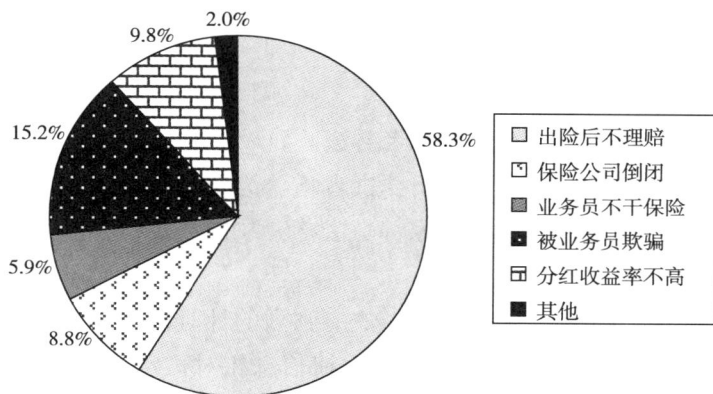

图 6 - 5　保险消费者购买银行分红保险后担心的问题

6. 保险消费者缺乏对保险的认识

图 6 - 6 为被调查的保险消费者对银行分红保险的认知程度，仅一半的保险消费者对银行分红保险有一定的认识，其中，36.8% 的保险消费者对于银行分红保险的认知仅处于一个基本了解的状态，高达四分之一的保险

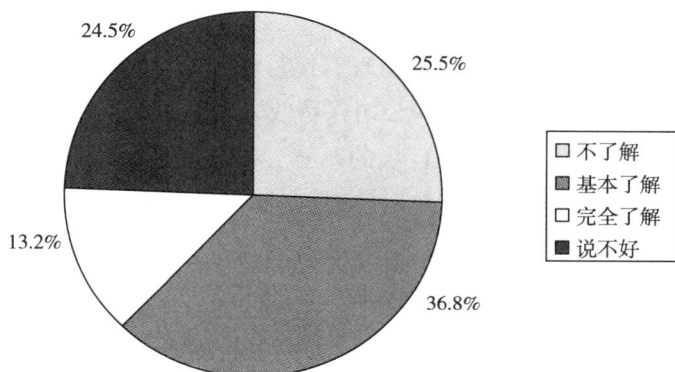

图 6 - 6　保险消费者对银行分红保险的认知程度

消费者对银行分红保险完全不了解。受访者对保险产品的认知程度还受到银行销售人员的解释能力的影响，从数据显示，解释性的服务工作做得较好的是交行与农行网点，解释性的服务工作做得较差的是工行和建行网点。

7. 对保险公司的选择标准

居民选择保险公司最看重的标准是"理赔是否容易"，其次是"保险公司信誉度""服务态度是否良好"，对于"业务员素质高低""险种保障功能"并不太看重。

再从标准差的数值来看，受试者看法差异最小的一个项目是"业务员素质高低"，结合均值分析，说明受试者均认为对于"业务员素质高低"并不太看重，而且没有争议，大家都是这样认为的。

（三）问卷调查总结

相对于第一次社会调查，此次调查有强烈的针对性和专业性特点，调查直接在银行网点进行，受访对象的反馈信息相对稳定，结论相对可靠。应引起特别重视的有以下几个方面：

第一，消费者对银行分红保险的期望值较高，既希望有高保障，又希望有好的理财收益，而这正是这么多年来各家公司在推广银行代理分红两全险时所"灌输"的理念。从前面相关章节的保费收入统计数据以及本节的调查数据情况看，这个理念已经深入人心。但是，这种"诱导"导致的消费者的期望值过高，遇上了分红率偏低的客观现实，巨大的预期落差成为居民拒绝投保的一大诱因。

第二，居民期待的"保障"与现有银行代理的分红保险，特别是这几年占据了国寿股份、人保寿险等公司保费收入贡献度极高的银行代理分红保险产品所提供的"保障"有巨大的差异。各家公司的保险产品所强调的保障，本质上是"意外伤害保障"，但居民期待的是"医疗保障"。而营销过程和保险公司的宣传资料中，营销员仅强调"保障"水平高，但并未清楚解释保障什么，因而容易导致供求双方的"语义"歧义式理解，各说各话，因而不断发生被保险人发生疾病事故后无法得到保险理赔的"纠纷"。其后果，是消费者把问题归因到"保险服务差""拒赔"，却并不知道从投保开始，就已经注定不能为疾病、医疗风险提供保障。甚至被保险人因疾病身故后，才知道所得的保险金与付出的保险费之间并无太大的差异，"保险公司不保险"之类的评语和恶劣形象自然产生。

第三，前面章节论述到了保险公司开展银行代理保险业务的最初目标、最根本动力在于通过短期交费特别是趸交保费方式，配合以高起点费率两个办法共同发挥作用，帮助保险公司"抢占市场资源"快速积累保费收入。

而调查结论则显示，居民不满意于银行保险产品的高保费，同时期待年交保费方式购买保险。这样的供求矛盾的背后，是各家公司基于个体理性的"涸泽而渔"式的开发市场保费资源的竞争策略，从近年来的银邮渠道保费收入持续下降已经充分说明了后果的严重性。

本章小结

本章在 R－SCP 分析框架下对居民的分红保险消费行为进行研究，这是对 SCP 范式的一个拓展性应用和补充。主要取得如下几个基本结论：

一、不同区域居民的分红保险消费行为存在明显的差异

1. 经济较发达区域居民更能乐观体会和感知到国民经济发展并享受到经济发展的利益，促进了分红保险消费行为。

2. 居民分红保险消费的财务支出主要依赖于现有储蓄，分红保险消费行为和储蓄行为本质上是居民金融资源的分配。

3. 从总体上看，居民的购置商品住房的行为未对增量分红保险消费行为造成挤出效应。

4. 居民购置商品住房后可能会对存量分红保险保单产生退保的挤出效应。

5. 关于居民购置家庭用车行为正激励分红保险消费。

6. 新婚居民将在未来年度增加新分红保险的消费，投保所需要财务预算来源于储蓄，当期可支配收入不足成为阻碍投保的一个原因。

7. 城镇化带来了人口结构的变化，推动了居民的分红保险消费，但是

"被保险人"增加的因素有较强的滞后。经济发达或人口大省市的城镇化进程对分红保险消费行为促进作用较强。

二、广西南宁市的居民保险消费行为的问卷调查研究的部分结论

1. 居民未投保商业保险的原因多样化。

2. 已经购买分红保险者对分红保险认知存在偏差。

3. 分红保险的消费者满意度较低。

4. 分红保险消费的选择偏好于分红养老和分红终身保险。

5. 健康保险、万能保险是分红保险的两个主要替代竞争品，说明居民期待保障功能。

6. 居民的首份保险单的被保险人选择偏好均指向了下一代。

7. 绝大多数受访者表示营销员并未帮助保险消费者进行风险评估和财务能力评估，营销流程不规范。

第七章　中国分红保险市场的绩效分析

传统 SCP 范式中的市场绩效指产业、行业和市场运行的效率，一般用利润率、效率、创新等方面考察。近年来对效率的研究日渐兴盛，提出了规模经济效率、技术效率、X 效率、X 非效率等概念和研究方法和工具。而新产业组织理论中的市场绩效内涵和外延均有扩张，增加了消费者福利和社会福利影响效应的考察，本质上就是生产者集团与消费者集团双向考察，这是一个重大进步。这也非常符合本书建立 R - SCP 分析框架开展研究的核心目标，即考察中国分红保险市场中的监管、结构和行为对消费者权益的损益情况。

基于此，本章将在按照市场绩效考察的一般范式要求对企业的经济效率进行考察的基础上，以消费者主权和消费者福利为指导，把分红保险的风险保障和消费者权益视为消费者福利，对保险消费者获得的风险保障绩效情况考察，并重点分析这一市场中的保险消费者权益的损益情况，为最终提出基于消费者权益保护的中国分红保险发展的系统化改革对策建议提供基础。

第一节　基于企业效率视角的市场绩效分析

一、保险市场绩效问题的研究现状

基于 SCP 范式的市场绩效研究文献中，多数以企业和产业的盈利能力为核心界定绩效，部分研究注重效率，则把效率与绩效等同。因此，对于如何刻画一个市场或一个产业的绩效，目前尚没有一致认同的标准，在保险业和保险企业的绩效研究上也类似。

曹乾（2005）[①]在研究中国保险业的效率和绩效问题时，从营利性、流动性、资本充足性、准备金充足性、效率性、成长性等六个方面提出 14 个指标，运用因子分析法，以中国人保、中国人寿、平安人寿、太保人寿四家公司为例进行中国保险业的绩效考察。类似地，周延（2007）也是利用了衡量盈利能力的常用指标，包括保费收入利润率、资金运用收益率、退保率等，分别考察保险公司的承保能力、投资收益、成本费用水平和资产配置效率。二者都有一定的道理。

但是，由于统计数据问题，无法从年鉴数据中真实地分离出与分红保险直接相关的资产和负债、损益数据，因此无法采取上述两文献或者其他类似文献的方法，直接地比较出各寿险公司关于分红保险的承保能力、盈利能力、承保质量等绩效评价信息。

运用数据包络分析方法（DEA）考察保险行业的投入和产出效率，是当前文献常用方法。多数文献采用了 Farrell（1957）提出的技术效率（Technical Efficiency，TE）、配置效率、纯技术效率和规模效率（Scale Efficiency，SE）等概念，少部分文献根据 Leibenstein（1996）提出的 X – 效率理论，构造相应函数以计量方法考察金融保险企业和行业的效率问题。

在不同的理论假设基础上，不同的学者依据各自观察提出了不同的DEA 模型。其中，Charnes，Cooper 和 Rhodes（1978）基于规模报酬不变假设提出了 CCR 模型。由于这一模型依据的规模报酬不变假设，在对现实世界的实证研究中，会出现由于企业规模不影响效率的错误推理，更严重的是，在实证研究中，当某个或部分决策单元未处于最佳规模时，无法说明企业单元的无效率原因，是技术无效率还是规模无效率？因此，Banker，Charnes 和 Cooper 于 1984 年提出了规模报酬变动的假设，提出了 BCC 模型（或称 VRS 模型），把技术效率划分为纯技术效率和规模效率，并可以除去规模效率的影响。此外，Fare（1992）的研究中，在 Caves，Christensen 和 Diewert（1982）的基础上，建立了用于考察两个相邻时期生产率变化的

----

① 曹乾. 高速增长的中国保险业：动力、结构、效率与绩效问题研究［D］. 东南大学博士学位论文，2005.

Malmquist 生产力变化指数模型，可以分别考察决策单元在两个相邻时期内的相对技术效率变化，以及其在生产技术前沿面上的移动方向和幅度问题，来判断随着时期的变化，企业效率是否有进步，相对技术效率是否有提高。

关于 DEA 方法各种模型的推导，已经在各种文献中均有详细介绍，因此不再赘述。后文将在介绍和评价相关文献应用 DEA 方法进行保险业及保险企业经营效率的基础上，提出本研究的具体过程和结论。

近年来，不少文献在运用上述方法对保险行业和保险企业的运行效率进行评价时，首先是进行投入和产出变量的选择论证。通常基于三种方法进行选择，即资产或中介法、用户成本法、附加价值法等。保险的本质是为社会和消费者提供风险保障，具有社会福利性质，因此，在各国都得到针对保险人或保单受益人的免税或税收优惠政策，以鼓励保险供求双方交易。因此，附加价值法相对适合于保险运行过程中的投入产出计算。但对于选择什么观察值作为投入和产出变量，不同的文献有不同的观点，例如表 7 - 1 中充分展现了这一研究特点。

表 7 - 1　　相关保险业效率研究中的投入和产出变量的选择情况

研究文献	投入变量（Inputs）		产出变量（Outputs）	
	数目	变量名称	数目	变量名称
Kellner 和 Mathewson（1983）	2	代理费用、广告费用	4	保费收入：个人寿险、团体寿险、个人年金、团体年金
Weiss（1986）	6	管理者劳动报酬、非管理者劳动报酬、代理劳动报酬、总公司资本、分公司资本	15	5 类险种：有效保单数量、各种保费
Yuengent（1993）	2	劳动报酬、实物资本	13	各种准备金增加值、意外和健康保险准备金、各种业务的市场份额
Fecher，Kessler 和 Pastieau（1993）	2	劳动报酬、其他支出	3	毛保费：寿险、意外险和健康险；投资收益

续表

研究文献	投入变量（Inputs）		产出变量（Outputs）	
	数目	变量名称	数目	变量名称
Cummins, Turchetti 和 Weiss（1996）	4	管理者报酬、代理劳动报酬、固定资本、金融资本	6	寿险：保险金支付额、准备金的变化，财产险：4 种险种的引致损失
Bernstein（1997）	4	劳动、建筑、机器、材料	4	四种险种的保费
Cummins 和 Rubio – Misas（1998）	4	劳动、实物资本、借贷资本、注册资本	5	引致损失：寿险、非寿险；再保险准备金；保险准备金；投资资金
Cummins 和 Zi（1998）	3	劳动、金融资本、原材料	6	5 种险种的保险金支付额；准备金增加
Cummins, Tennyson 和 Weiss（1999）	4	总公司劳动、代理劳动、实物资本、金融资本	10	5 种险种的保险金支付额、5 种险种的准备金增加额
Cummins, Rubio – Misas 和 Zi（2004）	4	劳动、实物资本、借贷资本、注册资本	2	引致损失：寿险、非寿险

资料来源：曹乾，《高速增长的中国保险业：动力、结构、效率与绩效的问题研究》，东南大学博士学位论文，2005，p. 93。

在此基础上，曹乾提出以劳动力、总费用、实物资本和净赔款支出作为保险业的效率研究中的投入变量，以净保费收入和税收利润作为产出变量[1]。魏华林，张胜（2011）选择了劳动力（非代理人员工人数）、"实收资本 + 资本公积"作为金融资本的投入，以"运营费用"作为商业服务的投入量，以保险业务收入、已发生给付和准备金变动、投资收益等作为寿险公司的产出指标。黄薇（2008）把保险公司承担的内生非系统性风险纳入效率评价体系，以保费收入、总投资资产、已发生给付和准备金变动作为产出，以员工人数、金融资本、债务资本为投入变量，引入流动性风险、操作风险等内生非系统性风险，基于 SFA 模型研究承担不同经营风险的保险公司的成本效率和利润效率。而胡颖，叶羽钢（2007）则基于中介法选择投入和产出变量，

---

[1] 曹乾. 高速增长的中国保险业：动力、结构、效率与绩效的问题研究 [D]. 东南大学博士学位论文，2005，p. 94.

以劳动力、实收资本、赔款支出和费用支出因素为投入变量，以保费收入、准备金增加额与总利润之和为产出变量进行效率评估。张春海（2011）采用三阶段 DEA 模型测度财产保险公司效率问题，根据成本法选择了"固定资产 + 货币资本"作为资产投入，以"员工人数"作为劳动投入，以保费收入、投资收入作为产出开展研究。肖智，肖领（2010）以人力投入、费用支出和资本投入为投入变量，保费收入和利润总额为产出变量，引入允许 DEA 模型的投入和产出中存在负值的 SORM – DEA 方法评估财产保险公司效率。程大友，冯英浚（2008）建立两阶段关联 DEA 效率评价模型，以手续费、营业费用、权益资本作为第一阶段的投入，承保收益、投资收益作为第二阶段产出；以保费收入、准备金增加为生产系统的中间变量进行评估。张维（2009）对江苏保险市场的效率研究中，以员工人数、营业费用和固定资产投入作为投入，以保费收入、赔款支出、未决赔款准备金、退保金支出等为产出指标。阎波，完颜瑞云（2011）选取了赔款支出、金融资本、佣金及手续费支出作为承保阶段的总输入变量，以保险收入为中间变量，以净利润和总资本利润率为资金运用阶段的输出变量研究了财产保险公司经营效率问题。刘璐（2009）则以保险金给付、准备金提转差、投资收益等作为产出指标，以劳动力工资水平、权益性资本（实收资本 + 资本公积）、商业服务费用（营业费用 + 手续费 + 佣金支出）作为投入指标。

综上可见，不论是投入变量还是产出变量，对于保险公司效率的研究尚无一个统一的认识，产寿险的测度模型和投入产出选择均存在一定差异，哪一种变量组合和计量模型能更好地拟合中国保险业实践，还需要更长时间的检验和发展。

二、对中国分红保险市场效率的实证

基于上述对研究现状的梳理，综合考虑到当前中国保险监管者发布的统计数据的完备性和可获得性，对分红保险市场效率的实证研究也同样采用基于 DEA 方法对 15 家寿险公司为代表的分红保险市场效率。

（一）投入变量选择

总结现有文献基本观点和方法后，考虑到统计年鉴中的统计数据在2007 年、2008 年前后发生的变化，为了能更准确地反映市场发展特点，拟选择"手续费及佣金支出"、"业务及管理费"、"营销员人数"以及公司"总资产"作为投入变量。其中，前三个变量更多地体现了保险业务本身的特点，即大量投入人力物力于营销展业、承保和理赔服务，这符合中国寿险业发展现状。第四个指标即公司总资产被列入投入变量，源于中国人对公司总资产的偏好，不论是监管部门的例行监管报告，还是保险公司及其营销员在开展业务过程中，都会向社会、居民及潜在保险消费者宣传公司的资产状况。行业的总资产在近些年来的迅速扩大，被作为监管者的政绩，而公司总资产的有效增长，当然是公司经营者的政绩。在保险营销实践中，则成为营销员向投保人介绍公司背景的一个基本内容，例如国寿股份公司营销员会介绍公司为世界 500 强。而专家学者在开展保险消费者教育过程中，也经常会告诫投保人选择资产大、投资收益率高、财务报告良好的企业。因此，保险公司的"总资产"已经产生了积极的声誉响应，选择"总资产"指标有其特殊的背景和意义。

（二）产出变量选择

与部分文献一样，第一个产出变量选择了分红保险的保费收入。根据年鉴统计数据特点，以"个人分红保险收入"数据为代表。由于只有少数几家公司开展了团体分红保险的产品开发、销售和服务，保费规模太小，不足以影响分红保险市场保费总规模，因此可以忽略不计。特别是，本研究的一个核心目标是尝试研究中国寿险业的分红保险产品是否以及如何为消费者创造消费者剩余和消费者福利？行业集体选择了分红保险产品开展竞争，是否，又如何伤害消费者福利和社会福利？由于中国寿险产品的费率监管决定了同类保险产品间的费率差异不大，不会因为价格差距影响以保费收入作为产出对研究的影响。

第二个产出变量是"投资收益"。分红保险具有的"分红"功能，红利来源于三差异，一个理想的红利来源就是投资收益，实现"利差益"。但投资过程能运用的资金除了公司实收资本、盈余公积、资本公积之类的权益以外，更大的投入来源于源源不断的保费收入基础上提留的保险准备金，保险公司必须有效加强保险基金的运营效率以提高投产的产出，这直观地体现为投资收益。因此，把"投资收益"纳入保险经营产出范畴。这一点，在上述文献中也有类似选择。

（三）数据选择

由于中国统计年鉴指标的变化，研究中选择了 2008—2013 年数据，根据 2009—2014 年的《中国保险年鉴》中的各公司资产负债表、损益表、各人身保险公司业务统计表以及各公司统计数据表，按投入变量和产出变量分别整理了相关公司数据。

至于具体的样本公司的选择方法，则是按 2013 年中国分红保险市场保费收入规模排名，选择了其中的排名前 10 的民族资本公司。事实上，根据前述关于市场集中度研究可知这 10 家公司已经占有了接近 90% 的市场份额。对外资及合资公司的选择，则是根据 2013 年分红保险保费规模排名，分红保险保费在公司总人身保险保费收入中的占比，综合考察从 2008 年以来外资公司或合资公司的分红保险发展情况，选择了信诚人寿、中宏人寿、恒安标准人寿、中意人寿、中德安联人寿保险公司作为外资背景公司的代表进行研究。虽然这几家公司的分红保险保费收入绝对规模可能不是外资背景中最大的，甚至不一定是排名靠前的，但却是近年来坚持分红保险产品的供给，分红保险保费收入占公司总保费收入达到 98% 甚至是 100% 的公司。如此选择，这些公司的相关投入变量几乎都用在了分红保险产品的开发和营销管理，可以更贴近现实。

（四）模型检测结论

利用 DEAP2.1 软件，基于 BBC 模型对 15 家险资企业进行分解计算，得到如表 7－2、表 7－3 所示的样本公司经营的纯技术效率和规模效率数值。

表 7－2　　　　　　　　　　样本公司纯技术效率表

公司类型	公司名称	2008 年	2009 年	2010 年	2011 年	2012 年	2013 年
中国资本	国寿股份	1.000	1.000	1.000	1.000	1.000	1.000
	平安寿险	1.000	0.96	0.838	0.885	0.713	1.000
	新华人寿	1.000	0.776	0.884	1.000	1.000	1.000
	太保寿险	1.000	0.985	0.973	0.913	1.000	0.959
	人保寿险	0.443	1.000	1.000	1.000	1.000	0.380
	泰康人寿	0.924	1.000	0.923	1.000	1.000	0.787
	太平人寿	0.485	0.805	1.000	1.000	1.000	1.000

续表

公司类型	公司名称	2008 年	2009 年	2010 年	2011 年	2012 年	2013 年
中国资本	生命人寿	0.217	0.788	0.858	1.000	1.000	1.000
	民生人寿	1.000	0.803	0.899	0.967	1.000	1.000
	合众人寿	0.59	1.000	0.826	1.000	0.927	1.000
	平均值	0.787	0.923	0.942	0.988	0.964	0.913
合资公司	信诚人寿	0.487	0.423	0.591	0.737	0.753	0.500
	中宏人寿	1.000	0.574	0.749	0.843	1.000	0.500
	恒安标准人寿	1.000	1.000	0.646	0.815	1.000	1.000
	中意人寿	1.000	1.000	1.000	1.000	1.000	0.800
	中德安联	1.000	0.407	0.434	1.000	0.685	0.833
	平均值	0.914	0.873	0.903	1.000	0.989	0.727

表 7 - 3　　　　　　　　样本公司规模效率表

公司类型	公司名称	2008 年	2009 年	2010 年	2011 年	2012 年	2013 年
中国资本	国寿股份	1.000	1.000	1.000	1.000	1.000	1.000
	平安寿险	1.000	1.000	1.000	1.000	1.000	1.000
	新华人寿	1.000	0.958	1.000	1.000	1.000	1.000
	太保寿险	1.000	0.993	0.974	0.917	1.000	1.000
	人保寿险	0.477	1.000	1.000	1.000	1.000	0.479
	泰康人寿	0.947	1.000	0.956	1.000	1.000	1.000
	太平人寿	0.503	0.824	1.000	1.000	1.000	1.000
	生命人寿	0.377	0.821	0.903	1.000	1.000	1.000
	民生人寿	1.000	0.827	1.000	1.000	1.000	1.000
	合众人寿	0.642	1.000	0.901	1.000	0.945	1.000
	平均值	0.96	0.979	0.989	0.992	1.000	0.948
合资公司	信诚人寿	0.62	0.734	0.857	0.832	0.881	1.000
	中宏人寿	1.000	0.895	1.000	0.958	1.000	0.545
	恒安标准人寿	1.000	1.000	1.000	1.000	1.000	1.000
	中意人寿	1.000	1.000	1.000	1.000	1.000	0.923
	中德安联	1.000	1.000	1.000	1.000	1.000	1.000
	平均值	0.924	0.979	1.000	1.000	1.000	0.894

从表 7 - 2、表 7 - 3 评估结果可以得出以下几个方面的结论：

第一，从 2008—2013 年，无论是中国资本的保险企业还是合资资本的保险企业，其纯技术效率和资本效率的平均值都出现快速提高的趋势。其中，2008 年中国资本的保险企业纯技术效率平均值为 0.787，增长到 2012 年的 0.964；规模效率由 2008 年的平均值 0.96 增长到 2012 年的 1.000。合资资本的保险企业纯技术效率的平均值由 2008 年的 0.914 增长到 2012 年的 0.989。这与近年来中国分红保险市场快速发展，在寿险市场以及整个保险市场中的地位日益重要有密切相关。

如表 7 - 4 所示，2008 年以来，个人分红保险保费收入在中国个人寿险保费收入以及在中国人身保险市场保费收入中的占比，分别从仅占 56.99%、46.07%，快速提高到 89.46% 和 81.14%。特别是 2009 年的占比数据较 2008 年有大幅提高，正如前述，这是受到了中国保险会计制度变革引致。而后从 2010 年开始，占比就基本保持平稳状态。这意味着，自 2009 年开始，各家寿险公司已经把经营资源都集中配置到了个人分红保险市场。因此，纯技术效率和规模效率都快速提升，而后，效率保持平稳状态。

表 7 - 4　　　　2008—2013 年个人分红保险保费收入在寿险及

人身保险市场的占比　　　　单位：%

年份	在人身险保费收入中的占比	在个人寿险保费收入中的占比
2008	46.07	56.99
2009	64.40	72.07
2010	81.25	88.34
2011	81.14	89.46
2012	79.07	89.18
2013	76.19	87.37
平均	71.35	80.57

资料来源：根据历年《中国保险年鉴》数据二次整理。

第二，对中外资寿险公司的纯技术效率比较，合资资本的保险企业的纯技术效率普遍要比中国资本的保险企业高。如 2008 年合资资本的 5 家保险企业中，有 4 家纯技术效率得分为满分，得满分的保险企业数量占比为80%；而 10 家中国资本保险企业中，仅有 5 家纯技术效率得分为满分，得满分的保险企业数量占比为 50%。

分析得到这样的结果，可能与选择样本公司的方法有关，相对于其他合资公司，2008 年以来，上述几家合资公司都把主要资源配置于个人分红保险产品市场竞争。例如，信诚人寿保险从曾经以投资连结型保险为主的产品结构，已经调整到了分红保险产品竞争上来，专业化经营带来更高的纯技术效率。

第三，从规模效率看，中国资本保险企业与合资资本保险企业的规模效率相差不大。中国资本保险企业的规模效率都在 0.96 以上，合资资本保险企业的规模效率在 2010 年至 2012 年的平均值均达到满分，这说明近年来合资资本保险企业普遍实现了规模经济。个别公司规模效率相对较低，正好与其在中国分红市场上的竞争力表现吻合。

例如太保寿险公司，过去多年作为中国寿险市场第三名的企业，近年来在分红保险市场上的竞争力不足，未能充分发挥其规模经济效应，保费收入排名已经从过去的第三位下滑到第四位。

而人保寿险公司的效率数据表现也与其实际经营情况吻合。虽然公司成立时间并不长，但自 2009 年开始，该公司大力利用银行邮政渠道开展银行保险产品营销，快速实现了保费收入的增长，保费规模直逼太保寿险。

相比之下，平安寿险的效率数据与预想存在差距，与该公司在行业和社会中的声誉差距较大。这可能有两个原因：第一是可能与该公司长期坚持以个人代理渠道为主、以银行邮政代理渠道为辅的市场营销模式有关。一直到 2012 年，该公司年度保费收入贡献前五名的产品中，全部是个人代理产品。以个人代理为主，意味着手续费及佣金支出与保费收入之间的比例值会低些，换句话说，劳动力投入产出比可能会低些。这是因为个人代理渠道的佣金率比银行保险的手续费率高得多，而个人保险产品的件均保费经常也会低些，一高一低的结果，导致效率相对低。

综合上述，从效率分解数据以及各公司竞争实践情况看，寿险公司在分红保险产品市场的竞争，更多要从技术创新、产品营销和服务技术及其管理等方面入手，扩大经营规模相对而言则显得并不那么重要。而技术创新，基本表现为产品创新，换言之，长期以来与各家公司习惯于通过产品的"退市"与"上市"来制造营销卖点，不断地为保险消费者"创造"购买分红保险的理由，这样的方式将会持续。

第二节 基于风险保障视角的市场绩效分析

损失补偿和经济给付是商业保险的基本职能，保险消费者投保商业保险的根本目标在于发生保险责任事故后可以通过保险理赔将风险损失部分甚至全部转移。因此，及时和充分地、足额地理赔就体现了市场对消费者的"求偿权"的满足和尊重，这是商业保险存在的意义和价值基础。尽管保险人在营销中持续向居民强调并宣传分红保险的"理财"功能，但并不能改变分红保险的风险保障第一属性。

因此，本节将考察近年来中国的分红保险的保障情况，借此从商业保险固有的保障福利角度，对分红保险的市场绩效作出初步的评判，更进一步明确：分红保险的分红率偏低致使"理财"功能窘困的同时，风险保障功能也存在不足。

一、死伤保障绩效

死亡和全残保障能力最能体现寿险功能绩效。从表7-5可以看到，2004年以来，分红保险整体的死伤给付金在寿险业中的占比在持续提高，从最初的2004年占比14.66%，提高到2013年的41.93%，分红两全险的比重则提高到34.31%，但仅从2012年才开始超越普通终身寿险的死伤给付金占比。

但是，考虑到表7-6所列的各险种保费收入在寿险中的占比，则可以充分看出来，分红两全保险的死伤保障能力相对欠缺。分红两全险在理论上、本质上归属于寿险范畴，具有死伤保障功能。但是，从所收集到的数据来看，相对于该险种的高保险费占比，该险种的死伤给付功能发挥并不充分。换言之，消费者付出了高昂的保费成本，却并没有得到相应的死亡风险保障。

表 7 - 5　　　　　各保险险种死伤给付金在寿险给付金中的占比

单位：%

	2004 年	2005 年	2006 年	2007 年	2008 年	2009 年	2010 年	2011 年	2012 年	2013 年	平均
寿险合计	100	100	100	100	100	100	100	100	100	100	100
（一）普通寿险	83.31	79.15	76.10	73.55	70.04	64.34	61.73	55.00	50.46	48.58	66.23
1. 定期寿险	4.53	4.28	3.68	2.46	3.41	3.83	5.61	6.35	6.33	6.94	4.74
2. 两全寿险	20.70	17.81	15.59	13.83	14.28	12.53	10.77	9.45	8.81	8.27	13.20
3. 终身寿险	50.41	49.98	50.33	50.02	46.62	43.22	37.94	32.73	29.48	27.81	41.85
4. 年金保险	7.67	7.08	6.50	5.89	5.73	4.76	7.41	6.47	5.85	5.56	6.29
（二）分红保险	14.66	18.64	21.42	22.90	23.23	25.91	31.33	36.94	40.19	41.93	27.72
1. 两全寿险	11.41	14.82	17.15	14.69	18.55	20.77	25.92	30.81	33.23	34.31	22.17
2. 终身寿险	2.19	2.41	2.66	2.21	2.97	3.26	3.63	3.86	4.14	4.48	3.18
3. 年金保险	1.06	1.40	1.61	1.64	1.71	1.89	1.78	2.27	2.83	3.15	1.93
（三）投资连结保险	1.79	1.61	1.29	1.06	1.39	1.52	0.39	0.40	0.35	0.28	1.01
（四）万能寿险	0.24	0.60	1.18	2.49	5.34	8.22	6.55	7.66	8.99	9.21	5.05

资料来源：中国保监会统计信息系统，经作者二次整理。

表 7 - 6　各保险险种保费收入在寿险中的占比

单位：%

	2004 年	2005 年	2006 年	2007 年	2008 年	2009 年	2010 年	2011 年	2012 年	2013 年	平均
寿险合计	100	100	100	100	100	100	100	100	100	100	100
（一）普通寿险	34.90	29.57	27.83	22.46	14.77	12.89	11.61	10.94	10.89	12.73	18.86
1. 定期寿险	0.19	0.20	0.20	0.20	0.15	0.19	0.33	0.37	0.43	0.49	0.28
2. 两全寿险	12.71	9.71	9.09	7.34	5.12	4.69	4.36	4.30	4.52	6.44	6.83
3. 终身寿险	13.27	12.99	13.16	11.04	7.39	6.69	5.10	4.63	4.37	3.98	8.26
4. 年金保险	8.74	6.68	5.37	3.58	2.11	1.32	1.82	1.64	1.57	1.83	3.47
（二）分红保险	61.87	62.27	59.39	49.76	57.06	70.97	87.30	88.12	88.17	86.29	71.12
1. 两全寿险	48.56	43.79	45.25	28.88	45.69	58.58	75.27	74.38	71.09	66.46	55.80
2. 终身寿险	1.28	1.66	2.22	1.67	1.98	2.37	2.55	3.00	3.85	4.77	2.54
3. 年金保险	12.03	16.82	11.91	11.39	9.39	10.01	9.47	10.74	13.23	15.06	12.01
（三）投资连结保险	1.86	1.41	1.72	8.83	6.38	1.98	0.06	0.05	0.05	0.05	2.24
（四）万能寿险	1.36	6.75	11.07	18.95	21.79	14.15	1.02	0.89	0.89	0.93	7.78

资料来源：中国保监会统计信息系统，经作者二次整理。

二、年金给付

本书研究的年金给付是指保险期间内的生存年金给付，体现了养老年金保险和两全保险在生存保障方面的特殊功能。其他类别寿险不具备此功能，因此不在表 7 - 7 列示。

从表 7 - 7 可以看到，分红保险的年金给付功能再次落后于传统的两全保险，除了 2007—2009 年三年间分红保险整体的年金给付占比强于传统寿险以外，其余各年均低于传统寿险所给付的生存年金，特别是，分红两全保险给付的年金与其历史积累的保险费收入不成比例。

究其原因，在于分红保险，特别是分红两全保险的费率高，但基本保险金额低，而分红两全保险的生存年金给付一般是基本保险金额的 8% ~ 10%，因此，在基本保险金额已经偏低的条件下，生存保险年金自然也不可能再有好的表现。

因此，结合表 7 - 7 可以看到，分红两全险这个保费收入占比最高达 75% 的单一险种的年金给付，即对被保险人的生存保障功效仍然并不能匹配其保费收入。结合前面章节的讨论，可以进一步得到结论：分红两全险的生存保障功能也偏弱。

类似地，受制于基本保险金额偏低的事实，分红年金保险的年金给付功能也同样弱于传统年金保险的年金给付。进一步说明了分红保险整体的生存保障功能也同样低于传统寿险产品。

三、满期给付保障绩效

满期给付也是年金保险和两全保险的特色保障功能，表 7 - 8 显示，分红两全险的满期年金给付的占比最高于 2013 年达到 87.52%，相比之下，普通两全保险、普通及分红年金保险的满期给付金占比并不高。导致这一特有现象的原因可以从两方面因素分析：

第一，按多数分红两全保险产品责任条款的约定，在不考虑分红因素的前提下，满期给付金基本与所交保险费持平，略有超过。由于分红两全保险费率偏高，因此保单的件均保费高，满期给付也因此水涨船高，这是导致分红两全险的满期给付金在寿险业满期给付金中占比高的核心关键因素。

表7—7　　　　　　　各保险险种年金给付在寿险中的占比

单位：%

	2004年	2005年	2006年	2007年	2008年	2009年	2010年	2011年	2012年	2013年	平均
寿险合计	100	100	100	100	100	100	100	100	100	100	100
（一）普通寿险	69.86	58.51	63.02	45.47	43.69	31.50	65.34	57.28	59.92	54.30	54.89
2. 两全寿险	32.80	32.33	41.92	5.75	5.54	3.94	6.79	6.52	5.99	6.50	14.81
4. 年金保险	37.06	26.18	21.11	39.01	38.15	27.56	58.55	50.76	53.93	47.80	40.01
（二）分红保险	29.54	40.98	36.61	54.38	55.41	38.52	34.63	42.68	40.09	45.67	41.85
1. 两全寿险	9.90	13.03	22.96	1.50	4.91	5.90	11.28	16.98	14.02	18.19	11.87
3. 年金保险	19.63	27.94	13.65	50.42	50.50	32.63	23.35	25.70	26.07	27.48	29.74

资料来源：中国保监会统计信息系统，经作者二次整理。

表7—8　　　　　　各保险险种满期给付金在寿险中的占比

单位：%

	2004年	2005年	2006年	2007年	2008年	2009年	2010年	2011年	2012年	2013年	平均
寿险合计	100	100	100	100	100	100	100	100	100	100	100
（一）普通寿险	85.25	62.04	45.97	23.85	13.37	21.50	16.93	17.26	20.96	11.47	31.86
1. 定期寿险	0.11	0.14	0.12	0.01	0.06	0.02	0.03	0.02	0.02	0.01	0.05
2. 两全寿险	39.50	43.70	25.40	16.50	9.70	13.50	16.60	16.90	20.40	11.30	21.35
3. 终身寿险	20.38	1.53	1.89	6.03	3.03	7.63	0.21	0.25	0.42	0.11	4.15
4. 年金保险	25.20	16.70	18.60	1.10	0.60	0.40	0.10	0.10	0.10	0.10	6.30
（二）分红保险	12.07	35.12	52.67	75.81	85.14	74.68	82.35	81.65	78.39	88.14	66.60
1. 两全寿险	10.36	11.20	20.54	70.93	84.68	74.00	82.17	81.00	77.88	87.52	60.03
2. 终身寿险	0.00	0.01	0.00	0.00	0.02	0.03	0.08	0.03	0.03	0.03	0.02
3. 年金保险	1.71	23.91	32.13	0.61	0.44	0.65	0.11	0.63	0.48	0.59	6.13
（三）投资连结保险	0.34	0.03	0.01	0.00	0.00	0.06	0.28	0.68	0.17	0.01	0.16
（四）万能寿险	0.00	0.00	0.00	0.33	1.49	3.75	0.44	0.41	0.49	0.38	0.73

资料来源：中国保监会统计信息系统，经作者二次整理。

第二，近年来，各家公司销售的分红两全险的另一个共同特点是保险期间短，三年、五年期间的产品数量居多，直到 2012 年、2013 年，在中国保监会的监管机制约束下，才开始向社会供给保险期间 10 年期及以上的产品，这已经在前面章节有论述。这就使各家保险公司近年来持续面临着分红两全险的满期给付周期。按 2011 年监管新政要求保险期间不低于 5 年的规定，结合近年来分红两全险新增保险增长率下降的现实，粗略估计将延续到 2016 年以后，这种高比例的满期给付金才会慢慢下降。

四、分红保险保障绩效的总体评价

综合上述分析，再结合表 7 - 9、表 7 - 10、表 7 - 11 可以更清楚地看到，分红保险三大险别的保障功能各有特点。其中，分红终身寿险的功能在于死伤保障，统计数据显示其绩效表现与其保费收入占比相适应。

表 7 - 9　　　　分红终身寿险的保障功能在寿险中的占比　　　　单位：%

	2004 年	2005 年	2006 年	2007 年	2008 年	2009 年	2010 年	2011 年	2012 年	2013 年	平均
保费收入占比	1.28	1.66	2.22	1.67	1.98	2.37	2.55	3	3.85	4.77	2.54
死伤给付占比	2.19	2.41	2.66	2.21	2.97	3.26	3.63	3.86	4.14	4.48	3.18
年金付给占比	0.11	0.14	0.12	0.01	0.06	0.02	0.03	0.02	0.02	0.01	0.05

表 7 - 10　　　　分红两全保险保障功能在寿险中的占比　　　　单位：%

	2004 年	2005 年	2006 年	2007 年	2008 年	2009 年	2010 年	2011 年	2012 年	2013 年	平均
保费收入占比	48.56	43.79	45.25	28.88	45.69	58.58	75.27	74.38	71.09	66.46	55.80
死伤给付占比	11.41	14.82	17.15	14.69	18.55	20.77	25.92	30.81	33.23	34.31	22.17
年金付给占比	9.90	13.03	22.96	1.50	4.91	5.90	11.28	16.98	14.02	18.19	11.87
满期给付占比	10.36	11.20	20.54	70.93	84.68	74.00	82.17	81.00	77.88	87.52	60.03

表7-11　　　　　分红年金保险保障功能在寿险中的占比　　　　单位：%

	2004年	2005年	2006年	2007年	2008年	2009年	2010年	2011年	2012年	2013年	平均
保费收入占比	12.03	16.82	11.91	11.39	9.39	10.01	9.47	10.74	13.23	15.06	12.01
死伤给付占比	1.06	1.40	1.61	1.64	1.71	1.89	1.78	2.27	2.83	3.15	1.93
年金付给占比	19.63	27.94	13.65	50.42	50.50	32.63	23.35	25.70	26.07	27.48	29.74
满期给付占比	1.71	23.91	32.13	0.61	0.44	0.65	0.11	0.63	0.48	0.59	6.13

分红年金保险在生存年金给付上的保障功能相对突出，基本能体现该保险的生存保障功能，在寿险市场中的表现优于保费收入占比，因此可以理解为给消费者带来了更多剩余价值。

但是分红两全险的保单持有过程中死伤保障和生存年金给付保障均相对落后，该产品功能保障绩效主要体现在满期给付上，实质上变身为储蓄功能了。因此，凸显了这类产品的保障功能欠缺的事实。

第三节　基于保险消费者权益视角的市场绩效分析

一、对保险消费者权益考察的理论意义和现实意义

（一）对保险消费者权益考察的理论基础

产业组织理论的发展史上，各种理论学派纷呈，基于不同的理论假设、不同的研究方法和工具，提出了不同的思想、观点和政策建议，甚至不断衍生新的经济学分支，例如新制度经济学、规制经济学。2014年度的诺贝尔经济学奖再次授予了规制理论的创新者，说明实际部门和学术界对规制问题的高度重视。

然而，不论其中各个学派的理论观点和学术思想的差异有多大，其最终目标之一都是要改善社会福利，包括生产者集团福利和消费者集团福

利，这是"市场"存在的最根本原因和最根本目标。生产者集团福利相对容易度量，厂商也可以通过进入壁垒、利润率之类指标衡量，因此也相对容易通过各种手段得到保障，这一点已经被各学派不同程度论证并得到认可，例如利益集团理论、规制俘获理论等。

但是，消费者福利和消费者剩余均与消费者的主观效用密切相关，因而难以度量，甚至难有公认的度量标准，因而经常被隐性甚至直接显性侵害，也难以直接从"消费者福利"这个概念去考察市场绩效。本章上一节的一系列统计数据的分析，也只能相对地分析各保险类别的保障功能相对强弱，尚不能清楚划分出消费者福利被侵害程度。

"消费者权益"涵盖了法律上的权与经济上的益，概念被提出后得到社会广泛认可，可以借助这个中介工具考察消费者福利是否被损害，进而通过消费者权益的保护来提高消费者剩余，进而提高消费者福利。因此，本节开展分红保险消费者权益的考察，就有了理论基础和意义。

（二）对中国分红保险消费者权益考察的现实意义

《中华人民共和国消费者权益保护法》于2013年进行了修订，这是自1993年颁布以来，实施20年后的第一次大面积修订，首次提出每个消费者都享受九大全面消费权利，并第一次明确把金融保险消费者纳入其中，这意味着各级消费者协会将有可能采取更多类似于浙江省消费者协会对保险合同的"霸王条款"审查和监督的行为。2014年9月，国家发展和改革委员会对浙江保险行业协会及相关财产保险公司的反垄断调查和处罚，更进一步说明随着中国法律制度的完善和法制意识的提高，对消费者权益的保护机制已经开始新的历史篇章，甚至被称为"消费者主权"时代到来！

基于此，本研究尝试根据现行的《中华人民共和国消费者权益保护法》规定的九大权益，全面考察中国分红保险的市场结构、监管行为、企业行为、消费者行为等对消费者权益绩效的影响，为下一步的市场发展政策提供决策参考。

二、基于保险消费者权益视角的分红保险市场绩效考察

（一）人身财产安全权

《中华人民共和国消费者权益保护法》第二章第七条规定："消费者在

购买、使用商品和接受服务时享有人身、财产安全不受损害的权利。消费者有权要求经营者提供的商品和服务，符合保障人身、财产安全的要求。"

表象上看，这个权利似乎与分红保险产品的消费无关。按部分人所提的观点认为："保险本身就是为被保险人提供保障"，"保险公司提供的保单既不会有毒有害，也不会燃烧爆炸，不会危害到'保险相对人'的人身、财产安全"，所以"这么做无异于画蛇添足，多此一举"①。显然，类似这样的观点也许还会有，错误的原因在于把保险合同与一般商品或服务合同混淆了，尤其是把保险合同视为"一纸合同"，并未真正理解这"一纸合同"背后深远的利害关系。以本研究观点，这一权益同样适用于保险消费，保险商品特有的"求偿权"正是与之相伴而来。

本研究认为，该条款规定的权益的核心是"消费者有权要求经营者提供的商品和服务，符合保障人身、财产安全的要求"，这就要求消费者与保险人签订的保险合同所约定的保险产品和保险服务，能保障保险消费者预期的相应保障目标，一旦保险标的发生事故，能享受到相应的人身或财产安全保险保障。

商业保险产生和发展的根基、存在的价值就在于为社会提供风险保障，不论是财产、责任还是生命及健康的风险，这在本质上可以视为保险行业和企业经营的"利他"正外部性，非一般工商企业所能比拟，也与银行、证券、信托等金融业其他部门有所区别。因此，世界各国均高度重视保险业的安全发展，通过严厉的监管规范和约束企业行为，更通过产业保障基金、清算接管等特殊制度安排，确保保险消费者免受保险企业财务危机的影响，免受有质量问题的保险产品的侵害。国际上一度存在"大而不倒"的保险行业监管神话。2008 年，美国财政部运用国库资金对 AIG 集团公司注资接管，但放弃了对美林证券公司和其他银行及非银行金融机构的求助，深刻说明了美国政府正确理解了商业保险在保障人身和财产安全方面突出的社会价值。

但是，这一权益经常被侵害。例如，在本书第六章关于消费者购买保险的行为特征问卷调查中，多数受访者表达的第一保障需求是"医疗保

---

① 曹琦. 论"保险消费者"概念的不合理性［J］. 时代金融，2012（3）中旬刊：95－96.

障"，因此，第一需求保险产品和服务应该是医疗保障保险。但保险代理人以模糊的语言告知消费者这份保险的"保障程度很高，最高达到三倍保险金额的赔偿"，并未真正如实告知这所谓的三倍赔付，其实只是在意外伤害致死或致全残情况下才能得到的赔偿，消费者在欠缺足够保险知识的情况下被误导投保，后果就不言自明。

又如，中国的投资连结型寿险发展史上发生的大面积投诉，而后被监管者要求允许无条件退保的事件，其直接导火索就是保险的投资账户出现连续亏损，财产损失已经超出了一般投保人的心理承受能力。

而部分案例中被保险人发生事故后被无理拒赔或不完全理赔，本质上就是人为故意地导致保险合同约定的人身和财产标的被"保障"的程度受损。虽然合同本身没有直接伤害保险消费者的人身和财产安全，但伤害的是被保险人的人身和财产损失不能得到应得的保险保障。

更直接的表现是，部分保险产品可能因为人为或疏漏原因导致设计缺陷，郑伟（2011）所总结的"产品设计中的保险责任、责任免除和赔偿处理的设计不当，应当包含在保险责任范围之内的风险未被纳入"、赔付率过低的"不道德"的产品、费用率过高的"资源浪费"的产品[①]都是有损消费者的人身和财产安全权益的产品。

就分红保险而言，对普通终身寿险和分红终身寿险产品进行比较就可以容易看到，假设保障水平一致，则分红终身险费率必然高于传统终身寿险。其保险费较传统寿险多了如果分红终身寿险产品连续多年低分红甚至零分红，导致保险消费者以高额保费获得低保障水平，客观上就间接损害了消费者财产权。而本书第二章第一节所揭示的分红保险的保费构成中，保险人在计算费率时就已经比传统普通寿险多收了"红利权费"，多收了"预定死亡率"、"预定费用率"的费用。

因此，分红保险市场普遍出现的低分红，部分产品连续多年未能分红，甚至发生直到保险期满都未能得到分红的极端案例，都凸显了不恰当的、道德风险原因的保险产品设计和保险服务对保险消费者的财产安全进

---

① 郑伟. 保险消费者权益保护：机制框架、国际经验与政策建议［J］. 保险研究，2012（3）：3－11.

而人身安全的伤害。

（二）知悉真实情况权

知悉真实情况权，即通常所称知情权。《中华人民共和国消费者权益保护法》第八条规定"消费者享有知悉其所购买、使用的商品或者接受的服务的真实情况的权利"，例如价格、用途、性能、有效期限、售后服务等内容。实际上，信息透明是实现知情权的必然要求。

正如本书第三章关于监管合谋问题的论述、第五章关于保险人行为问题的研究所指出的一样，分红保险中最重要的产品信息被监管制度以行政力量赋予了免予透明化的保护，又在市场营销过程被营销人员歪曲、扭曲，造成了消费者的知情权被严重侵害。正如《中国保监会关于2013年保险消费者投诉情况的通报》（保监消保〔2014〕2号）所总结的：人身险投诉中涉嫌欺诈误导4257个，"主要反映业务员夸大产品收益、代签名和代抄录风险提示语句、银邮代理渠道以理财产品的名义销售保险等问题"。

因此，知情权益或许是最能直观观察、也最被消费者反感的严重被侵害权益。

（三）自主选择权

《中华人民共和国消费者权益保护法》第九条规定"消费者享有自主选择商品或者服务的权利"，具体是指"消费者有权自主选择提供商品或者服务的经营者，自主选择商品品种或者服务方式，自主决定购买或者不购买任何一种商品、接受或者不接受任何一项服务""消费者在自主选择商品或者服务时，有权进行比较、鉴别和挑选"。

表面上，保险供给有多种保险商品供消费者选择。但是，正如本书第五章关于保险人行为的分析中所述，各种原因导致的"一张保单卖全国"现象，在客观上已经剥夺了保险消费者的自主选择权。

其次，受到信息不对称的严重影响，历年的保险消费者投诉统计数据已经直观说明，在银行保险渠道表现最明显的误导、欺诈式销售，就更被理解为对保险消费者选择权的践踏。

（四）公平交易权

《中华人民共和国消费者权益保护法》第十条规定："消费者享有公平

交易的权利"，即"消费者在购买商品或者接受服务时，有权获得质量保障、价格合理、计量正确等公平交易条件，有权拒绝经营者的强制交易行为"。这一条权益在保险市场的适用性不容置疑。

表面上，保险商品的交易过程中并未出现其他一般性商品和服务交易过程中的恐吓式强买强卖，也没有以显失公平的价格打着"市场经济"、买卖自由、供求关系调节之类冠冕堂皇的理由加价或捆绑销售。例如中国特色的"黄金周"发生的旅游市场的欺诈、敲诈式交易和价格，或者如历史上的春节车票提价式的"供求"关系调节型的不公平交易。

但是，部分保险产品的非公平交易以极隐蔽形式出现，在产品的定价和定责设计阶段就已经产生，并非一般居民所能发现。保险产品的定价原理复杂，在缺乏充分而有效的产品价格监管的现实制度背景下，包括分红保险市场在内，缺陷保险产品[①]屡屡出现，这种隐蔽性极高的非公平交易只有充分掌握信息的保险人本人知晓个中缘由，必须是具有一定水平的精算专业素质的保险监管人才能尽早识别。由于保险市场高度的信息不对称，保险消费者需要相当长时间，进行了充分的产品责任、分红水平和投保价格信息的收集和比较之后才能识别。部分保险公司的某些分红保险产品只销售不到一年就匆匆"退市"，就有可能因为设计缺陷原因。

此外，在营销实践中，保险人还可以通过并未写在保险产品责任条款的所谓"投保规则"的方式、以营销激励方案方式诱导实施类似捆绑交易的非公平交易，而这种方式将由于"投保规则"、营销激励方案无须向监管者备案而难以被监管者发现。

分红保险产品特有"保守精算"原则，使保险人易于实施非公平交易，例如低分红甚至无分红，本质上就属于违背了"质量保障"的交易条件。

本书第五章关于保险人的产品供给行为中所列的三款"畅销"产品，以及其他相当部分产品的非意外死亡保障水平过低，基本与保险消费者所交保费相当，其保障功能基本体现在意外伤害事故。这就使这一类保险产

---

① 郑伟. 保险消费者权益保护：机制框架、国际经验与政策建议 [J]. 保险研究，2012（3）：3－11.

品在本质上已经失去了"寿险"本色功能，正如江生忠，刘玉焕（2012）的观点："分红保险包括分红储蓄险和分红保障险，目前市场上分红储蓄险种居多，保障范围有限，几乎演化为投资工具"①。然而，部分公司的部分分红保险产品或许也称不上投资工具，原因是分红率太低，以至于持有保单几年过后，消费者所得保单分红远不如银行同期定期储蓄存款利息。2013 年度中国保监会统计的承保纠纷投诉 2144 件，占比 24.11%，主要反映保险公司销售时未明确告知退保损失情况或分红保险产品达不到购买时的预期收益②。

所以，关于此条权益，本书认为，当前中国分红保险产品，在"质量保障"、"价格合理"、"计量正确"方面，均存在不同程度侵害消费者权益问题。

（五）依法求偿权

《中华人民共和国消费者权益保护法》第十一条规定："消费者因购买、使用商品或者接受服务受到人身、财产损害的，享有依法获得赔偿的权利。"

关于本条权益，多数人基本认同适合于保险消费者，当然并非指保险消费者的人身和财产安全直接受到保险人的侵害，而是当保险消费者购买了相应的保险产品，例如车辆保险、医疗保险、寿险等各类保险产品，当被保险人发生了合同约定的责任事故时，依法获得向保险人请求赔偿的权利。这是保险存在于社会的基石，是保险区别于银行、证券等金融部门的最大特征。

长期以来，求偿权益是保险消费者受损最严重的权益，不论国内或国际，不论是在财产保险还是人身保险，均存在非常严重的侵权现象，突出表现为无理拒赔、惜赔、延迟赔款等。例如，2012 年第一季度保险消费者投诉情况通报显示，人身保险理赔纠纷投诉 101 项，重点在医疗、疾病险达 38 个，消费者投诉内容为"重疾险责任认定不合理""理赔手续烦琐，

---

① 江生忠，刘玉焕. 产品结构失衡对寿险公司资本结构、盈利能力和偿付能力的影响——以上市保险公司为例［J］. 保险研究，2012（3）：45－53.
② 中国保监会. 中国保监会关于 2013 年度保险消费者投诉情况的通报（保监消保〔2014〕2 号）. 中国保监会网站.

甚至以核赔代核保，更有甚者是在被保险人发生理赔后强行退保、拒绝续保"①。2013 年度中国保监会统计的人身保险理赔、给付纠纷 1901 件，占比 21.38%，主要反映保险公司拖延支付理赔款、消费者不认可保险公司拒赔时认定的保险责任范围等②。

就分红保险而言，从产品设计到营销、到最后的给付生存保险金或身故责任保险金的整个流程看，上述关于赔偿中的投诉反映的侵权可能并不是最严重的，真正严重又常见的侵权行为发生在市场营销阶段，即各种"误导"销售对消费者的侵权现象日益严重，虽然没有造成人身和财产的直接损失，但造成了财产的间接损失，例如消费者维权损失、资金的货币价值损失，甚至未来中国相关法律可能支持的"精神损失"。

2013 年度中国保监会统计的人身险涉嫌保险公司违法违规类投诉中，各类销售违规 2438 件，占违法违规投诉总量的 98.31%，其中涉嫌欺诈误导 2197 件。大多集中在银保渠道的分红保险，消费者主要投诉销售人员夸大产品收益、错误解释保险条款、隐瞒投资风险或保险合同期限、混淆保险与理财产品的概念等。

已经公布的 2014 年前三个季度保险消费者投诉中，人身险销售过程中的违法违规现象集中在分红保险和普通寿险产品，核心是涉嫌欺诈误导，具体表现为"销售人员夸大产品回报率、代签名、代抄风险提示语句、公司电话回访不规范"等，投诉量达 3316 件③，总量持续上升。

到目前为止，中国保监会在处理这类销售误导的侵权后果时并未予以充分的赔偿支持，一般是在有充分证据的情况下，最乐观的保护消费者的做法也仅仅是允许消费者全款退保而已。

随着中国的《侵权责任法》、《消费者权益保护法》等相关法律制度的逐步完善，未来完全有可能被法院判决保险公司及其销售代理人赔偿受害

---

① 中国保险监会. 2012 年第一季度保险消费者投诉情况通报. 中国保监会网站，2012 - 05 - 07.

② 中国保监会. 中国保监会关于 2013 年度保险消费者投诉情况的通报（保监消保〔2014〕2 号）. 中国保监会网站.

③ 中国保监会消费者权益保护局. 中国保监会关于 2014 年前三个季度保险消费者投诉情况的通报（保监消保〔2014〕191 号），中国保监会网站，2014 - 11 - 15. http://www.circ.gov.cn/web/site0/tab5175/info3941646.htm.

人的投保保费的本金和货币价值、误工损失、律师费以及精神损失赔偿请求。

（六）获得知识权

《中华人民共和国消费者权益保护法》第十三条规定"消费者享有获得有关消费和消费者权益保护方面的知识的权利。消费者应当努力掌握所需商品或者服务的知识和使用技能，正确使用商品，提高自我保护意识"。

保险商品具有高度复杂性特征，定价、保险责任、专业术语等都自成体系而使人难以理解，需要保险人及其代理人进行产品知识教育，帮助消费者正确认识代理人所推荐投保的产品，然后才能选择正确的，与其个人、家庭或企业面临风险相适应的保险产品，来实现转移风险的消费目标。因此，不论是从保险理论还是国际国内保险监管实践看，保险消费者都享有这项权益，这是各国开展保险消费者教育的逻辑起点，也与前面的"知情权"密切相关。

与英、德等发达国家的最新监管制度，特别是对保险销售流程的监管新要求与中国分红保险的销售流程进行比较，就可以非常清楚地看到，中国保险消费者的"获得知识权"已经被严重侵害。

第一侵害来自本书第三章关于保险监管机制的研究中所论述的监管合谋，造成了消费者失去了主动获得分红保险的历史分红准确信息的机会，消费者甚至无从了解分红保险产品的经营报告，对保险产品知识的了解受到了制度性侵害。

第二个侵害来自保险营销过程。以英、德发达国家为代表，逐步要求保险营销员在推荐保险产品时必须帮助投保人正确理解保险产品，要求正确分析投保人及被保险人的风险暴露情况，正确理解投保可能获得的保险利益等一系列知识。特别是，为了确保营销员遵照监管要求执行这一系列保险教育义务，还要求营销员进行教育过程的文字或其他媒质记录。按德国的最新保险监管要求，需要先送保险产品条款给投保人学习了解并认可该保险产品，了解保险代理人推荐的保险计划之后，保险人才能"邀请"投保人签订投保合同。

由此可见，当前中国分红保险市场上存在着监管机制缺陷、投保流程缺陷，已严重侵害了消费者获得分红保险及特定保险产品知识的权益。这一权益受到侵害之后，保险营销员、银行邮政的兼业代理销售人员才能有机可乘，采取误导甚至欺诈式的保险营销手段来获得保险合同，获得保险费和保险佣金。

进一步地，也正是由于长期以来对保险消费者教育机制的缺失，居民的保险知识极其欠缺，才会让众多保障程度低的保险产品也能在市场上获得保费收入，导致社会的保费资源和可保风险资源错配。

但是，一旦消费者通过切身的"伤痛式体验"来感受保险，未满期退保往往不可避免，"用脚投票"离开保险市场，再次投保就变得更困难。关于这一点，已经在本书第五章关于分红保险保费收入增长困难的内容中论述，后果非常明显。

（七）其他权益

《中华人民共和国消费者权益保护法》第十二条、第十四条、第十五条分别规定了消费者享有的"受尊重权"、"建立消费者组织的权利"、"监督批评权"，本书认为均适用于保险消费者权益。

"受尊重权"强调"享有其人格尊严、民族风俗习惯得到尊重的权利"。虽然近年来也持续有居民对电话营销提出抗议，部分法律界人士更提出保险公司获得居民电话信息本身可能涉及对居民个人隐私信息的侵权，监管部门则对电话销售渠道提出了改革措施，成为中国电话保险营销受到打击的一个因素。但似乎并非分红保险市场特有问题，因此不再多述。

其次，对于"建立消费者组织的权利"、"监督批评权"，这应该是保险消费者享有，但不是保险行业本身所能侵害的权益，这需要从更高层次的法律制度，特别是消费者保护协会组织、保监会层面去维护。例如，在消费者保护协会下成立专门的保险消费者权益保护二级组织，这已经超出本章研究范围，将在下一章中提出本书的观点和建议。

本章小结

本章超越经典 SCP 范式中对"企业效率"的考察模式，从三个角度逐一考察中国分红保险市场绩效，重点是考察基于消费者权益绩效，包括风险保障绩效和《消费者权益保护法》所规定的九项权益，逐一考察九项权益是否满足，或是有所侵害。研究结论主要有以下几个方面：

一、基于企业效率视角的市场绩效分析

结论比较直观明了，保险企业得到了期待的规模效率和技术效率。换言之，保险人在这一市场中获得了竞争效用，是市场发展的受益者。

二、基于风险保障视角的市场绩效分析

1. 分红终身寿险的功能在于死伤保障，与其保费收入占比相适应。
2. 分红年金保险在生存年金给付上的保障功能相对突出。
3. 分红两全险的保单持有过程中死伤保障和生存年金给付的保障功能都相对落后，该产品功能保障绩效主要体现在满期给付上，实质上变身为储蓄功能产品。

三、基于保险消费者权益的市场绩效分析

对现行的《中华人民共和国消费者权益保护法》规定的九大权益逐一考察，发现除了"受尊重权"、"建立消费者组织的权利"、"监督批评权"三个权益与分红保险关系并不是十分密切外，另外的六大权益都受到了明显侵害。

第八章 中国分红保险市场发展对策

从斯密到哈耶克、到奥地利学派和剑桥学派，都高度重视消费者在市场经济关系中的重要作用，提出了"消费者主权"的学术思想。现代管理学和各类工商企业的经营管理实践中，"需求导向"、"顾客价值体验"等理论也都在产品设计和营销过程中"实践"，但在经营过程中又往往落入到"生产者主权"思维惯性陷阱，导致供求矛盾，供求双方利益或者说效用均无法得到有效满足。其结果必然是：消费者常有而产品不常有；消费者依旧在而企业不在！

前面已经多次论及的分红保险市场现状：消费者权益受侵害，同时分红保险乃至整个寿险业发展都面临困境，根本原因就在于保险行业及其企业以及保险监管部门，都存在对消费者权益的侵害行为，而本质则是对"消费者主权"的不尊重。2014 年国家发展和改革委员会认定浙江保险行业协会及相关保险公司存在垄断行为，成为本书观点的最佳注脚！

发达国家金融保险监管者率先发现了这一问题，所以近年来纷纷基于消费者权益保护目标开展金融保险监管机制的改革，尊重消费者权益和消费者主权，重塑消费者信心[1]，以此推动保险产业的适应性改革和发展，实现供求利益的均衡，实现保险与经济的包容性增长[2]，这为本研究提供了很好的借鉴。

尽管长期以来分红保险产品和服务存在诸多问题，经历多年的培育和发展以后，"分红"这一个词所代表的"保险理财"、"保险投资"观念已

---

① Sharon Tennyson. Analyzing the Role for a Consumer Financial Protection Agency [J]. Netwoks Financial Institute，2009 (13)：1 – 18.

② 孙武军. 我国保险业包容性增长与保险消费者权益保护关系研究 [J]. 南京师大学报（社会科学版），2013 (4)：49 – 55.

经深入人心，保费收入占据主导地位而成为寿险业发展引擎。因此，对这一市场的发展改革应该是扬弃式的，保留核心优点，去除不和谐杂质。所以，本书特提出"以监管机制再造为基础，以消费者权益保护为目标，以产业发展政策为助推，以消费者教育为保障"，把消费者权益保护目标优先于市场发展目标进行系统性再造的框架性改革建议，具体如下所述。

第一节　构建中国特色的"三职分立"的保险监管机制

多数文献认为，中国现行保险监管者一身兼两职，即市场监督与市场发展，或者又常称"运动员与裁判员二合一"双重职能，使之面临着选择困境。现实的历史的选择结果是以市场发展为主导，以市场监督为辅导，监督让位于发展的结果。

本书第三章的论述则认为，中国的保险监管者其实身兼三职：第一是立法，第二是执法和监督裁判，第三是市场发展。在面临三方利益矛盾冲突的情况下，在缺乏监管行为的再监督机制的情况下，监管人在客观上最终选择了服务于生产者特别是既得利益的生产者集团，以"做大做强"市场为目标导向，以部分牺牲社会福利和消费者权益为代价，以"效率优先、兼顾公平"心态制定并实施监管机制和产业政策来推动市场发展。从第七章的论述可见，分红保险市场的企业效率确实优先实现了，但消费者的公平交易和保障权受到了侵害，并最终反馈到市场，使市场发展受阻。

显然，现有监管框架无法自我解决身负三职所面临的利益冲突困境，需要进行结构性、系统性的改革，实现执法、执法监督、市场发展"三职分立"式监管机制顶层设计改革，降低"监管俘获"空间，降低"监管合谋"的信息优势，并在此基础上推进各项机制改革，包括信息披露、产品监管、从业人员行为监管等一系列制度改革，具体建议如下。

一、"三职分立"式的保险监管机制改革的总体思路

"三职分立"是把现行保险监管者的"监管"与"发展"双重职能，即"代拟法、建章立制"和"执法监管"的两个"监管"子职能，以及

"制定产业发展的方针政策和发展战略规划及其执行"的"发展"职能，三个职能分别由两个独立机构执行，这是多数文献支持的观点。

在此基础上，可以借鉴发达国家经验，成立"监督"部门，以具备专业知识人才组成的专业监督机构，来履行对上述两部门履行职责绩效的评估和过程监督，履行保险消费者权益救济职能，达到类似于中国当前的公、检、法三职分立效能。

国际金融业的混业经营业态已经形成，中国金融业的混业经营步伐正在加速推进，分业监管已经不适应于金融机构的综合经营，甚至不适应于行业之间的相互代理市场发展需要，因此各国也在逐步调整金融监管架构体系。中国的监管部门、行业和学界也曾经多次提起所谓大部制监管架构机制，并于2013年8月成立了金融监管协调部际联席会议制度，作为一个过渡性的制度安排，来解决行业相互交叉竞争中的监管真空带和灰色区域的监管问题。

基于此，"三职分立"的监管构架体系，基本适应于中国特色的"渐进式"制度变迁路径要求，将为大部制监管提供借鉴，也将成为中国特色的大部制金融监管的目标架构。

二、"三职分立"的保险监管架构的具体机制

（一）执法监管架构

"三职分立"架构下，监管部门的核心职能仍然是原有的起草法律法规、制定行业规章的职能，这是监管框架体系的基础。这一部门将受国家立法机构和国务院的委托，与国际保险监督官协会、发达国家的保险监管部门开展合作，把保险消费者权益保护列为监管第一核心目标，继续执行"代起草法律、部门法立法"与"执法"的两个核心功能。特别强调建立保险消费者权益保护的专门监管法规，实施"偿付能力"、"市场行为"和"消费者权益保护"的立体监管机制。从而在顶层设计上保障了"消费者权益保护"目标的可实现性。

（二）产业发展规划与服务架构

"三职分立"架构的第二部门是"保险产业改革和发展"委员会，承袭现监管者的"拟定保险业发展的方针政策，制定行业发展战略和规划"

职能，即机构准入与退出、从业人员准入与退出、产品准入与退保、保险基金投资等产业政策制定与组织实施职能。重点在于组织实施，涉及"法"的建立和完善的职能，则必须仍然由"监管部门"制定，实现二者的相互制衡，防范新型合谋。

（三）监督与救济架构

"三职分立"架构的最突出要求是，借鉴英国经验，成立全新的"监督局"来具体实施对前二者的执法效能监督职能、保险消费者权益维护的救济职能以及对中国保险保障基金运行监督等职能，代替当前的消费者保护协会的保险消费者救济职能。特别是代替中央政府即国务院对监管者的"年度考核"性质的非专业监督，实现以专业人才构成的常设专业机构，开展日常、高效、及时反馈、及时解决问题的监督，最终目标是实现整个保险监管机制的平滑、稳健运行，实现对保险消费者权益的最大保护，实现消费者信心重建，促进行业的健康可持续发展。

三、系统开展信息披露监管机制改革

（一）加强分红保险产品条款和经营红利的信息披露

前面相关章节已经多次充分地论述了中国分红保险市场上的信息不对称的表现、监管成因及后果，特别是对保险消费者权益的严重要害。因此，加强分红保险的产品信息、经营利润信息等相关信息的披露机制建设，特别是借助保险行业协会平台披露产品合同条款、保险责任等信息，是促进市场竞争、实现优胜劣汰、保障消费者权益的基本要求。

发达国家的监管制度改革经验以及中国万能保险产品的发展经验已经表明，保险产品和服务的信息披露是促进竞争、保护消费者权益的最有效办法。近年来中国分红保险红利信息披露监管制度的倒退性改革[①]，本质是对落后的保护，对消费者权益构成了公权侵害，个中缘由及其后果均值得深思。

---

① 即使在最新出台的"保监发〔2015〕93号"文件中，仅规定了"保险公司应加强分红保险产品的信息披露工作，进一步增强产品透明性。鼓励保险公司逐步向客户披露分红保险产品的费用收取等情况，加深客户理解"，仍然是"鼓励"而未直接明确地强制披露分红保险信息，特别是历史分红信息的披露。

（二）改革"失效"和"退保"保单信息的统计和披露机制

长期以来，以"退保金"信息来完成保险产品、保险失效和退保信息的统计和披露，导致信息披露严重不充分，甚至可能人为制造了更进一步的信息不透明问题。"退保金"是保险消费者退保后得到的保单现金价值返还的金额，无法反映退保保单数量，无法反映退保保单的持有年限结构，因此，就无法反映产品经营质量，无法给保险经营和保险监管者提供有效信息来改进经营、改善监管。所以，保险公司的经营实践中以"13个月继续率"、"25个月继续率"之类的统计指标来衡量保单的续期质量。

保险监管者面对"退保金"这样的统计信息指标，仍然并且无法准确判断具体公司、具体产品的问题，甚至要借用其他统计信息指标，如保险准备金的进和出指标来综合判断退保问题的严重性，显然不利于实施针对性、即时性监管。大数据技术的发展和广泛应用，为失效和退保信息提供了充分的技术基础，完全可以实现对这两类保单信息的实时监管。

（三）改革保险纠纷与投诉信息披露机制

把保险纠纷与投诉统计信息纳入对监管机构责任人、保险公司及其分支机构高管的考核评价指标体系，并赋予较高权重，通过各级新闻媒体来披露相关信息，实现专业监督与社会监督的有效结合，重建各级监管者和经营者声誉，来促进保险监管者、保险经营者高度重视保险服务质量的提升，树立监管质量和经营质量的理念，转变当前只重数量和速度、忽视质量和公平的监管理念和公司经营观念和做法。

四、以商业保险的"利他为己"本质重构行业发展评价机制

长期以来，监管部门都强调保险企业要改变粗放发展型经营，强调内涵价值增长。但是，在对外宣传和总结时依然以承保保费为重，即以经营者利益、以经营发展为重，而忽略了对行业承保质量的综合评价，忽略了消费者利益和权益保护，客观上对保险人及其职业经理人形成了经营心理的负激励。

由于中国保险行业中高层经营管理人才极度稀缺，在职业经理人进入壁垒较低而退出机制缺失的条件下，职业经理人流动率极高，其违规的机会收益远大于机会成本，更容易被负激励到片面追求保费收入的单一业绩

目标追求，风险行为频生，把各种侵权、纠纷后果、被保险人对某公司"用脚投票"的后果都留给继任者承担。

与此相反的是，商业保险本质上是一个典型的"利他为己"行业。因此，众多保险人常常把诚信、为客户服务等精神纳入到企业文化中，强调"基于客户需求导向的营销"，但往往流于形式。或者在客观事实上，在营销阶段重视客户保险需求，但并非尊重保险消费者权益。

换言之，商业保险的"利他"本质在经营和监管中被遗弃了。

因此，建议改革市场发展的评价指标体系，坚持商业保险的"利他"本质，把关系到消费者权益保护的相关指标纳入监管指标体系，用于强化对各级保险机构及其职业经理人的监管考核，通过各种新闻媒质向社会发布，才能形成监管推动、社会监督、经营者自觉养成的、尊重和维护保险消费者权益的良好市场行为，促进保险行业培养起尊重消费者权益的良好社会心理和社会行为。

第二节　实施回归保障本质的分红保险产品供给机制

从前述可见，长期以来中国分红保险产品"一险独大"，产品结构严重不平衡，消费者可选择产品形态有限，严重滞后于需求结构变化①，更已经逐步偏离了保险的保障本职，而一再强调"理财"功能，但是又一再以低分红甚至不分红结果来"兑现"理财功能。在保险保障功能方面则逐步降低保障程度：一是在保障范围上转换概念以高"意外保障"、非意外事故的低保障来替代"寿险"产品本质上应具有的、突出的"身故"保障和"高度残疾"保障功能；二是保险金额逐步与投保人所交保险费基本持平，或者按监管要求的"不低于所交保费的120%"②执行。因此，不论是在保障责任范围还是保障程度，均比传统终身寿险、传统两全保险大幅

---

① 李秀芳，傅国耕. 寿险业产品结构优化的方向与对策［J］. 中国金融，2012（11）：41 - 42.

② 中国保监会：《中国保监会关于推进分红型人身保险费率政策改革有关事项的通知》（保监发〔2015〕93 号）。

缩减，蜕变成纯粹的货币保值理财产品，但又以"保险"冠名，不但侵害保险消费者权益，也终将损害行业声誉和行业前途。因此，回归保障本质，成为监管者、学界以及部分业界人士的共识。

基于此，本节将从保险产品创新、保险投资改革两方面提出以下的分红保险回归保障本质的产品供给机制改革建议。

一、分红保险产品创新发展

（一）强制实施回归保障本质的高有效保险金额制度

经过多年的发展，居民已经逐渐形成了"保险 + 分红"的保险消费观念，早期部分经营绩效好的分红保险产品，也在客观上为保险消费者提供了保障功能的同时，提供了一定的货币保值增值功能。前面第七章第二节也以历史数据证明了分红年金保险、分红终身寿险产品的保障功能。

因此，对分红保险险种进行产品创新的主导方向，并不是否认分红功能，而是回归保障本质，回归保险传统理论中所强调的倍数于保险现金价值或保险费的"有效保险金额"、"风险保额"概念，摒弃当前分红保险市场上常见的"基本保险金额"概念，杜绝当前常见以意外伤害保障偷换寿险保障概念的产品"创新"行为。

不论是"市场失灵"还是"监管失灵"理论，或是中国的分红保险发展实践都已经证明，这种"回归"需要监管者制定并实施强效监管政策，而不能寄希望于市场主体的自觉行为，不能依赖于市场的自发调节，否则将增加回归成本，将为"理性自利"的保险人再一次创造获利时间和空间。

事实上，中国保监会于 2009 年 2 月下发的《关于加快业务结构调整进一步发挥保险保障功能的指导意见》（保监发〔2009〕11 号）文件中，指出要"加大力度发展风险保障型人身保险产品""有效保额不低于 10 倍期交保险费或 2 倍趸交保险费的终身寿险、两全保险""有效保额是指在各种给付条件下该保险产品的最小给付金额"。但是，文件仅仅是"鼓励"性质，并没有作出强制性规定，这可能与监管者的"市场经济"思维有关。

然而，实践表明，这样的"指导"性文本制度因缺乏必要的约束力而无效。本书前述关于保险公司的行为研究中所展示的产品案例说明，相关公司的 2013 年度五大产品中就并未遵守这样的"指导意见"精神，成为中国保险"监管失灵"的又一突出现象。这样的现象只能鼓励更多保险人逆向选择行为来执行保险监管人的"指导意见"，"逆向开发"产品获得丰厚的保费收入业绩。

这进一步证明，保险监管机制的有效性不仅仅需要监管文本制度本身的规范性、完备性、可操作性，更需要强调监管机制的权威性，强调被监管者"敬畏"监管制度。

因此，在分红保险产品回归保障的过程中，必须制定并实施强约束性质的监管法规，借鉴重大疾病保险产品的监管行为，强制实施"高有效保额"制度，明确保险金额比例，才可能规范保险人的产品供给行为，实现保障功能回归的监管和产业发展战略目标。

（二）强制实施长期保险长期交费监管政策

"保监发〔2009〕11 号"文，以及最新的《中国保监会　中国银监会关于进一步规范商业银行代理保险业务销售行为的通知》（保监会〔2014〕3 号）文中，都"鼓励"保险公司开发长期保险产品，特别要求"两全保险期间不得短于 5 年"。

"保监会〔2014〕3 号"文中，提出了"各商业银行代理销售意外伤害保险、健康保险、定期寿险、终身寿险、保险期间不短于 10 年的年金保险、保险期间不短于 10 年的两全保险、财产保险（不包括财产保险公司投资型保险）、保证保险、信用保险的保费收入之和不得低于代理保险业务总保费收入的20％"的强制性要求。

基于前面相关章节的论述，基于保险保障功能的认同，基于对保险消费者权益保护的认同，本书高度认同监管文件的主导思想，即推动保险产品回归保障本质，但也并不认同文件中"鼓励"性质的软约束。特别是面对保险人多年来偏好的分红型保险产品，软约束将被放空至无约束。原因是本书前面章节已经论述过的：保险人完全仍然可以通过相关的"激励"政策，"鼓励"投保人以趸缴方式投保来"获得快速理财收益"，诱导投保人短期交费。本书之前已经论述，这样的保险合同有损被保险人权益。

换言之，上述文件本质上是"软监管约束"制度，无助于改变现状，无助于加强保险消费者权益的保护而提高市场的福利绩效。

特别是，由于消费者的保险产品知识和投保知识技能偏差，不能正确认知交费期间的长短对其保险权益的利弊，因此无法合理选择保险产品及交费期间。把这种选择权以"市场化"为由，完全交由信息弱势、知识弱势的消费者选择，并非监管者及监管制度应该有的监管取向。

基于此，只有强化长期保险期间、长期交费的强制性监管约束，才能保障消费者权益，真正促进保险供求双方权益均衡。

（三）改革保险产品费率政策

2013 年，中国寿险业开始了寿险产品的"费率自由化"新进程，传统寿险产品的预定利率放开管制，而法定评估利率提高到 3.5%。2015 年 2 月、9 月，分别出台文件，放松了万能保险和分红保险评估利率和预定利率限制。其中，规定"分红型人身保险的预定利率由保险公司按照审慎原则自行决定。分红型人身保险未到期责任准备金的评估利率为定价利率和 3.0% 的较小者""对于开发的分红型人身保险产品预定利率不高于 3.5% 的，报送中国保监会备案；预定利率高于 3.5% 的，报送中国保监会审批"[1]。理论上，在预定死亡率、预定费用率不变的假设条件下，提高预定利率可以达到降低保险费率、刺激保险消费的目的。

这样的政策安排，本质上符合中国特色的渐进式制度变迁路径要求，核心目标应该是通过市场化定价降低传统寿险产品价格，促进传统型寿险产品的供求，从而以市场化手段逐步改变居民的保险消费心理，实现寿险业总体上的保障本质回归，同时留出时间空间给分红保险和万能寿险逐渐消化现有的巨量低预定利率保单，规避居民的非理性退保导致分红保险产品市场的崩溃而危及寿险业的发展。

本书认为，分红保险的费率改革模式应该与传统寿险及万能险有别，分红保险"精算相对保守"、分红软约束的固有特点决定了"预定利率"的高或低对定价的影响力远不如在传统寿险产品的影响力。换言之，放开分红保险的预定利率约束，对于分红保险费率改革的意义并不如想象的那般重要。

因此，需要其他市场化定价机制来实现分红保险费率改革，例如，改

---

[1]　中国保监会：《中国保监会关于推进分红型人身保险费率政策改革有关事项的通知》（保监发〔2015〕93 号）。

变长期以来监管政策隐含的"三差异"红利来源制度，"鼓励"实施"全差分红"制度以拓宽分红保险产品的可分配盈余来源，提高可分配红利，提高保单分红率来实现市场化费率制度改革。

（四）改革分红两全保险的保障责任

前述相关章节统计数据的分析中已经看到，分红两全保险是退保重灾区，同时也是保障能力最低的一个险种，死伤保障、生存年金保障均弱于其他险种，而唯一在满期生存给付上强于其他保险产品。这显然不是保险保障本质上的保障责任，可能是最不利于消费者权益的一个险种，但保费规模却又是最大的险种。因此，以改革这一险种的保障责任为示范推动寿险其他各险种保障责任范围的改革调整，是促进寿险、分红保险回归保障本质的关键。为此，本书建议从两个方面改革产品的保障责任：

一是关于"时间"的约束，按中国保监会于2012年制定实施的《关于〈人身保险公司保险条款和保险费率管理办法〉若干问题的通知》（保监发〔2012〕2号）文件中的两个时间规定，即"首次给付生存保险金应当在保单生效满3年之后""保险期间不得少于5年"等强制性监管要求；同时，建议交费期间也不应该低于3年，通过交费期间的适应性延长，来强制实现保险供求双方责、权、利的时间上对等，实现双方权益均衡。

二是关于身故保险责任，注重寿险产品的本质要求，禁止以意外伤害保障代替寿险保障功能的偷换概念式减轻保险责任的行为，强制实施"保监发〔2009〕11号"文件中关于非意外伤害身故的保障比例的规定。

三是顺应中国养老和医疗基本保险制度改革需要，通过开发更多的养老保障型产品，或者通过附加条款方式来实现分红保险产品的辅助养老和健康风险保障的功能。

二、改革分红保险基金的投资运营监管机制

承保和投资是寿险业经营的两个基本业务，承保可以获得保费收入而占领保险市场，但承保业务经常亏损；投资收益就成为实现保险公司利润的关键。因此，提高保险基金投资增值能力，是改善保险偿付能力、提高保险保障能力、保障消费者权益、实现行业稳定健康发展的必然要求，也是实现分红保险产业改革目标、推动分红保险产品改革的保障。

多年来，分红保险的分红水平问题一直困扰着供求双方，成为消费者退保行为的一个重要引致因素。这与分红保险经营管理的各个环节都有关系，但是，保险投资收益率不高也是其中一个关键因素。因此，在逐步改革投资基金管理的同时，也需要从制度上进一步放宽投资渠道、投资比例、投资范围。特别是，在推进长期保险产品供给的监管制度中，特别强调投资的长期性，实现保险资产和负债的时间匹配，实现资产负债管理收益的稳定性。

第三节　分红保险营销流程再造与营销行为塑造

以英、德为代表的发达国家，在保险营销流程和营销行为监管制度改革的成功经验，为中国分红保险的营销行为监管改革提供了很好的借鉴。本研究认为，不论未来中国的寿险营销员制度如何改革，是继续当前的代理制模式，或在宏观监管制度引导下整体转制为员工制，都不影响营销流程再造改革。具体的改革建议如下：

一、建立基于合理期待原则基础上的申请投保机制

按中国当前的保险供求双方之间的信任矛盾关系现状，建议引入美国特色的"合理期待原则"①，同时借鉴德国的"申请投保"机制②，强制实施营销员对投保人进行必要的个人及家庭风险状况、投保财务预算持续能

① 由美国的罗伯特·基顿提出，在其著名的《在保险法上存在的与保单条款相冲突的权利》论文中，提出即"保险单位应根据被保险人的合理期待进行解释"原则，认为许多保险判例在判决名义上分别以疑义条款解释法则、显失公平、公共政策、禁止反悔等法理作为裁决的理由，在本质上体现了法律以满足被保险人的合理期待为导向的共同理念和判断。

② 德国2007年修订实施的《保险合同法》中明确提出了投保模式从保险单模式向申请模式和邀请模式转变要求。其中，"申请模式"要求保险人或保险中介人在保险合同申请前向投保人提供保险条款和其他投保人认为需要了解的信息，投保人在得到充分的信息后才提出投保申请，并再经保险人的核保、承保和收费后，保险单成立并生效。"邀请模式"是由投保人按保险人提供的相关表格，回答表格要求内容后，由保险人评估投保人和被保险人的风险和财务状况，提出可能的保险产品计划，向投保人发送保险条款及其他相关文件，即由保险人向投保人发出保险邀请，即法律意义上的合同"要约"。

力评估，进行相关保险产品知识教育，披露了充分的保险产品经营信息、公司经营财务状况信息，才能建议投保人申请投保的机制，促进供求双方相互信任，降低双方逆向选择行为概率，提高保险合同质量。

二、强制保险供求双方记载最大诚信告知记录

改革现行的由投保人抄写投保风险警示语言，以此为据约束投保人的如实告知行为，并反证营销员及保险人已经履行如实告知义务的显失公平制度，转变为由双方都必须自证履行已如实告知义务，并有媒质佐证，实现双方投保与承保环节的权利对等。

三、建立保险营销行为的"利他"荣誉正激励机制

到目前为止，商业保险的营销核心渠道仍然还是营销员与投保人之间的面对面销售。因此，商业保险的"利他"性本质需要通过诚信的"利他"的营销行为，才能促成供求双方签订符合真实意思表示的保险合同。一旦保险营销行为失去诚信，特别是发生了严重的误导或欺诈性营销行为，后果必然是保险消费者的不满而产生纠纷，即使消费者可能因为顾及退保成本而勉强持有长期保单，但是供求关系被恶化，导致传统营销理论中的"顾客价值体验"被破坏，保险消费者对保险营销员某个人的厌恶也将经由社会心理学理论所揭示的后果：泛化厌恶感，进而产生对营销员整体、对寿险公司整体的厌恶性、负面评价以及攻击性行为。而这，已经成为现实！

社会心理学研究已经表明，人类的行为经常是"习得的"、"模仿而来的"，因此，强化声誉正激励更容易促使营销员"习得"规范性营销行为，同时扭转社会居民对保险业及保险营销的不良心理。

因此，本书建议加强营销员的"利他"诚信营销的教育，配合声誉正激励机制，以正面标杆来引领营销员销售行为塑造，同时，改革健全并强化黑名单警示制度和退出行业制度，进一步强化营销员的行为约束，实现激励与约束并举。

建议以小周期、高频率的宣传，例如每个月，由各级保险协会通过电视、互联网络、区域性新闻刊物、保险行业内部刊物等多种渠道，定期向

社会公告区域内各家公司的营销员队伍中的优秀人才，创造楷模荣誉，让诚信利他者得到充分的正激励，来进一步强化营销队伍培养起诚信的、利他的营销行为。

四、改革银行邮政兼业代理营销机制

多年来，银行邮政代理销售保险的保费收入占据了重要地位，这与银行邮政符合中国居民理财心理需求定位密切相关。现行监管制度约束了银行代理保险营销业务，"保监会〔2014〕3 号"文件中，强调了"商业银行的每个网点在同一会计年度内不得与超过 3 家保险公司（以单独法人机构为计算单位）开展保险业务合作"的监管强制性约束，俗称"1 + 3"合作模式，部分省市甚至试行"1 + 1"模式。

这种监管机制是各产业组织理论学派均反对的典型的行政壁垒，无助于提高市场竞争，也无助于解决保险销售误导问题。事实上，2011 年以来，银行代理销售过程中的误导和欺诈销售投诉和纠纷有增无减，已经充分地、雄辩地说明问题。但这样的监管制度却有助于巩固银行和占有市场优势的大保险公司在这一代理业务中的垄断地位、市场强势地位，以监管力量提高了进入壁垒，与"可竞争市场"理论要求背道而驰，是一个侵害小保险企业和保险消费者的选择权益的监管机制。

本研究认为，银行保险中的销售误导纠纷持续升温，最大的根源在于营销员及保险人无须记录其营销行为，这就使消费者发现被误导甚至欺诈之后，无法举证营销员的违法行为，这已经在中国保监会这几年来的投诉情况通报中多次反映。因此，银行代理保险营销中的误导、欺诈销售现象，与一家网点代理销售多少家公司的保险产品没有强相关关系，这是长期以来的营销流程和营销行为监管机制落后造成的。

因此，本研究认为，在实施了上述的保险消费者教育、合理期待原则、申请投保、营销诚信记录、利他诚信声誉激励等系统化的营销流程和营销行为监管机制改造的基础上，放开银行代理保险的公司数量的强监管制度约束，"鼓励"银行网点通过改造营销环境，创造充分竞争环境，丰富保险消费者的选择，真正以市场竞争实现市场效率和消费者权益保护双重目标均衡。

第四节　构建分红保险消费者权益保护机制

保险营销过程中发生的营销行为不规范，误导、欺诈性诱导保险消费者投保，是造成消费者权益损失的一个重要原因。这又与消费者自身知识和能力欠缺密切相关，在缺乏保险产品知识和产品信息，缺乏投保专业技术的现实情况下，保险消费者常见的一切听从营销员解说的盲从行为，跟随其他消费者购买的"羊群行为"，追求"分红"而因分红率低随意退保的非理性行为等，都说明了消费者自身行为对其权益的影响不容忽视，且关键在于投保前的逆向选择行为。

而一旦发生投保和理赔纠纷，特别是在消费者权益被侵害的情况下，则又需要公平、公正、合理的保险纠纷处理机制即保险救济机制来进行事后的权益保护。大量的保险纠纷通过法律诉讼方式来解决，本质上是对社会法制资源的浪费，也是恶化保险供求关系的原因。即使保险消费者能通过诉讼方式获得期待的保险赔偿，也已经付出了大量的人力、物力和精神损耗。同时，更多的隐性侵害保险消费者权益，包括限制性歧视性投保、捆绑式投保之类的权益侵害，则尚未有合理的救济机制。

因此，本节提出保险消费者权益保护的配套系统改革建议，具体如下。

一、建设分红保险消费者教育机制

一般认为，保险消费者教育可以区分为知识普及型教育和风险提示型教育两类。消费者权益理论的研究和权益保护的社会实践已经表明，消费者教育是消费者权益保护机制中的一项重要内容，是实现消费者权益保护的根本要求，通过教育才能真正提高消费者的产品知识和消费知识、消费技能，保证按需消费、按能力消费。这对以分红保险为代表的新型人寿保险产品消费尤为重要。当前不论是知识普及型还是风险提示型教育均存在许多问题。

（一）中国保险消费者教育存在的主要问题

1. 知识普及型教育存在的主要问题

知识普及型教育的目标在于向消费者培训风险管理、保险产品的知识。教育方式包括纯理论型的学校教育，保险行业在营销及品牌宣传活动，例如展业过程、客户活动节、产品说明会等场合和方式开展的教育，针对个别公司的某一类或几个产品的专门教育。

中国保监会为努力推动保险知识普及型教育，早在 2006 年《国务院关于保险业改革发展的若干意见》（国发〔2006〕23 号）文件出台后，保监会与教育部进一步联合下文《教育部　中国保监会关于加强学校保险教育有关工作的指导意见》（教基〔2006〕24 号）文件，组织人力编写教材，把保险教育纳入国民教育体系，发展保险专业教育等，进一步强调保险"三进"开展全民保险知识教育，一时间各种活动风生水起。然而，经历几年下来，在多数省、自治区、直辖市慢慢又恢复到历史原貌，重归平静。

由保险行业企业通过保险营销和品牌宣传类活动开展的保险教育，精力集中于本公司产品教育，直接面对曾经或潜在保险消费者开展，针对性强，理论上具有较高的效率。但是，从展业过程和产品说明会这两个核心教育环节的实施情况看，都存在着严重的误导问题，以至于中国保监会强制约束保险机构举办保险产品说明会，要求会前上报演讲内容，并严格执行上报材料。

2. 风险提示型教育存在的主要问题

风险提示型教育的目标是提示风险，促进保险消费者正确认知保险产品的不确定性风险。主要通过投保提示、保单及理赔案的查询和质询、电话回访等方式，实现保险产品和保险单信息的透明，来保护消费者的公平交易权。对分红保险、万能保险、投资连结险特别重要。但是，正如前面章节所述，由于营销员本人并未理解"投保提示"的意义，仅仅落实了投保人手抄"投保提示"环节，并进一步把手抄材料视为消费者签订保险合同的真实意思表示而陷投保人于不利地位。

至于保单及理赔案的查询和质询、电话回访等均属于事后教育，对帮助消费者正确认识保险产品的相关功能和作用有帮助，但并不直接有助于培养和提高消费者的投保决策能力。

（二）分红保险消费者教育机制建议

从发达国家经历百年的商业保险发展史看，保险消费者教育是一个系统的、长期的工程。保险特有的射幸性、利益享受的滞后性等因素决定了居民购买商业保险需要"唤醒"需求，需要保险人及其营销代理人的"诱导"。这决定了居民难以自主、主动学习保险知识，意味着保险消费者教育可能比其他具有直观消费效用的物理商品或银行产品、证券投资产品的教育更复杂，需要更长期更周密的教育过程。

根据本书主题，仅就分红保险的教育提出以下建议和对策。

1. 分红保险的知识普及型教育机制改革

第一，在组织力量与人力资源上，借助各级保险行业协会平台、保险学会组织，广泛发动地方高校专业教师和各公司精英讲师、优秀业务员等多方力量，借助新闻电视、广播、报刊、互联网络、人流密集的公众场所等地方，借助多维工具立体化开展知识普及教育。

第二，知识教育的重点内容，包括人身风险及其管理知识、个人及家庭风险评估知识、个人和家庭的保险消费目标以及保费财务预算支付能力评估知识、分红保险产品功能知识、产品分红信息等多种知识教育，帮助居民树立正确的保险消费观，避免"保车不保人"、重医疗健康保障却投保寿险、意外伤害保险等混淆行为。

第三，强制推行营销员展业过程的标准化人身风险管理、保险知识、所在公司相关分红保险产品知识教育，强制各公司制作标准化的"客户保险知识教育"工具。对于未来的所有新增产品，均需在产品备案时同时提交消费者教育的标准工具模板，科学、公正地介绍新产品特点，适应投保人群等信息。

2. 风险提示型教育机制

风险提示型教育主要发生在投保过程及理赔过程中，最大的义务者是保险人、营销中介、公估中介等部门，核心在投保过程中完成。

因此，应强化营销员、核保部门的教育义务，重点是实施营销员展业过程的标准化教育流程，强调保险营销员对保险消费者进行了必要的、正确的风险评估和保费支付能力评估。

特别是，本研究建议，与当前强制实施投保人手抄"投保风险提示"制度相对应的，是强制实施营销员的投保劝说信息记录制度，并要求投保人在记录本上签名以示同意营销员的知识教育，并以大字号明示投保人"签名负有法律责任，作为未来可能的保险纠纷有利于营销员的证据"之类字样，进一步警示投保人监督营销员按标准流程和要求进行必要的保险风险提示型教育。

二、构建分红保险消费者权益救济机制

近年来，保险监管、保险学界、保险业界、法律界对中国保险消费者权益受侵害问题均表达了不同程度的关注，特别是保险合同签订前后发生的纠纷和维权诉求。孙蓉、李炎杰、陈辞（2010）就建立多元化保险合同纠纷解决机制提出建议①。2011年10月成立的保险消费者权益保护局，工作职责主要包括"制度建设、投诉处理、侵权查处和保险消费者教育"，即重在权益"显性"侵害后的处置。这在表面上符合"大陆系"司法制度的基本特征，即"无权利无救济、无伤害无救济"。

而保险纠纷的处置一般可以包括四个层次：保险公司与消费者协商解决、监管（包括保险行业协会）系统受理并协商解决、政府仲裁解决、法院诉讼解决，随着层次递进，双方付出成本乃至社会成本均随之快速增加。

近年来，受益于相关试点省市推行医疗责任保险而创新的"人民调解委员会"机制，取代了"政府仲裁"机制，在实践中取得了积极进展。受此启发，广东省于2013年设立了广东省保险行业协会保险纠纷调解处置专业委员会，专门调解各类保险合同争议、保险服务纠纷，也取得了较好成效。

因此，总体上看，中国现行保险消费者权益救济机制尚局限于"仲裁救济"层面。强调保险消费者权益被显性侵害的客观事实，尚未建立对未签订保险合同之前的投保歧视以及合同之后的服务歧视和信息隐蔽之类的

---

① 孙蓉，李炎杰，陈辞. 我国保险合同纠纷的多元化解决机制探析［J］. 保险研究，2010（12）：108－114.

"隐性侵权"行为的处置机制问题。

但是，本书第七章的相关论述说明，分红保险消费者面临着多项权益被隐性侵害，例如选择权、知情权、保障权等，目前缺少相关研究成果关注这一问题。为此，本书特别提出系统改革保险消费者权益救济机制、防范隐性侵害的相关理论观点和政策建议，具体包括以下几个方面。

第一，加快建立保险消费者权益保护的相关法规制度，以构建有法可依的权益保护和救济体系。

第二，应用第三方监督评估力量监管制度中的隐性侵害风险。具体地，建议由前述倡导成立的保险监督机构或立法监督机构，委托兼具保险专业和法律专业人才的社会第三方机构，开展现行保险监管制度中对保险消费者的知情权、选择权、公平交易权等各种权益造成直接侵害的监管制度的侵权概率评估，进行有针对性的修订，防范监管者的制度性违法行为风险。

第三，构建具备较强保险专业修养人才组建的法律援助救济队伍。吸引具备较强法律诉讼能力的律师志愿者组建法律援助救济队伍，开展较系统的保险理论知识和保险法的培训，以提高其专业援助能力。

本章小结

本章提出"以监管机制再造为基础，以消费者权益保护为目标，以产业发展政策为助推，以消费者教育为保障"的，中国分红保险发展的监管机制改革、产业发展政策改革、消费者教育机制改革等框架性系统改革对策。具体研究结论包括以下几个方面：

一、构建中国特色的"三职分立"监管机制

监管者其实身兼立法与执法、监督即执法裁判、市场发展三重职能，在面临三方利益矛盾冲突的情况下，容易发生利益倾向性选择而伤害消费者，最终会使市场发展受阻。因此，提出"三职分立"改革对策，提出了系统开展信息披露机制改革对策，包括三个内容：

1. "三职分立"的监管框架包括执法监管、产业发展规划、监督与救济三大方面；

2. 提出了系统开展信息披露监管机制改革的具体对策建议；

3. 提出以商业保险的"利他为己"本质构建行业发展评价机制。

二、实施回归保障本质的产品供给政策

回应关于分红保险市场的产品结构存在问题的研究，提出了回归保障本质的产品政策建议，具体包括：

1. 分红保险产品创新发展对策

具体包括三个方面：第一是强制实施回归保障本质的高有效保险金额制度；第二是实施长期保险长期交费政策；第三是费率改革；第四是分红两全保险的保障责任改革。

2. 分红保险基金的投资运营监管机制改革建议

提出进一步放宽投资渠道、投资比例、投资范围；同时，强调投资的长期性，实现保险资产和负债的时间匹配，实现资产负债管理收益的稳定性。

三、分红保险营销流程再造与营销行为塑造

针对现行营销流程存在的问题，提出借鉴发达国家先进经验，从四个方面入手改革营销流程：

1. 建立基于合理期待原则基础上的申请投保机制；

2. 强制保险供求双方记载最大诚信告知记录；

3. 建立保险营销行为的"利他"荣誉正激励机制；

4. 改革银行邮政兼业代理营销机制。

四、构建分红保险消费者权益保护机制

针对分红保险消费者权益受损的原因，提出构建分红保险消费者权益保护机制的两个建议：

1. 建设分红保险消费者教育机制，具体包括分红保险的知识普及型教育机制、风险提示型教育机制。

2. 构建分红保险消费者权益救济机制。具体地说，第一是要加快建立保险消费者权益保护的相关法规制度，以构建有法可依的权益保护和救济体系；第二是应用第三方监督评估力量监管制度中的隐性侵害风险；第三是构建具备较强保险专业修养人才组建的法律援助救济队伍。

参考文献

中文参考文献

[1] 让·梯若尔. 产业组织理论 [M]. 张维迎（译）. 北京：中国人民大学出版社，2015.

[2] 弗朗茨. 效率：理论、论据和应用 [M]. 费方域等译. 上海：上海译文出版社，1993.

[3] 斯蒂格利茨. 政府为什么干涉经济 [M]. 北京：中国物资出版社，1998.

[4] 蔡华. 中国财产保险市场结构、效率与绩效关系检验 [J]. 广东金融学院学报，2009（3）：120 – 128.

[5] 曹琦. 论"保险消费者"概念的不合理性 [J]. 时代金融，2012（3）中旬刊：95 – 96.

[6] 曹乾. 中国保险业的合谋倾向强度：一个理论分析框架 [J]. 广东商学院学报，2006（3）：43 – 46.

[7] 曹乾. 高速增长的中国保险业：动力、结构、效率与绩效问题研究 [D]. 东南大学博士学位论文，2005.

[8] 曹乾. 保险业结构、效率与绩效间的关系——理论假说与实证研究 [J]. 金融教学与研究，2006（5）：64 – 66.

[9] 陈华，王玉红. 保险消费者保护：市场失灵、政府介入与道德风险防范 [J]. 保险研究，2012（10）：14 – 19.

[10] 陈菊花，周洁. 基于行为金融视角的我国企业内部资本市场中部门经理寻租的研究 [J]. 北京工商大学学报，2013（1）：82 – 88.

[11] 陈萍. 从信息披露角度谈保险消费者保护 [J]. 湖北经济学院学报（人文社科版），2014（2）：47 – 49.

[12] 陈小东. 试论行为金融法的建立：具体金融行为与法律"蝴蝶效应"

[J]. 理论界, 2011 (3): 52 – 55.

[13] 陈志俊, 邹恒甫. 防范串谋的激励机制设计理论研究 [J]. 经济学动态, 2002 (10): 52 – 58.

[14] 樊辉、陈兰. 江苏人身险遭遇退保"滑铁卢", 人民网, 2004 – 08 – 05. http://www. people. com. cn/GB/paper447/12623/1134243. html.

[15] 冯蕾, 梁治安. O – U 过程下家庭消费、人寿保险与投资组合选择 [J]. 经济问题, 2014 (9): 31 – 37.

[16] 高瑾. 我国农业保险业的 SCP 范式研究 [J]. 现代农业科技, 2010 (1): 14 – 15.

[17] 高蓉蓉. 我国人寿保险公司市场结构与绩效关系分析——基于 SCP 范式 [J]. 企业经济, 2013 (7): 172 – 175.

[18] 高铁梅. 计量经济分析方法与建模 [M]. 北京: 清华大学出版社, 2009.

[19] 龚晶. 农民家庭人身保险消费行为的影响因素分析——基于对江苏和甘肃两省的调查 [J]. 中国农村经济, 2007 (2): 64 – 71.

[20] 郭起宏, 李双燕, 万迪昉. 基于隐性激励的公共部门组织合谋防范机制设计研究 [J]. 财经理论与实践, 2009 (5): 94 – 97.

[21] 郭祥. 我国保险专业中介市场结构与绩效 [A]. 中国保险学会学术年会入选论文集 (理论卷), 2011.

[22] 郝演苏, 郭丽军. 要关注保险行业的边缘化倾向 [J]. 保险研究, 2010 (11): 71 – 73.

[23] 郝演苏. 保险"泡沫"真相 [N]. 21 世纪经济报道, 2004 – 10 – 22.

[24] 何仁春. 基于 R – SCP 的中国钨产业组织优化研究 [D]. 中南大学博士学位论文, 2007.

[25] 何绍慰. 我国区域性保险边际消费倾向比较——基于 Panel Data 模型的研究 [J]. 海南大学学报, 2007 (1): 61 – 64.

[26] 何勇生. 保险监管的国际比较与我国保险监管的法律研究 [D]. 大连海事大学博士学位论文, 2010.

[27] 黄荣哲, 何问陶, 农丽娜. SCP 范式从产业组织理论到经济体制分析 [J]. 经济体制改革, 2009 (5).

[28] 黄少安, 韦倩. 利他行为经济学研究的方法论 [J]. 学术月刊, 2008 (7): 75 – 81.

[29] 黄薇. 我国保险业的市场结构与绩效研究 [J]. 金融教学与研究，2005
(5)：58 - 61.

[30] 黄炜，单娇，代娟. 核查成本与防范共谋欺诈风险的博弈选择 [J]. 保
险研究，2013 (11)：61 - 69.

[31] 黄新华. 政府规制研究：从经济学到政治学和法学 [J]. 福建行政学院
学报，2013 (5)：1 - 8.

[32] 黄志勇. 基于 R - SCP 分析的我国中药产业竞争力提升研究 [D]. 中南
大学博士学位论文，2011.

[33] 姬便便，孙欣，李小双. 非寿险公司外部市场要素和盈利能力分析——
以人保财险公司为例 [J]. 西北农林科技大学学报，2014 (2)：128 - 133.

[34] 江生忠，刘玉焕. 产品结构失衡对寿险公司资本结构、盈利能力和偿付
能力的影响——以上市保险公司为例 [J]. 保险研究，2012 (3)：45 - 53.

[35] 姜学勤，邓双. 保险欺诈的防共谋博弈与最优核查成本分析 [J]. 中国
保险学会第二届学术年会入选论文集（理论卷2），2010.

[36] 蒋虹. 分红保险与居民可支配收入分析 [J]. 中国城市经济，2005
(12)：77 - 79.

[37] 蒋丽君. 基于不同消费者群体的保险消费实证分析——以杭州市场为典
型分析案例 [J]. 财经论丛，2007 (4)：61 - 68.

[38] 蒋丽君. 我国寿险市场区域差异的空间经济计量分析 [J]. 财经论丛，
2012 (1)：69 - 75.

[39] 焦桂梅. 隐含期权定价及其对寿险保单价值、风险影响研究 [D]. 山东
大学博士学位论文，2013.

[40] 焦扬. 保险消费者保护——保险监管的定位与职能 [J]. 保险研究，
2012 (7)：98 - 101.

[41] 金碚. 产业组织经济学 [M]. 北京：经济管理出版社，1999.

[42] 金博轶，谢志刚. 寿险业利差损问题研究 [J]. 统计与决策，2011
(4)：130 - 132.

[43] 李冰清，焦永刚，赵娜. 分红保险、代理理论与保险公司股权代理成本
[J]. 金融研究，2012 (12)：193 - 216.

[44] 李娟. 保险费交付与保险消费者权益的立法保护问题 [J]. 浙江金融，
2010 (9)：52 - 53 + 64.

[45] 李娟. 保险合同要式性的界定——以保险消费者利益保护为视角 [J].

法制与社会，2010（10）：261－262.

［46］李隽琼. 郝演苏：中国保险业40%是泡沫，保费增长只是表象. 中国经济网，http://www.ce.cn/cjzq/cjbx/yjdt/200410/21/t20041021_2045361.shtml.

［47］李立. 保险人与服务提供商的关联模式与共谋型保险欺诈研究［J］. 南方经济，2008（9）：72－80.

［48］李林，王健. 农业保险消费意愿的实证分析——基于河北省的实地调研［J］. 金融理论与实践，2010（3）：92－94.

［49］李秀芳，傅国耕. 寿险业产品结构优化的方向与对策［J］. 中国金融，2012（11）：41－42.

［50］李秀芳，王丽珍. 家庭消费、保险、投资策略研究［J］. 消费经济，2011（4）：85－88.

［51］李延喜，魏国强，薛光，张波涛. 国有产权交易中寻租行为的防范策略研究——行为金融视角的三方博弈分析［J］. 华东经济管理，2009（10）：66－71.

［52］李志刚. 基于适应性效率的中国保险制度变迁研究［D］. 吉林大学博士学位论文，2011.

［53］梁来存. 收入水平对居民保险消费的影响研究——基于65个国家（或地区）的实证分析［J］. 消费经济，2006（2）：70－73.

［54］刘超，陈秉正. 我国人身保险市场结构变化与预测分析［J］. 保险研究，2011（9）：88－86.

［55］刘江峰，王虹. 我国保险产业市场结构与绩效的关联性分析［J］. 软科学，2005（5）：18－20.

［56］刘坤坤，万金，黄毅. 居民人身保险消费行为及其影响因素分析［J］. 保险研究，2012（8）：53－59.

［57］刘茂山. 从保险消费观视角分析我国保险业的发展［J］. 保险研究，2010（8）：53－59.

［58］刘永刚，吴凤飞. 保险行业主动引领保险消费理性发展探索［J］. 学术交流，2013（12）：100－103.

［59］罗璨. 保险说明义务程序化蜕变后的保险消费者保护［J］. 保险研究，2013（4）：95－100＋88.

［60］毛大春，林征. 两岸保险消费者保护法律制度比较研究［J］. 福建金融，2013（4）：18－24.

［61］倪得兵，李蒙，唐小我. 考虑利他主义的古诺模型研究［J］. 中国管理

科学，2009（1）：89－94.

　　［62］聂华辉. 政企合谋与经济增长：反思"中国模式"［M］. 北京：中国人民大学出版社，2013.

　　［63］聂辉华，李金波. 政企合谋与经济发展［J］. 经济学（季刊），2006（1）：75－90.

　　［64］欧阳青东. 中国保险业交易成本制度研究［D］. 暨南大学博士学位论文，2009.

　　［65］欧阳晓红. 马明哲吐苦水震惊众险企　平安利差损高达800亿［E］. 网易财经频道，2009－12－19. http://money. 163. com/09/1219/01/5QS0A6BV00252H36. html.

　　［66］蒲成毅. 保险商品消费行为意识与保险产业增长［J］. 保险研究，2007（12）：27－31.

　　［67］蒲成毅，邵全权. 中国保险业市场结构与绩效的关系分析［J］. 保险职业学院学报，2009（3）：49－54.

　　［68］曲振涛. 规制经济学［M］. 上海：复旦大学出版社，2006.

　　［69］曲佩辞，莫利宁，吴传明. 基于SCP范式的广西财产保险市场研究［J］. 广西金融研究，2007（12）：37－70.

　　［70］任智. 我国居民当前保险消费非理性行为解析［J］. 消费经济，2011（8）：81－85.

　　［71］瑞士再保险公司. 寿险：关注消费者［J］. Sigma，2013（6）.

　　［72］邵全权. 寿险市场结构、经济结构、制度变迁与中国寿险市场结构形成机制［J］. 财经研究，2010（7）：114－128.

　　［73］邵全权，王辉. 保险保障基金对中国寿险业结构、竞争和绩效的影响研究［J］. 经济评论，2009（6）：83－92.

　　［74］邵汝军. 当前中国保险消费外部性研究——以预防性储蓄理论为视角［J］. 商业时代，2014（25）：78－79.

　　［75］施建祥. 中国保险制度创新研究［M］. 北京：中国金融出版社，2006.

　　［76］史金燕，刘芳芳. 行为金融框架下的保险监管问题研究［J］. 上海保险，2009（9）：21－23.

　　［77］粟芳，谭中. 开放型经济对保险市场发展的影响——基于全球保险市场的面板分析［J］. 经济论坛，2012（12）：60－64.

　　［78］孙蓉，李炎杰，陈辞. 我国保险合同纠纷的多元化解决机制探析［J］.

保险研究，2010（12）：108－114.

［79］孙武军. 我国保险业包容性增长与保险消费者权益保护关系研究［J］. 南京师范大学学报（社会科学版），2013（4）：49－55.

［80］孙武军，于润，张瑄. 我国保险消费意愿及其影响因素分析——基于江苏省的调研［J］. 江西财经大学学报，2009（3）：22－28.

［81］覃好嫦. 保险消费者权利保护体系探析［J］. 区域金融研究，2014（5）：42－45.

［82］唐要家. 保险行业市场竞争与反垄断研究——论为什么保险行业提高保费是可实施的？［J］. 国有经济评论，2009（1）：69－84.

［83］陶存文. 中国保险交易制度成本研究［D］. 南开大学博士学位论文，2004.

［84］童燕. 中国道路货物运输产业组织与变迁研究——基于动态 SCP 的分析［D］. 复旦大学博士学位论文，2008.

［85］万晴瑶，卓志，成德义. 中国城镇居民养老金年金化需求行为的影响因素分析［J］. 保险研究，2014（10）：108－123.

［86］汪秋明. 新规制经济学研究述评［J］. 经济评论，2005（4）：118－123.

［87］王聪. 我国证券市场交易成本制度研究——关于中国证券市场的 SCP 分析框架［D］. 暨南大学博士学位论文（2004 年中国百篇名优博士论文），2002.

［88］王丹. 从保护保险消费者知情权谈信息披露监管手段的运用［J］. 北京金融评论，2012（4）：131－137.

［89］王珺，高峰. 保险需求悖论的解释——来自中国汽车险市场的实证研究［J］. 南开管理评论，2008（5）：50－55.

［90］王覃风. 演化经济学中的社会合作的起源问题［J］. 经济研究导刊，2010（16）：3－7.

［91］王晓全，孙祁祥. 背景风险对保险需求的影响——基于中国健康保险市场的实证研究［J］. 保险研究，2011（3）：108－124.

［92］王雅婷. 我国出口信用保险业市场化问题探讨——一个产业组织的视角［J］. 金融与经济，2009（10）：59－62.

［93］王越，沈玮钰. 是选择数理还是服从心理——从行为金融角度探寻两全险畅销之谜［J］. 中外企业家，2011（14）：93－94.

［94］王战涛. 中德保险法中的消费者保险比较研究——以保险合同法总则为重点［J］. 保险职业学院学报，2010（5）：65－72.

［95］魏华林，朱铭来，田玲．保险经济学［M］．北京：高等教育出版社，2011.

［96］乌新宇．保险营销渠道策略对消费者权益保护的障碍与对策［J］．上海保险，2013（7）：14－18.

［97］吴剑洁．基于灰色关联分析理论的寿险公司偿付能力研究——以中国人寿保险公司为例［J］．金融经济，2012（6）：71－75.

［98］吴倩．去年投资分红类险种广州退险额近12亿元，搜狐网，2006－03－29.

［99］武红先．我国汽车保险市场需求的影响因素分析——基于车险市场面板数据的实证检验［J］．苏州大学学报，2012（2）：128－133.

［100］席友．金融危机对我国保险业影响实证分析——基于保险需求收入弹性季度数据的视角［J］．保险职业学报，2010（2）：9－13.

［101］徐为山，吴坚隽．经济增长对保险需求的引致效应——基于面板数据的分析［J］．财经研究，2006（2）：127－137.

［102］亚当·斯密．道德情操论［M］．北京：商务印书馆，2009年7月第二版.

［103］杨斌．四川：收益太低　分红险遭遇退保潮．网易，2004－07－29，http://money.163.com/economy2003/editor_2003/040729/040729_221211.html.

［104］杨宏伟．中国电信业的产业组织与变迁——基于"R－SCP"理论框架的分析［D］．复旦大学博士学位论文，2005.

［105］杨文生，胡广才．保险消费者纠纷多元化解决机制研究［J］．法制博览（中旬刊），2013（5）：23－26.

［106］姚壬元．我国农民家庭人身保险消费现状调查分析［J］．哈尔滨金融学院学报，2014（3）：23－27.

［107］叶德珠，周丽燕，乐涛．幸福满意度与家庭金融资产选择［J］．金融评论，2014（4）：37－47.

［108］叶航．利他行为的经济学解释［J］．经济学家，2005（3）：22－29.

［109］叶航，汪丁丁，罗卫东．作为偏好的利他行为及其经济学意义［J］．经济研究，2005（8）：84－94.

［110］尹光霞，胡炳志．收入水平对中国居民保险消费的影响研究［J］．湖北大学学报，2011（2）：85－88.

［111］于一多．从银保销售误导看保险消费者的法律保险［J］．上海保险，

2012 (4): 8 – 12.

[112] 余东华. 激励性规制的理论与实践述评——西方规制经济学的最新进展 [J]. 外国经济与管理, 2003 (7): 44 – 48.

[113] 虞舒蕾, 程灵敏, 吴闪闪, 方琴. 我国寿险需求影响因素的实证分析——基于灰色关联度分析 [J]. 企业研究, 2010 (10): 65 – 69.

[114] 袁成, 刘晓楠. 论中国保险市场监管中的诺斯悖论 [J]. 上海金融, 2009 (11): 47 – 50.

[115] 袁成, 于润. 我国保险市场结构与市场绩效的关系研究 [J]. 江西财经大学学报, 2013 (3): 63 – 69.

[116] 袁成, 于润. 我国政策性能繁母猪保险中农户欺诈行为的动态博弈研究 [J]. 农村经济, 2014 (6): 172 – 175.

[117] 袁成. 中国保险市场结构与政府监管的动态均衡研究 [J]. 经济问题, 2010 (1): 98 – 103.

[118] 袁春兰, 谢玉梅. 我国农村小额保险的市场构建与发展 [J]. 求索, 2013 (1): 49 – 51.

[119] 张玲. 总分公司体制下保险公司合谋问题的激励研究 [J]. 上海管理科学, 2001 (6): 28 – 31.

[120] 张美玲, 张运书. 消费者权益保护视野下保险格式条款合法化机制研究 [J]. 重庆科技学院学报, 2013 (2): 121 – 123.

[121] 张仕英. 保险公司的风险、外部监管与资本结构的决定 [D]. 复旦大学博士学位论文, 2008.

[122] 张亚维, 魏清, 张莉. 公平、公开、激励与利他行为——基于独裁者实验的分析 [J]. 产业经济研究, 2012 (3): 89 – 94.

[123] 赵芳喜. 保险市场行为监管与消费者权益保护研究 [J]. 中国保险, 2012 (11): 16 – 19.

[124] 赵江山. 偿付能力不足成保险公司"生死符"、和讯网, 2004 – 09 – 13, http://insurance. hexun. com/2004 – 09 – 13/101964703. html.

[125] 赵进文, 熊磊. 我国货币供应量变动对保险需求传导效应的实证分析 [J]. 保险研究, 2011 (7): 3 – 14.

[126] 赵蕾, 郭振华. 有限理性的价格认识在保险消费中的作用 [J]. 保险研究, 2010 (10): 86 – 90.

[127] 赵明, 王士心. 保险市场行为监管与消费者权益保护——基于破窗理论

的保险市场调研分析 [J]. 保险职业学院学报, 2013 (1): 11 – 14.

[128] 赵婷范. 电话营销保险模式下消费者权益保护的思考 [J]. 甘肃金融, 2012 (11): 48 – 50.

[129] 赵文龙. 对保险产品监管的反思——基于消费者利益保护的视角 [J]. 中国保险, 2011 (6): 8 – 9.

[130] 郑伟. 保险消费者权益保护: 机制框架、国际经验与政策建议 [J]. 保险研究, 2012 (3): 3 – 11.

[131] 中国保监会. 关于印发项俊波主席在全国保险监管工作会议上讲话的通知 (保监会〔2012〕1 号), 中国保监会网站.

[132] 中国保监会. 关于 2013 年度保险消费者投诉情况的通报 (保监消保〔2014〕2 号), 中国保监会网站.

[133] 中国保监会消费者权益保护局. 中国保监会关于 2014 年前三个季度保险消费者投诉情况的通报 (保监消保〔2014〕191 号), 中国保监会网站, 2014 – 11 – 15, http://www. circ. gov. cn/web/site0/tab5175/info3941646. htm.

[134] 中国保险监会. 2012 年第一季度保险消费者投诉情况通报. 中国保监会网站, 2012.

[135] 祝向军, 吕烨. 保险产品费率的监管与市场化改革 [J]. 上海保险, 2012 (3): 8 – 11 + 23.

[136] 卓志, 孙正成. 现代保险服务业: 地位、功能与定位 [J]. 保险研究, 2014 (11): 21 – 32.

[137] 邹瑾. 从国外金融教育看我国保险消费者教育 [J]. 西南金融, 2012 (12): 63 – 65.

外文参考文献

[1] Alan Gart, Regulation, Deregulation, Reregulation: the Future of the Banking, Insurance, and Securities Industries [M]. John Wiley&Sons, 1994.

[2] Allen M. Klein, Vanessa Butala. The Challenge of Lower Interest Rates on Universal Life Insurance [M]. January, 2004.

[3] American Academy of Actuaries, Report of Extended Maturity Options Work Group [M]. June, 2000.

[4] Arrow, K. J.. Uncertainty and the Welfare Economics of Medical Care [J]. American Economic Review, 1963 (53): 941 – 969.

［5］Babbe，I D. F. The price elasticity ofdemand forwhole life insurance ［J］. Journal of Finance，40：225.

［6］Banker RD, Charnes A, Cooper WW. Some models for estimating technical and scale efficiencies in data envelopment analysis ［J］. Management Science 1984，30（9）：1078 – 1092.

［7］Buser，S. A. and M. I. Smith. Life Insurance in a portfolio context ［J］. Insurance：Mathematics and Economics，1983，Vol. 2，147 – 157.

［8］Charnes A, Cooper WW, Rhodes E. Measuring the efficiency of decision making units ［J］. European Journal of Operational Research，1978，2（6）：429 – 444.

［9］Chiappori. "Empirical Contract Theory：The Case of Insurance data" ［J］. European Economics Review，1997（41）：943 – 950.

［10］Cummins，JD. Risk – based Premiums for Insurance Guaranty Funds ［J］. Journal of Finance，1988（43）：823 – 839.

［11］Faure – Grimaud，A. J. – J. Laffont and D. Martimort. Collusion Delegation and Supervision with Soft Information ［J］. Review of Economic Studies，2003（70）：253 – 279.

［12］Finkelstein. "Multiple Dimensions of Private Information：Evidence from the Long – Term Care Insurance Market" ［J］. American Economics Reviews，2006（4）：939 – 955.

［13］Fudenberg，D. and D. Kreps and E. Maskin. "Repeated Games with Long – run and Short – run Players" ［J］. Review of Economic Studies 57.

［14］Harold D. Skipper, Jr. and Robert W. Klein，2000. 10，"Insurance Regulation in the Public Interest：The Path Towards Solvent，Competitive Markets" ［J］. The Geneva Papers on Risk and Insurance，Vol. 25，No. 4，pp. 484 – 504.

［15］Harris. "Some Results on Incentive Contracts with Applications to Education and Employment，Health Insurance，and Law Enforcement" ［J］. The American Economic Review，1978，68：20 – 30.

［16］Ishiguro，Shingo. Collusion and Discrimination in Organizaiton ［J］. Journal of Economics Theory，2004，116：357 – 369.

［17］Kahneman，D.，Tversky，A.. Prospect theory：An analysis of decisions under risk ［J］. Econometric.

［18］Kjetil H. Stein W W. Analyzing Legal Regulations in the Norwegian Life Insurance Business Using a Multistage Asset Liability Management Model [J]. European Journal of Operational Researeh, 2001, 134: 293 - 308.

[19] Kunreuther, H. , et al. Limited knowledge and insurance protection: implications for natural hazard policy Hogarth, R. M. , Kunreuther, H. . Decision making under ignorance: Arguingwith yourself Link to Article Refenced [J]. Journal of Risk and Uncertainty, 1995 (10): 15 - 36.

[20] Levine, M. E. and J. L. , Forrence, 1990, "Regulation Capture, Public Interest, and the Public Agenda: Toward a Synthesis" [J]. Journal of Law, Economics, and Organization 6.

[21] Ma, Ching - To A. and Ingela Alger, Moral Hazard, Insurance and some Collusion [J]. Journal of Economics Behavior & Organization, 2003 (5): 225 - 247.

[22] Marquis M. , Long S. Worker demand for health insurance in the non group market [J]. Journal of Health Economics, 1995.

[23] Marshall, 1890, Principles of Economics [M]. London: The Macmillan Company, 1938.

[24] Michael, "Regulating Genetic Information in Insurance Markets" [J]. Risk Management and Insurance Review, 2005 (8): 211 - 237.

[25] Moffet, Dennis, Optiomal Deductible and Consumption Theory [J]. The Journal of Risk and Insurance, 1977 (4): 669 - 682.

[26] Mossin, Jan. Aspects of Rational Insurance Purchasing [J]. Journal of Political Economy, 1968 (79): 553 - 568.

[27] Sharon Tennyson. Analyzing the Role for a Consumer Financial Protection Agency [J]. Netwoks Financial Institute, 2009 (13): 1 - 18.

[28] Shepherd, W. G. , "The Economics of Industrial organization" [M]. 4th ed, N. Y. : Prentice - Hall International Editions, 1990, p. 14.

[29] Stigler. The Theory of Economic Regulation [J/OL]. The Bell Journal of Economics and Management Science Vol. 2, No. 1, 1971: 3 - 21. http://down. cenet. org. cn/ view. asp? id = 4728.

[30] Susan Conant , Product Design for Life Insurance and Annuities [M]. Atlanta: LOMA, 2001.

[31] Townsend R. M. , Optimal Contracts and Competitive Markets with Costly State Verification [J]. Journal of Economic Theory, 1979 (21): 265 - 293.

［32］ Townsend R. M. , Optimal Contracts and Competitive Markets with Costly State Verification ［J］. Journal of Economic Theory, 1979 （21）: 265 – 293.

［33］ Yanhong Qin, Yingxiu Zhang, Empirical Study of the Effects of Consumer Attitude to Life – Insurance Purchase Intentions in China ［J］. 2011 International Conference in Electrics, Communication and Automatic Control Proceedings, 2012, pp. 833 – 841.

［34］ Zahavi, A. Altruism as a handicap: The limitations of kin selection and reciprocity ［J］. Journal of Avian Biology, 1995 （1）: 1 – 3.

附录1：居民商业人身保险购买行为调查问卷

尊敬的女士/先生，为促进广西商业人身保险市场发展，改善行业发展环境，提高保险消费者福利，广西保监局、广西保险学会、广西财经学院金融与保险学院三方联合开展了专项课题研究，问卷调查采取匿名形式开展，不会有任何泄露您个人和家庭隐私的可能性，希望得到您和家人的大力支持，用三到五分钟时间作答。谢谢！

顺祝您和家人身体健康、平安、幸福！

1. 您的性别（   ）
A. 男   B. 女

2. 您的年龄（   ）
A. 20~25 周岁   B. 26~30 周岁   C. 31~35 周岁
D. 36~45 周岁   E. 46~55 周岁   F. 55 周岁以上

3. 您的婚姻和生育情况（   ）
A. 未婚或独身   B. 已婚未育   C. 已婚已育

4. 您的教育程度情况（   ）
A. 高中、中专或以下   B. 大专   C. 本科
D. 硕士   E. 博士

5. 您本人的职业状况（单选）（   ）
A. 国有/国家控股公司（企业）管理人员
B. 国有/国家控股公司（企业）一般人员
C. 私人企业/外企管理人员   D. 私人企业/外企一般职员
E. 私营业主   F. 自由职业者   G. 下岗/离退休人员   H. 在校学生
I. 公务员和事业单位人员（包括教师、医生、军警等）   J. 其他

6. 您或您家庭的年收入状况（　　）

A. 2 万元左右　　B. 2 万 ~ 4 万元　　C. 4 万 ~ 6 万元

D. 6 万 ~ 10 万元　　　　　　E. 10 万元以上

7. 您和你家人是否购买过商业人身保险（单位购买的团体保险，乘坐各种公共交通工具购买极短期意外伤害保险除外）（单选）（　　）

A. 有　　　　　　　　　　　B. 没有

（如果回答没有，请继续回答 8 ~ 18 题；如果回答有，请跳过 9 ~ 18 题，直接回答 19 ~ 40 题）

8. 如果没有买过人身保险，是什么原因让您未购买？（可以多选，按优先次序在各选项后的数字上打✓）

A. 保险服务不好，投保容易理赔难

　　1　　2　　3　　4　　5　　6　　7　　8

B. 对保险产品不满意

　　1　　2　　3　　4　　5　　6　　7　　8

C. 保险太复杂，不知道要买什么好

　　1　　2　　3　　4　　5　　6　　7　　8

D. 保险没用，不需要保险

　　1　　2　　3　　4　　5　　6　　7　　8

E. 太贵，买不起

　　1　　2　　3　　4　　5　　6　　7　　8

F. 没有人介绍过，不知道找谁买、怎么买

　　1　　2　　3　　4　　5　　6　　7　　8

G. 已经有社会保险，不需要商业保险

　　1　　2　　3　　4　　5　　6　　7　　8

H. 保险业务员不可信，总是骚扰

　　1　　2　　3　　4　　5　　6　　7　　8

9. 您期待的人身保险应该要实现什么样的目标要求？（可以多选，按优先次序在各选项后的数字上打✓）

A. 医疗保障

　　1　　2　　3　　4　　5　　6　　7　　8　　9　　10　　11

B. 生活保障

    1　　2　　3　　4　　5　　6　　7　　8　　9　　10　　11

C. 储蓄与增值

    1　　2　　3　　4　　5　　6　　7　　8　　9　　10　　11

D. 预留老年退休金

    1　　2　　3　　4　　5　　6　　7　　8　　9　　10　　11

E. 财产安排

    1　　2　　3　　4　　5　　6　　7　　8　　9　　10　　11

F. 生命价值评估

    1　　2　　3　　4　　5　　6　　7　　8　　9　　10　　11

G. 分散事业风险

    1　　2　　3　　4　　5　　6　　7　　8　　9　　10　　11

H. 婚姻保障

    1　　2　　3　　4　　5　　6　　7　　8　　9　　10　　11

I. 节税

    1　　2　　3　　4　　5　　6　　7　　8　　9　　10　　11

J. 避债

    1　　2　　3　　4　　5　　6　　7　　8　　9　　10　　11

K. 降低员工流动率

    1　　2　　3　　4　　5　　6　　7　　8　　9　　10　　11

10. 有没有保险公司业务员或者银行职员，或者亲戚朋友向您介绍过分红型人身保险？（可以多选）（　　　　）

    A. 业务员介绍过　　　　B. 银行职员介绍过　　　　C. 看过广告

    D. 亲戚朋友说过　　　　E. 没有人向我介绍过

11. 如果您计划买人身保险，将选择哪一类？（可以多选，按优先次序在各选项后的数字上打✓）

    A. 无分红功能的寿险　　　　1　　2　　3　　4　　5　　6　　7

    B. 分红保险　　　　1　　2　　3　　4　　5　　6　　7

    C. 疾病保险　　　　1　　2　　3　　4　　5　　6　　7

    D. 医疗用费型险　　　　1　　2　　3　　4　　5　　6　　7

E. 万能保险	1	2	3	4	5	6	7
F. 投资连结型保险	1	2	3	4	5	6	7
G. 不懂选择，听业务员的介绍	1	2	3	4	5	6	7

12. 如果您计划购买分红型人身保险，会选择哪一类？（可以多选，按优先次序在各选项后的数字上打✓）

A. 分红型终身寿险	1	2	3	4	5	6
B. 分红型两全险	1	2	3	4	5	6
C. 分红型养老险	1	2	3	4	5	6
D. 分红型少儿教育险	1	2	3	4	5	6
E. 分红型万能险	1	2	3	4	5	6
F. 没有明确计划，听业务员的介绍再定	1	2	3	4	5	6

13. 如果您计划购买分红保险，每年将会用于购买分红险的支出额？（单选）（　　　）

A. 1000 ~ 3000 元　　B. 3000 ~ 5000 元　　C. 5000 ~ 8000 元

D. 8000 ~ 1.2 万元　　E. 1.2 万 ~ 2 万元　　F. 2 万元以上

14. 您计划用于分红保险购买支出金额占家庭年收入的比例（单选）（　　　）

A. 5% 以下　　　　B. 5% ~ 10%　　　　C. 10% ~ 15%

D. 15% ~ 20%　　　E. 20% 以上　　　　F. 不知道什么比例为好

15. 如果只有一个选择，您计划购买的第一份分红保险会以家庭的哪个成员为被保险人？（单选）（　　　）

A. 本人　　　B. 配偶　　　C. 小孩　　　E. 父亲　　　F. 母亲

16. 您选择公司的标准有哪些？（可以单选或多选，按优先次序在各选项后的数字上打✓）

A. 服务态度是否好	1	2	3	4	5	6
B. 理赔是否容易	1	2	3	4	5	6
C. 业务员素质高低	1	2	3	4	5	6
D. 险种保障功能	1	2	3	4	5	6
E. 保险公司偿付能力	1	2	3	4	5	6
F. 保险公司信誉度	1	2	3	4	5	6

17. 您会选择下列您所知道的哪家公司购买保险？（可以单选，或最多选三个，按优先次序在各选项后的数字上打✓）

A. 中国人寿保险公司

    1   2   3   4   5   6   7   8   9   10   11

B. 平安人寿保险公司

    1   2   3   4   5   6   7   8   9   10   11

C. 太平洋人寿保险公司

    1   2   3   4   5   6   7   8   9   10   11

D. 新华人寿保险公司

    1   2   3   4   5   6   7   8   9   10   11

E. 泰康人寿保险公司

    1   2   3   4   5   6   7   8   9   10   11

F. 太平人寿保险公司

    1   2   3   4   5   6   7   8   9   10   11

G. 生命人寿保险公司

    1   2   3   4   5   6   7   8   9   10   11

H. 合众人寿保险公司

    1   2   3   4   5   6   7   8   9   10   11

I. 信诚人寿保险公司

    1   2   3   4   5   6   7   8   9   10   11

J. 中国人保寿险公司

    1   2   3   4   5   6   7   8   9   10   11

K. 民生人寿保险公司

    1   2   3   4   5   6   7   8   9   10   11

18. 如果购买人身保险，您最喜欢选择哪种交保费方式？（可以单选或多选，按优先次序在各选项后的数字上打✓）

A. 3~5 年交完   1   2   3   4

B. 5~10 年交完   1   2   3   4

C. 10~20 年交完   1   2   3   4

D. 一次交完，免得麻烦 1   2   3   4

附录2：居民银行分红保险购买行为调查问卷

尊敬的女士/先生，为促进广西银行保险市场发展，改善行业发展环境，提高保险消费者福利，广西保监局、广西保险学会、广西财经学院金融与保险学院三方联合开展了专项课题研究，问卷调查采取匿名形式开展，不会有任何泄露您个人和家庭隐私的可能性，希望得到您和家人的大力支持，用三到五分钟时间作答。谢谢！

顺祝您和家人身体健康、平安、幸福！

1. 您本人的职业状况（单选）（　　　）

A. 国有/国家控股公司（企业）管理人员

B. 国有/国家控股公司（企业）一般人员

C. 私人企业/外企管理人员　　　　　D. 私人企业/外企一般职员

E. 私营业主　　　　　　　　　　　　F. 自由职业者

G. 下岗/离退休人员　　　　　　　　 H. 在校学生

I. 公务员和事业单位人员（包括教师、医生、军警等）　　　J. 其他

2. 您期待的保险应该要实现什么样的目标要求？（可多选，按重要性排序您选择的选项）（　　　）

A. 医疗保障　　　　　B. 生活保障　　　　　C. 储蓄与增值

D. 预留老年退休金　　E. 储备后代教育金　　F. 分散事业风险

G. 婚姻保障

3. 如果您准备购买银行分红保险，您计划支出保费金额大概是（单选）（　　　）

A. 1万~2万元　　　　B. 2万~5万元　　　　C. 5万~8万元

D. 8万~10万元　　　　E. 10万~15万元　　　F. 15万元以上

4. 如果您已经购买过银行分红保险，你每年支出的保险费占当时银行存款比例大概是（单选）（　　　）

A. 5%～10%　　　　　B. 10%～20%　　　　　C. 20%～30%

D. 30%～40%　　　　　E. 40%～50%　　　　　F. 50%以上

5. 下列交保险费的方式中，您倾向于哪种方式？（单选）（　　　）

A. 3～5年交完　　　　　B. 5～10年交完　　　　　C. 一次交完

6. 您计划购买或已经购买的第一份银行分红保险以家庭的哪个成员为被保险人？（单选）（　　　）

A. 男户主　　　B. 女户主　　　C. 小孩　　　　D. 老父亲　　　E. 老母亲

7. 您认为购买银行分红保险有什么作用？（可多选，按重要性排序您选择的选项）（　　　）

A. 获得更高的投资收益　　　　　　　　B. 获得更高的保障

C. 不知道　　　　　　　　　　　　　　D. 希望可以进一步了解

8. 您对购买过的银行分红保险产品的内容了解程度（单选）（　　　）

A. 不了解，完全信任业务员和保险公司　　　　　　　B. 基本了解

C. 完全了解什么情况下能赔付，什么情况不能赔付　　　D. 说不好

9. 您选择保险公司的标准有哪些？（可多选，按重要性排序您选择的选项）（　　　）

A. 服务态度是否好　　　　B. 理赔是否容易　　　　C. 业务员素质高低

D. 险种保障功能　　　　　E. 保险公司实力强　　　　F. 保险公司信誉度

10. 您会选择下列您所知道的哪家公司购买保险？（单选）（　　　）

A. 中国人寿　　　B. 中国平安　　　C. 太平洋人寿　　　D. 新华人寿

E. 合众人寿　　　F. 泰康人寿　　　G. 太平人寿　　　　H. 其他公司

11. 购买保险后您最担心的问题是（单选）（　　　）

A. 出险后公司不如约理赔　　　　B. 保险公司倒闭

C. 业务员不干保险了　　　　　　D. 被业务员欺骗

E. 分红或收益率不高，不如银行储蓄，不如证券投资收益

F. 其他

12. 您的年龄（　　　）

A. 20～25岁　　　　　B. 26～30岁　　　　　C. 31～35岁

D. 36～45 岁　　　　E. 46～55 岁　　　　F. 55 岁以上

13. 您的年收入状况（　　　）

A. 2 万元左右　　　　B. 2 万～4 万元　　　　C. 4 万～6 万元

D. 6 万～10 万元　　　E. 10 万元以上

受访者性别：A. 男　　　B. 女

受访银行网点名称：1. 工行　2. 农行　3. 中行　4. 建行　5. 交行

14. 如果您或者您家人购买过人身保险，请问是哪一种或哪一些？（可多选）（　　　）

A. 健康医疗类保险　　B. 终身寿险　　　　C. 定期寿险

D. 分红型保险　　　　E. 万能险　　　　　F. 投资连结型保险

G. 银行保险　　　　　H. 意外保险　　　　I. 养老保险

J. 子女教育保险

15. 您和您家人购买人身保险的目的是（可多选）（　　　）

A. 医疗保障　　　　　B. 生活保障　　　　C. 储蓄与增值

D. 预留老年退休金　　E. 财产安排　　　　F. 生命价值评估

G. 分散事业风险　　　H. 婚姻保障　　　　I. 节税

J. 避债　　　　　　　K. 降低员工流动率

16. 您或您家人购买的第一份保险是给家庭哪个成员的？（单选）（　　　）

A. 男户主　　　　　　B. 女户主　　　　　C. 少儿

D. 父亲　　　　　　　E. 母亲　　　　　　F. 自己（未婚）

17. 您个人如果买过人身保险，现在仍然有效的保险单有几份？（单选）（　　　）

A. 1 份　　B. 2 份　　C. 3 份　　D. 4 份　　　E. 5 份及以上

18. 您家人一共有几个成员拥有人身保险？（单选）（　　　）

A. 1 人　　　B. 2 人　　　C. 3 人　　　D. 4 人及以上

19. 您和您家人现在每年用于交分红保险保费支出金额大约是多少？（单选）（　　　）

A. 1000～3000 元　　　B. 3000～5000 元　　　C. 5000～8000 元

D. 8000～1.2 万元　　　E. 1.2 万～2 万元　　　F. 2 万元以上

20. 您和您家人现在每年用于交分红保险保费支出金额占家庭年收入的比例大约是多少?(单选)(　　)

A. 5%以下　　　　　B. 5%~10%　　　　　C. 10%~15%

D. 15%~20%　　　　E. 20%以上　　　　　F. 不知道什么比例为好

21. 如果您或您家人购买过分红型人身保险,请问是下列哪一种或哪一些?(可多选)(　　)

A. 分红型终身寿险　　　　B. 分红型两全保险　　C. 分红型养老保险

D. 分红型少儿教育保险　　E. 不记得了　　　　　F. 其他

22. 您认为购买分红型保险有什么作用?(可多选)(　　)

A. 获得更高的投资收益　　　　　　　　B. 获得更高的保障

C. 不知道　　　　　　　　　　　　　　D. 希望可以进一步了解

23. 您对购买过的分红保险产品的内容了解程度(单选)(　　)

A. 不了解,完全信任业务员和保险公司　　　　　B. 基本了解

C. 完全了解什么情况下能赔付,什么情况下不能赔付　D. 说不好

24. 您了解分红型两全保险的保险责任吗?(单选)(　　)

A. 只有在被保险人身故时才能得到赔付

B. 有分红,每隔段时间还可以领取些保险金

C. 不知道

D. 不是很清楚,但是愿意进一步了解

E. 了解,除一些特殊条款外

25. 您及家人对购买的分红保险满意吗?(单选)(　　)

A. 满意　　　B. 不满意　　　C. 不知道　　　D. 无所谓

26. 如果您不满意您和家人现在购买的分红保险,原因有哪些?(可以多选,按优先次序在各选项后的数字上打√)

A. 分红率低　　　　　　1　　2　　3　　4　　5　　6

B. 保险公司服务差　　　1　　2　　3　　4　　5　　6

C. 不知道保险利益　　　1　　2　　3　　4　　5　　6

D. 理赔遇到困难　　　　1　　2　　3　　4　　5　　6

E. 业务员服务差　　　　1　　2　　3　　4　　5　　6

F. 其他　　　　　　　　1　　2　　3　　4　　5　　6

27. 如果您再次购买分红保险，您会选择下列哪一类？（可以多选，按优先次序在各选项后的数字上打√）

　　A. 分红终身寿险　　　　1　　2　　3　　4　　5　　6

　　B. 分红两全保险　　　　1　　2　　3　　4　　5　　6

　　C. 分红养老保险　　　　1　　2　　3　　4　　5　　6

　　D. 分红少儿教育类保险　1　　2　　3　　4　　5　　6

　　E. 分红银行保险　　　　1　　2　　3　　4　　5　　6

　　F. 有分红功能的重疾保险　1　　2　　3　　4　　5　　6

28. 如果您将再次购买保险，但不选择分红险，您将选择哪一类？（可多选）（　　）

　　A. 健康类　　　　B. 万能险　　　C. 投资连结型保险　　D. 定期寿险

　　E. 终身寿险　　　F. 不知道，听业务员的介绍

29. 您或您家人有没有发生过分红险保单失效或退保事件？如果有过，发生的次数有几次？（　　）

　　A. 没有过　　　　　　　　　B. 有过保单失效后退保

　　C. 有过保单失效后复效　　　D. 有过直接退保

　　E. 1 次　　　F. 2 次　　　G. 3 次　　　H. 4 次及以上

30. 您购买保险时，业务员是否引导您做过家庭或个人财务风险测试？（单选）（　　）

　　A. 做过　　　　　B. 没做过　　　　　C. 不记得了

31. 保险公司业务人员向您推销保险时，是否给您详细解释条款？（单选）（　　）

　　A. 是的，对除外责任、理赔事项等详细告知　　B. 大部分告知

　　C. 未介绍清楚　　　D. 只是介绍一部分　　　E. 没有进行介绍

32. 购买保险后您担心哪些问题？（可以多选，按优先次序在各选项后的数字上打√）

　　A. 出险后公司不如约理赔　1　　2　　3　　4　　5　　6

　　B. 保险公司倒闭　　　　　1　　2　　3　　4　　5　　6

　　C. 业务员不干保险了　　　1　　2　　3　　4　　5　　6

　　D. 被业务员欺骗　　　　　1　　2　　3　　4　　5　　6

E. 分红收益率不高　　　　　1　　2　　3　　4　　5　　6

F. 其他　　　　　　　　　　1　　2　　3　　4　　5　　6

33. 如果再次购买分红保险，您会选择下列您所知道的哪家公司购买保险？（单选，或最多选三个，按优先次序在各选项后的数字上打✓）

A. 中国人寿保险公司

　　1　　2　　3　　4　　5　　6　　7　　8　　9　　10　　11

B. 平安人寿保险公司

　　1　　2　　3　　4　　5　　6　　7　　8　　9　　10　　11

C. 太平洋人寿保险公司

　　1　　2　　3　　4　　5　　6　　7　　8　　9　　10　　11

D. 新华人寿保险公司

　　1　　2　　3　　4　　5　　6　　7　　8　　9　　10　　11

E. 泰康人寿保险公司

　　1　　2　　3　　4　　5　　6　　7　　8　　9　　10　　11

F. 太平人寿保险公司

　　1　　2　　3　　4　　5　　6　　7　　8　　9　　10　　11

G. 生命人寿保险公司

　　1　　2　　3　　4　　5　　6　　7　　8　　9　　10　　11

H. 合众人寿保险公司

　　1　　2　　3　　4　　5　　6　　7　　8　　9　　10　　11

I. 信诚人寿保险公司

　　1　　2　　3　　4　　5　　6　　7　　8　　9　　10　　11

J. 中国人保寿险公司

　　1　　2　　3　　4　　5　　6　　7　　8　　9　　10　　11

K. 民生人寿保险公司

　　1　　2　　3　　4　　5　　6　　7　　8　　9　　10　　11

34. 您选择这家保险公司的原因是什么？（可多选）（　　　）

A. 服务态度好　　　　B. 理赔容易　　　　　C. 业务员素质高

D. 险种好　　　　　　E. 保险公司实力强　　F. 保险公司信誉度高

35. 下列交保险费的方式中，您倾向于哪种或哪些方式？（可以多选，

按优先次序在各选项后的数字上打√）

A. 3~5 年交完	1	2	3	4	5
B. 5~10 年交完	1	2	3	4	5
C. 10~20 年交完	1	2	3	4	5
D. 20 年以上	1	2	3	4	5
E. 一次交完，免得麻烦	1	2	3	4	5

致 谢

　　本书是在博士毕业论文基础上修改完成的。多达 20 万字的论文最终定稿，获得匿名评审专家给予肯定评价，而后顺利完成答辩，得到专家学者的一些认同，多年沉淀于心口的攻读和治学的苦乐情怀难以言表。正所谓十年磨一剑，岁月无痕，孤灯有影。回眸，惊叹日月神偷绝技，曾经意气风发、疾步首义校园的青年学子，而今已发色半白，步入中年，少了当年那曾经为学海偶得的自喜，多了一点点为不知而忧思和不满，多了一点点徐步看世界的心。

　　在求学、治学以及最终的毕业论文研究过程中，导师刘冬姣教授以宽容、睿智、严谨的师者风范，对论文选题、研究框架、创新点及研究方法等，都给予了无私、悉心的鼓励、鞭策和教育。在这过程中的言传身教，不但让我得到了学术思想和研究能力的提高，更得到了为人师者的那份宽容和奉献精神的榜样激励。事实上，我早年完成的硕士毕业论文也是建立在刘教授的学术思想基础之上，当年虽未谋面，但正是刘教授的《保险中介制度研究》展现的学术思想和研究方法，指引我顺利完成当年的硕士论文，让我有机会进入保险行业工作，获得了对保险经营管理、保险监管和保险发展的直观体验，对我这十多年来的理论研究和学术思想产生了深远影响，也对本研究中对行业实践的理解有相当大帮助。一切，均为因果。

　　之所以最终选择了分红保险市场为研究对象，并以保险消费者权益保护为目标开展研究，是基于当年在经营管理实践工作中的直观体验，基于这么多年来对这一市场的持续观察和思考。更重要的是，得到了导师的宽容和指导，得到了中南财经政法大学校领导、研究生部领导宽容厚待，让我有时间、有动力完成研究任务。

　　在论文研究过程中，中南财经政法大学金融学院领导朱新蓉教授、宋清华教授、唐文进教授、陶雄华教授以及黄孝武教授、袁辉教授、王年咏教授等导师组老师都提出了富有建设性的建议，催人奋进。答辩中，又有幸得到西南财经大学刘锡良教授、武汉大学田玲教授、中南财经政法大学张金林教授指导，获得了进一步修改完善的建议。金融学院研究生办的杨梅、梁艳艳、朱若存等老师在管理服务上给予了大力支持。

在研究过程中，还得到了广西保监局、广西保险行业协会和保险学会的领导和同志们的大力支持；得到了国寿、平安、太保、新华、泰康、信诚等保险公司领导的支持；得到了青年教师陆峰、黄巍华以及我的学生创新团队张美惠、杨小峰、姚金荣、周正强、赖荣、黄中斌、熊小兰、刘保等十多名学生的支持，他们积极认真地开展了多项次社会问卷调查，帮助我取得了宝贵的调查数据和初步分析结论，帮助我收集整理部分经济数据。

对所有这些给予我大力支持、指导和帮助的领导、老师、朋友、同事和学生们，在此一并致以衷心的感谢。

特别感谢我的父母、妻儿这些年来对我的学业、工作和生活给予的无私奉献和支持。

在研究和写作过程中还参阅了大量的中外文献，大部分已经力尽所能在论文中标注了出处，在此向被引文献的作者们表示真挚谢意。另有相当部分成果在研究方法和学术观点方面有助于我、帮助我更好地思考并逐步形成本书所展现的学术思想和学术观点，各有不同程度借鉴意义，但又由于疏漏或未直接引用而未列入参考文献，也在此表示感谢和歉意。

雄关漫道真如铁，而今迈步从头越。以此自勉。

作者
2015 年 9 月